J. de Beauregard

# AU PAYS DE SAINT AUGUSTIN

ET AUX RIVES DU TAGE

Emmanuel VITTE
3, Place Bellecour
LYON

# AU PAYS DE SAINT AUGUSTIN

ET

## AUX RIVES DU TAGE

# LIBRAIRIE E. VITTE

*Collection E. VITTE pour Distributions de prix, et Bibliothèques paroissiales.*

## DU MÊME AUTEUR :

Le Circulaire 33 : *Du nord au midi de l'Espagne*. — 1 vol. in-12. 3ᵐᵉ *édition*. . . . . . . . . . . . . . . . . . . . . . . 2.50

Le Circulaire 94 : *De Paris à Vienne, par Oberammergau (Autriche, Allemagne méridionale, et Italie septentrionale)*. — 1 vol. in-12, illustré. 3ᵐᵒ *édition*. . . . . . . . . . . . . . . 2.50

Chez nos Amis de Russie (*Russie, et centre de l'Allemagne*). — 1 vol. in-8°, illustré par F. Lambert. *Huitième mille*. . . 3 »

En zig-zag aux Pays-Bas, et sur les bords du Rhin (*Belgique, Hollande, et Allemagne occidentale*). — 1 vol. in-8°, illustré par F. Lambert. 3ᵐᵉ *édition*. . . . . . . . . . . . . 3 »

Du Vésuve a l'Etna, et sur le littoral de l'Adriatique (*Sicile, et Italie méridionale et orientale*). — 1 vol. in-8°, illustré par O'Netty. 3ᵐᵉ *édition*. . . . . . . . . . . . . . 3 »

Aux Rives du Bosphore, (*Turquie, Roumanie, Bulgarie, et Serbie*). — 1 vol. in-8°, illustré par O'Netty. 3ᵐᵒ *édition*. . . 3 »

Au Pays des Fjords (*Danemark, Suède, et Norvège*). — 1 vol. in-8° ; soixante et onze illustrations en similigravure. 2ᵐᵒ *édition*. . . . . . . . . . . . . . . . . . . . . . . . . . . 3 »

Chez nos bons voisins d'outre-Manche (*Angleterre, Ecosse, et Irlande*). — 1 vol. in-8°, illustré. (*En préparation*).

*Chaque volume est expédié, franco, contre l'envoi d'un mandat au libraire-éditeur, 3, Place Bellecour, à Lyon.*

## POUR PARAITRE, LE 1ᵉʳ JANVIER 1899 :

Parthénon, Pyramides, et Saint-Sépulcre (*Grèce, Egypte, et Terre-Sainte*). — 1 vol. in-8°, illustré.

Lyon. — Imp. Emm. VITTE, rue de la Quarantaine, 18.

J. DE BEAUREGARD

# AU PAYS
DE
# SAINT AUGUSTIN
ET
# AUX RIVES DU TAGE

*(TUNISIE, ALGÉRIE, ET PORTUGAL)*

QUATRE-VINGT-CINQ ILLUSTRATIONS, EN SIMILIGRAVURE

LYON

EMMANUEL VITTE, ÉDITEUR

3, place Bellecour, 3

1898

# AVANT-PROPOS

E n'est pas parce que l'Algérie a fait beaucoup parler d'elle, depuis quelque temps, ni parce qu'elle est devenue, pour ainsi dire, un but de voyage à la mode, que j'ai éprouvé l'envie de la visiter. Comme la Tunisie elle-même, elle m'a attiré pour de tout autres motifs.

L'un d'eux se rattache à l'antique histoire du sol. Sur cette partie de la côte Africaine, bien des civilisations en effet, tour-à-tour, ont passé. Carthage et Rome y ont successivement marqué leur grandiose empreinte; et, avant que Scipion et Annibal y livrassent, à Zama, un dernier combat de géants, Regulus y avait donné l'un des plus admirables exemples du patriotisme et du respect de la foi jurée. Puis, aux premiers siècles de notre ère, le Christianisme est venu, qui, en *réparant les ruines accumulées et en infusant à la race autochtone un esprit nouveau et généreux, y a fait lever, avec une légion de docteurs, une moisson de héros. Entre tous, et sous ce double aspect, le sympathique et immortel évêque d'Hippone, S. Augustin, occupe la place la plus glorieuse. Il m'a donc singulièrement plu de fouler, d'un pied respectueux, le sol vénéré, où, après tant d'autres coryphées de l'histoire, l'admirable Monique et son fils passèrent, autrefois : l'une, avec ses larmes toutes-puissantes ; l'autre, avec la fièvre de ses vingt ans, en attendant qu'il y revînt avec l'auréole du transfiguré.*

*Je me suis souvenu aussi que ce fut « devant le chastel de Carthage », que le bon roi S. Louis fit dévotement à Dieu le sacrifice de sa vie, au moment de prendre à nouveau la mer pour aller disputer aux mécréants la possession du Saint Sépulcre.*

*Mais, voici un troisième motif, et qui touche à des événements plus voisins de nous. Depuis soixante ans bientôt que l'Algérie est « terre Française », elle nous a coûté, assure-t-on, un milliard, en argent ; et, en hommes, cent mille soldats : elle nous coûte encore, bon an mal an, une quarantaine de millions. D'autre part, on nous répète, chaque jour, et très-haut, que la Colonie est riche ; qu'elle a le plus brillant avenir ; qu'elle est destinée à être le « grenier de la France » ; que sais-je encore ? — Comme les chiffres, toutefois, ne cadrent pas ici très exactement avec les affirmations, il m'a semblé intéressant de chercher à me rendre compte, sur place, de cette mystérieuse et inquiétante divergence.*

*Or, je l'avoue, sans détour : après un mois de séjour*

*en Algérie, il n'est guère possible, si peu qu'on y ait eu l'œil ouvert, de ne pas comprendre pourquoi l'Algérie est une Colonie coûteuse, ni de ne pas voir comment elle pourrait facilement devenir tout le contraire. Et, l'ayant vu en effet, et compris, je me suis permis de le dire net, et en bon français, au risque de déranger, dans quelques-unes de leurs plus douces habitudes, nombre de gens qui ne paraissent point prendre suffisamment, là-bas, les vrais intérêts de la France...*

*Le Portugal, que j'ai parcouru, au retour, m'a fourni également, je crois, l'occasion de faire quelques observations qui pourront n'être pas inutiles. C'est, pour la plupart d'entre nous, un pays « neuf » encore, bien qu'il mérite, à tous égards, de nous attirer. Peut-être ces notes rapides suggéreront-elles, quelque incomplètes qu'elles soient, le désir de le connaître. J'ose assurer qu'on en reviendra, comme moi, émerveillé et ravi.*

*Que si, après cela, j'avais à placer, en tête de ce livre, une brève devise qui en résumât pleinement l'esprit, j'inscrirais, assez volontiers, à la première page, ces simples mots :* DIEU ET PATRIE !

BEAUREGARD, 10 août 1898.

# PREMIÈRE PARTIE

EN TUNISIE

# PREMIÈRE PARTIE

*EN TUNISIE*

---

### CHAPITRE PREMIER

A BORD DE LA « VILLE DE ROME »

---

A foi, disait le valet de chambre de l'hôtel des Phocéens, en descendant mon bagage, ma foi, je crois bien que Monsieur va *dannser*...
— Sérieusement ?
— Eh ! pécaïre, Monsieur voit bien qu'il y a du mistral.
— Oh ! si peu !
— ? ! ? Enfin, je souhaite à Monsieur un bon voyage.

Une victoria attendait à la porte. D'une main vigoureuse, le facchino tendit ma valise au cocher, en échangeant avec lui un sourire qui semblait vouloir dire : « Gare le mal de mer ! ». J'eus l'air de ne point le remarquer ; et, souriant moi-même, je criai à l'automédon : « Au port de la Juliette ! »

Par les nouveaux quartiers, en montant, nous arrivons,

en quelques tours de roue, sur le quai d'embarquement : à ne point contourner le port, on abrège la route d'un bon tiers.

Il est trois heures trente, et l'appareillage de la *Ville de Rome* est fixé pour quatre heures.

Déjà, sur le pont, vont et viennent la plupart des passagers. Çà et là, sur les toilettes sombres, tranche, comme une tache d'argent, le burnous des Pères Blancs. Ils sont là une douzaine, jeunes, pleins d'entrain, le fez crânement campé à l'arrière de la tête, comme les Turcos. Ils viennent d'achever leur année de service militaire ; et, joyeux, ils regagnent la paisible retraite de Notre-Dame d'Afrique. Leur présence est de bon augure, pour combattre l'ennui de la traversée. Au surplus, autour d'eux, s'est fait, tout de suite, comme un courant de sympathie : ils sont très entourés, très choyés.

Cependant, en grande hâte, au sifflement des poulies et aux grincements de la grue, les matelots achèvent le chargement des marchandises. Le capitaine m'a fait accompagner, par un garçon de service, à la cabine qui m'est destinée. Elle se trouve au centre du bateau, en dessous de la salle à manger, et elle porte le n° 20. Elle est grande, à peu près, comme la maison de Socrate, c'est-à-dire, microscopique ; mais, y étant seul, je m'y trouverai « chez moi » : n'est-ce pas l'essentiel ? Très bien tenue, d'ailleurs, et presque élégante, avec, à la portée de la main, tout ce dont on peut avoir besoin, en voyage, jusques et y compris les ceintures de liége, qui permettront de tenter un sauvetage, si, ce qu'à Dieu ne plaise, le steamer menaçait de sombrer...

Mais il s'agit bien de cela, présentement ! En dépit des sinistres pronostics du valet de chambre, le temps se met au beau fixe. Il n'y a trace de mistral que dans son imagination : à peine quelque rafale légère qui, si, de temps à autre, elle roule sur la ville quelques tourbillons de poussière, est trop clémente, vers la rive, pour faire moutonner les flots. Nous aurons, au contraire, tout porte à le croire, une heureuse traversée.

Et, en effet, lorsque, au coup de quatre heures, on détache les amarres, et que, du pont au quai, s'agitent les mouchoirs et s'échangent les adieux, majestueusement, sans secousse, la *Ville de Rome* glisse hors du bassin, passe devant la jetée, et gagne le large. Ni roulis, ni tangage, ni mistral : il n'y a décidément rien. Aussi, tout le monde reste-t-il sur le pont, à contempler le panorama de Marseille qui, de minute en minute, s'enfuit à l'horizon, et y devient de plus en plus imprécis.

Après avoir passé devant le fort S. Jean, nous laissons, à droite, le château d'If, dont les tours rondes, blanches et massives, ont un faux air de bastille; à gauche, les Catalans et la vallée des Audes, dominés par l'image bénie de Notre-Dame-de-la-Garde, dont l'or miroite aux feux du soleil couchant, et qui, plantée là sur le large piédestal des rochers granitiques, semble sourire aux passagers en partance, et leur dire : « Ne craignez point : je veille ! »

Peu-à-peu, de la Major au sanctuaire de la Vierge, arbres, maisons, hôtels, monuments, tout se mêle en une masse confuse, dont les couleurs s'harmonisent, pour se résoudre en une teinte d'un gris uniforme. C'est le dernier aspect de la bruyante cité phocéenne, avant qu'elle ne disparaisse tout-à-fait, à l'horizon.

A six heures, tandis qu'on n'aperçoit plus que le ciel et l'eau, la cloche du dîner nous réunit, une vingtaine de convives, dans le salon des premières, aux côtés du capitaine. Il y a toujours un peu d'imprévu, dans cette première rencontre, au repas qui suit immédiatement le départ; chacun s'y tient, instinctivement, sur une demi-défensive; courtois, mais réservé; observant ses voisins, et étudiant prudemment le terrain où il marche. Aussi, la conversation est-elle d'abord hésitante, et entrecoupée de silences prolongés. Tout le monde d'ailleurs paraît avoir un appétit féroce : la brise de mer, ce roi des apéritifs, a mis déjà en belle humeur les estomacs les plus paresseux. Les mets d'ailleurs sont exquis, les vins généreux : le menu fait grand honneur à la C<sup>ie</sup> Transatlantique, et, en particulier, au maître-queux de la *Ville de Rome*;

tant et si bien que, au dessert, la glace, qui retenait les langues captives, au début, s'étant fondue comme par enchantement, le dîner s'achève dans la plus aimable conversation générale. Par groupes, ensuite, on quitte la salle pour aller causer sur le pont, en fumant un londrès, et jouir de la fraîcheur attiédie d'une idéale soirée de fin d'été.

Limpide et bleue, la nuit est vraiment superbe, avec ses scintillements d'étoiles; la lune, qui touche à son déclin et n'apparaît que sur le tard, compose, en s'accrochant à la ouate des rares nuages qui passent, toutes sortes de dessins capricieux; et la mer a, par moments, des phosphorescences admirables. Il ne faut rien moins, pour s'arracher à cette contemplation, que la fraîcheur de la brise qui, en devenant plus vive, avertit de l'imprudence qu'il y aurait à rester plus longtemps sur le pont. Je redescends donc : mais, pour gagner ma cabine, je prends le chemin de l'école, et fais le tour de la « Ville de Rome », en poussant une pointe d'exploration jusqu'à l'avant du bateau, où campent les voyageurs des 3$^e$ et 4$^e$ classes. Les pauvres gens! Ils n'ont, eux, ni cabine, ni couchette : massés vers la proue du navire, ils dorment là, à la belle étoile; et l'on frôle du pied, enroulés dans des couvertures, de vrais paquets de chair humaine. Aussi, apprécie-t-on davantage, en y pénétrant, le relatif confort du minuscule N° 20 : le lit n'y est pas sans offrir quelque analogie avec celui de Procuste, et il faudra s'y tenir à plat, et tassé, à peu près comme une lettre se tient dans son enveloppe; mais, cependant, c'est un lit tout de même, et qu'abrite une piécette assez hermétiquement close. Pour se trouver heureux, en ce monde, il n'est décidément rien de tel que de regarder, presque toujours, en dessous de soi, rarement au-dessus!

Le lendemain matin, avant même de déguster la tasse de café traditionnelle, de nouveau j'accours sur le pont. Le temps se maintenait au calme, la « Ville de Rome » poursuivait tranquillement sa course : mais le ciel n'avait plus la transparente pureté de la veille; une brume assez forte, que devait heureusement dissiper en partie le soleil de midi, empêchait de distinguer les côtes de la Corse. Ce ne fut que vers une heure du soir que nous pûmes

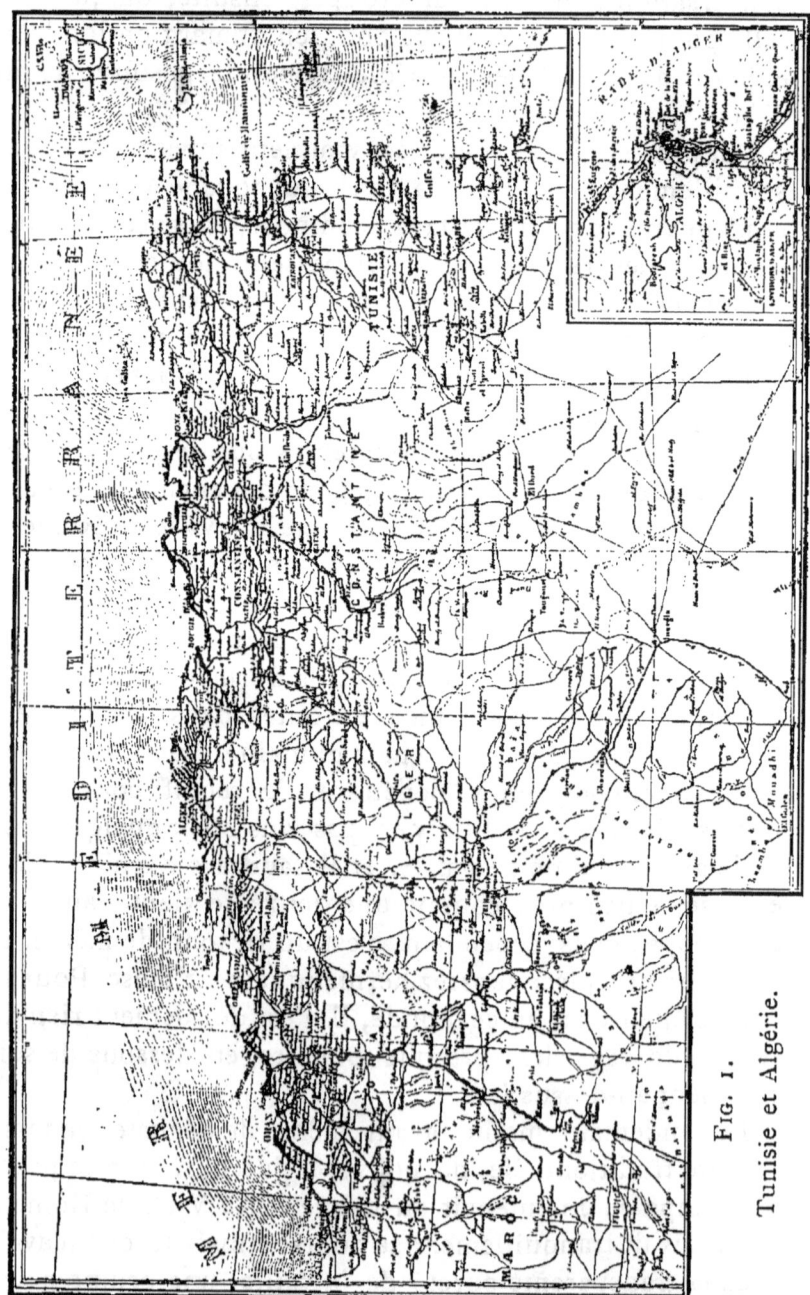

Fig. 1. — Tunisie et Algérie.

enfin apercevoir les flancs rocheux de la Sardaigne, et distinguer ensuite, à l'œil nu, le golfe d'Oristano. Un de mes compagnons de route, qui, sans être un loup de mer, avait fait souvent la traversée de Marseille à Tunis, attira mon attention, quelques heures plus tard, sur trois îlots curieux, entre lesquels, quand le temps est d'une clarté parfaite, passe le paquebot, et que nous laissâmes, ce jour-là, sur la gauche : le « Taureau », la « Vache », et le « Veau » ; trois rochers grisâtres et à pic, contre lesquels les vagues viennent se briser, en les inondant d'écume. Au-dessus du bateau, s'ébattaient, à tire-d'aile, de nombreux vols de mouettes ; au-delà, dans l'espace, allaient et venaient une masse de voiliers.

Le déjeûner avait été gai. Le dîner fut absolument cordial : on causa de Tunis, et de la colonisation française ; et, sur un thème aussi riche, plusieurs brodèrent les plus brillantes variations. Je pris, à écouter quelques-uns de ces airs, un plaisir extrême : c'était, pour moi, comme un prélude de la grande symphonie que j'allais entendre.

S'il y eut, le soir, moins d'étoiles au firmament qu'après avoir quitté Marseille, la lune, par contre, se chargea de nous dédommager, tant elle se montra prodigieusement inventive dans la fantasmagorie des figures qu'elle esquissa, en se jouant au travers des nuages : ce fut une féerie, et comme un feu d'artifice, d'images tour à tour riantes et grotesques, grandioses et mesquines. Peu d'entre nous, d'ailleurs, s'attardèrent sur le pont : on devait, aux premières heures du lendemain, débarquer à Tunis ; et, sagement, on s'empressa au repos.

Dès cinq heures du matin, en effet, tous les passagers se trouvaient sur pied. Le soleil s'était levé radieux, et, malgré l'heure matinale, déjà la brise était tiède. Ainsi qu'un long ruban grisâtre, jeté entre le ciel et les flots, la côte africaine graduellement nous était apparue. Majestueuse, et sans ralentir sa marche, la « Ville de Rome » avait passé devant Bizerte, et doublé le cap Farina. Puis, nous avions atteint la Goulette ; et, modérant son allure, le paquebot s'était engagé dans le canal qui, au terme d'environ douze kilomètres, aboutit au quai de Tunis. Le parcours, dans ce chenal, qui a traversé le lac El-Bakira (petite mer) et n'a guère plus d'une centaine de mètres de largeur, présente un intérêt très vif. Outre qu'on attend, impatient, la première vision de la capitale, il y a, chemin faisant, nombre d'apparitions qui piquent, tour-à-tour, la curiosité.

Voici d'abord, à droite, au-dessus et un peu au-delà de la Goulette, Carthage, avec sa belle Basilique S$^t$ Louis, sa Maison des Pères Blancs, et son Petit Séminaire; plus loin, ce sont les ruines imposantes de l'aqueduc de Carthage; puis, c'est une série d'oasis verdoyantes, de plages coquettes, essaimées sur les deux rives. On interroge, on regarde, on s'extasie; et tandis qu'on devise, ou qu'on observe, peu à peu se dessine avec plus de netteté, à l'horizon, la masse, tantôt encore imprécise, de l'agglomération tunisienne. Il y a seulement quelques années, le bateau laissait les passagers au port de la Goulette, et ceux-ci devaient, par le petit chemin de fer italien de la C$^{ie}$ Rubattino, opérer la transbordement jusqu'à Tunis. Aujourd'hui que la Tunisie est française, notre initiative et notre or ont, par la création du canal, remédié à cette regrettable lacune. Du même coup, la capitale y a gagné un port, et a vu décupler ainsi son importance politique autant que son développement commercial. C'est donc à Tunis même que stoppe notre grand Transatlantique. Il avait magnifiquement fourni la course. En le quittant, aucun de nous n'aurait pu soupçonner que, à six mois de là, hélas! par une nuit sombre et pluvieuse, le vaillant navire irait désastreusement se perdre entre les bancs de rochers voisins de Port-Mahon (1)....

A notre arrivée, attendant le paquebot, s'agitait, sur le quai, une fourmilière d'êtres vêtus d'étoffes multicolores, que ponctuait le bournous blanc de quelques Arabes clairsemés. Mais, à peine la « Ville de Rome » a-t-elle attaché ses amarres, que, dans un indescriptible pêle-mêle, mon-

---

(1) Voir les *Pièces justificatives*, N° 1

tent à l'assaut une nuée de hamels, traduisez, de portefaix, de tout pays et de toute langue, qui se disputent l'honneur de nous débarrasser de nos bagages, et qui nous les arrachent des mains. Les douaniers surviennent, ce qui n'est point fait pour simplifier la manœuvre, ni faciliter la rapidité de la sortie. Par bonheur, ils sont bénins, là-bas, les gens de la douane, et leur inspection est sommaire. A quelques pas des bureaux, sur la route poudreuse, piaffent, sous la morsure des mouches, les chevaux d'omnibus des hôtels alignés en longue file. A travers le brouhaha, je parviens à rejoindre l'omnibus de l'Hôtel de Paris, où viennent s'empiler, à mes côtés, quelques autres voyageurs. Et, quand a pris fin, sur l'impériale, le lent agencement des malles et des colis, le cocher rend les rênes à ses chevaux qui, aussi impatients que nous, partent, comme une flèche, en soulevant des tourbillons de poussière, et s'engagent bientôt dans l'Avenue de France.

## CHAPITRE II

TUNIS. — PREMIÈRES IMPRESSIONS

---

Un de nos plus vieux proverbes — il nous vient, je crois, originairement, des Latins — affirme que « toute comparaison cloche », *claudicat*. Je n'aurai garde de l'oublier. J'oserai dire cependant que, s'il y a deux capitales à l'entrée desquelles on se trouve « impressionné » exactement de la même manière, ce sont bien Tunis et Sofia. Nous sommes certes assez loin de la Bulgarie, en Tunisie; et, ici, l'on accède par un quai, en y débarquant, tandis qu'on arrive, là, par voie de terre : néanmoins, au point de vue particulier où je me place, la ressemblance est, sinon complète, du moins frappante. On m'avait vanté, pendant la traversée, le précieux service rendu par le Canal de la Goulette (Fig. 2); et, moi-même, j'ai reconnu, plus haut, le rare avantage d'un débarquement, au quai même de Tunis. Mais, je l'avoue, je m'attendais peu à descendre sur un quai inhabité, ou presque tel; en sorte que la toute première impression qu'on ressent, en mettant pied à terre, à Tunis, est celle d'une demi-solitude : n'étaient le va-et-vient des portefaix qui s'agitent, et leurs appels, et l'appoint du contingent humain fourni, pendant un instant, par les passagers du bateau, l'on se croirait dans un désert. Et j'ai éprouvé là, identiquement, ce que j'avais éprouvé naguère, en quittant le train, à la gare de Sofia. D'une et d'autre part, la ville, la vraie ville, est relativement assez éloignée ; et c'est dans la poussière, entre des terrains vagues, que, de part et d'autre, il faut, assez longtemps, cheminer, avant d'avoir la sensation qu'on frôle une capitale. A Sofia, la route est en pente douce et enjambe le Mesto, sur le Pont des lions, pour aboutir à un long boulevard à l'entrée duquel apparaissent, solitaires, quelques rares constructions ; à Tunis, la voie est plate et débouche, à un tournant, sur l'Avenue de la Marine, que profilent, à droite et à gauche, disjointes par des jardinets, plutôt des bicoques que des édifices : et c'est là toute la différence. Ici comme là, on se demande, non sans quelque surprise, si une telle « entrée » est digne d'une grande ville.... Combien il en va autrement, lorsqu'on descend du bateau, à Kjöbenhavn, à Anvers, à Marseille, etc., et du chemin de fer, partout ailleurs !

Mais dès que, à l'extrémité de l'Avenue de la Marine, on touche à l'Avenue de France (Fig. 3), il se produit comme un changement de décor à vue ; et une surprise nouvelle, agréable cette fois, vous attend, qui va continuer jusqu'à la Porte de France. Imaginez un long boulevard, très large, parfaitement tenu, encadré entre de somptueux édifices, agrémenté même de quelques palais ; sur ce boulevard, que je comparerais volontiers à la célèbre Rambla de Barcelone, faites circuler sans cesse la foule la plus houleuse, la plus murmurante, la plus bigarrée de costumes, qui se puisse voir ; à travers cette foule, jetez le va-et-vient ininterrompu des tramways, des voitures, des petits ânons d'Afrique, des chameaux et des dromadaires ; éclairez ce kaléidoscope des feux étincelants d'un soleil presque huit mois en fête ; et vous n'aurez encore qu'une faible et incomplète idée de la vision positivement étourdissante qui s'offre aux regards ébahis, quand, pour la première fois, on pénètre dans la moderne Tunis. Car elle est de date récente, et presque neuve, toute la partie de la ville qui aboutit à la Porte de France et aux deux lignes qui, de chaque côté, la prolongent : au-delà, commence la vieille ville, la ville arabe, dont le caractère est tout différent. Si j'osais risquer encore une comparaison, j'ajouterais que, à l'extrémité de l'Avenue, vers la Porte de France, Tunis, avec ses maisons à arcades, ses riches magasins, ses cafés qui ne désemplissent pas, évoque instinctivement le souvenir de Nice, aux alentours de la Place Masséna. Mais, s'il y a quelque analogie pour le décor, la population ici est tout autre, de physionomie comme d'habitudes ; à Nice, on trouve le cosmopolitisme raffiné, qui flâne et badaude ; à Tunis, c'est bien le cosmopolitisme encore, mais le cosmopolitisme d'affaires, âpre au gain, toujours en éveil, et plus curieux de négociations lucratives que d'élégance et de distinction.

Fig. 2. — Le Canal de la Goulette.

C'est à la Porte de France (Fig. 4), appelée en arabe Bab-el-Bahar, qu'aboutit, comme au cœur de la ville, tout le mouvement de Tunis. Là se dresse, entre deux petites Places, le grand arc mauresque, aux lourds battants, sous lequel défile, du lever au coucher du soleil, toute la population locale. Je dis : *défile*; je pourrais ajouter : *stationne*, tant sont nombreux, sur les deux places, les groupes qui, à toute heure du jour et du soir, s'y rassemblent pour causer, ou traiter quelque affaire. Nous la franchirons bientôt, cette Porte, pour nous glisser dans les ruelles de la ville arabe, aux innombrables détours : revenons présentement sur nos pas, et faisons plus ample connaissance avec la cité moderne.

Sur l'Avenue de France, deux grands édifices attirent tout particulièrement l'attention : à gauche, la nouvelle cathédrale romane de Tunis, qui n'était point encore achevée, à l'automne de 1897, mais dont les vastes proportions et la pureté de style révélaient déjà la beauté future ; à droite, encadré de grilles élégantes et adossé à un magnifique jardin, le vaste quadrilatère du Palais du Résident général, sur lequel flottent les couleurs françaises. A la hauteur du Palais, entre les deux chaussées parallèles du boulevard qui s'échancrent, un long square planté d'arbres, où, le jeudi et le dimanche, les musiques de la garnison donnent, le soir, des Concerts très-appréciés.

Il en est un cependant, en l'espèce, qui, plus goûté encore, est plus populaire à Tunis, où il fait à la fois les délices des étrangers et celles de la population indigène : c'est la retraite aux flambeaux, qui revient périodiquement une fois par semaine. Ce soir-là, les terrasses des cafés et des hôtels de l'Avenue regorgent de consommateurs. Dans la grande voie éclairée et sous la lumière crue du gaz, se pressent les promeneurs, aux costumes bariolés, tandis que, aux fenêtres des maisons sont suspendues de véritables grappes humaines. Soudain retentit, vibrante, une sonnerie de clairons, sonnerie familière et aimée, qui fait courir un frisson de joie dans la foule. Aussitôt apparaissent, vers la Résidence, de multiples lueurs : lueurs de torches fumeuses, lueurs vagues de lanternes vénitiennes, lueurs aveuglantes de feux de Bengale multicolores, qui embrasent l'Avenue, en un clin d'œil, et illuminent l'horizon. Précédés, entourés, escortés de gamins emboîtant le pas, d'Arabes en burnous blancs avec une fleur plantée à droite du turban pour ne rien perdre des senteurs de son arôme, d'une foule enfin hétéroclite et bizarre, les Turcos défilent, précipitant leur sonnerie, accélérant leur marche. A mesure qu'ils avancent, les feux de Bengale se succèdent, écarlates comme les uniformes des musiciens. Dans l'air immobile, la fumée rouge monte, flotte, et les enveloppe, faisant flamboyer arbres et maisons ; il semble qu'un incendie les devance, et les suive. L'atmosphère alourdie s'illumine d'éclairs. Les musiciens passent sous une voûte de feu : autour d'eux, les pétards éclatent, ainsi qu'une fusillade, dont les sons crépitants se mêlent à la fanfare des trompettes et aux roulements des tambours. Sur la chaussée et les trottoirs embrasés, les ombres portées se profilent comme en plein jour, et les silhouettes se dessinent, avec un relief puissant et agrandi, devant la foule enthousiaste, suivant des yeux, et acclamant, la France militaire qui passe dans le féerique décor d'une apothéose d'harmonie et de lumière, ainsi qu'en un soir de triomphe. Cette pompe guerrière, qui se renouvelle tous les huit jours, est bien faite pour impressionner fortement l'imagination d'une population composée d'éléments ethniques dont plusieurs sont réfractaires à l'influence de notre action, sinon même hostiles à notre présence : à cette population, en laquelle le respect entre et s'infiltre par les yeux, elle parle donc le langage qu'elle est susceptible d'entendre, mieux que tout autre, de comprendre, et de retenir. Et les Turcos, qui ont marché, s'engouffrent, par la Porte de France, dans la vieille Tunis, dont les voies étroites rougeoient, et sur laquelle flotte, plus intense encore que dans l'Avenue, une lueur d'incendie. Plus stridentes dans les rues plus resserrées, les fanfares sonnent, répercutées à l'infini par les échos des ruelles, des impasses, et des voûtes des vieux « souks », qui, maintenant endormis et dépeuplés, vont tout-à-l'heure, au matin, s'éveiller envahis par les vendeurs, les acheteurs affairés, et les touristes curieux.

Fig. 3. — *Tunis*. L'Avenue de France.

Si nous partons de la Porte de France et que, au lieu de nous engager dans l'Avenue, qui s'ouvre devant nous, nous obliquions sur la droite, nous voyons se profiler une longue artère rectiligne, la rue Ed-Djézira, qui aboutit à une sorte de boulevard extérieur, et qui est surtout intéressante en ce sens qu'elle établit, entre les deux villes, la nouvelle et l'ancienne, une ligne de démarcation. La rue qui, en quelque sorte, la continue, quand, partant du même point, on oblique sur la gauche, a, au contraire, un cachet beaucoup moins moderne : peuplée d'Arabes, elle délimite moins la vieille ville, de ce côté, qu'elle ne la termine : aussi, au lieu d'être rectiligne, tourne-t-elle, assez vite, dans la direction de la Kasbah, où elle aboutit après plusieurs méandres. Quoi qu'il en soit, c'est à partir de ces deux rues que s'ouvrent, en s'étendant à plaisir jusqu'à l'Avenue de la Marine, tous les nouveaux quartiers. En dépit du soleil qui, dans les pays méridionaux, a si généralement fait prévaloir l'habitude de tracer des artères étroites et a peuplé tant de villes de ruelles inavouables, l'administration de la Régence a su s'inspirer des principes de l'hygiène et a partout fait ouvrir des rues larges et bien aérées. Toutes sont tirées au cordeau et se coupent à angle droit, comme, en Italie, à Torino et à Bari. Toutes ont des noms caractéristiques : noms qui réveillent les glorieux échos du passé, comme pour la rue Hannon, la rue Amilcar, la rue Annibal; et noms qui témoignent des préoccupations contemporaines, comme pour les rues d'Allemagne, d'Angleterre, d'Espagne, d'Italie, de Portugal, etc.; on est ici au rendez-vous des nations. Dans la zône voisine de la rue Ed-Djézira, on remarque, parmi les constructions quelque peu uniformes, un vaste édifice rectangulaire, avec cour intérieure, où se tient le Marché El-Ghalla; puis, le palais des Postes et Télégraphes.

Nous sommes généralement si peu habitués, en France, à trouver, dans nos Bureaux de poste, même le strict nécessaire, qu'on est tout étonné, et ravi, de rencontrer, dans une colonie française, quelque chose qui confine presque au superflu. Sans doute, il s'agit ici d'un superflu « relatif », et qui n'est tel que par comparaison : à l'étranger, où l'on a, plus que chez nous, l'intelligence et le respect des justes exigences du public, ce superflu-là suffirait à peine; mais, encore un coup, en regard des « pétaudières » postales, dont on nous gratifie en France, c'est un progrès réel, et bon à signaler. J'ai trouvé, en effet, au palais des Postes de Tunis, à peu près tout ce qu'on est en droit légitime d'attendre, en un pareil lieu, et d'y demander : de l'espace, de l'air, de la lumière, et un service largement équilibré. Les bureaux ouverts au public sont au rez-de-chaussée, et d'un facile abord. Ils sont disposés, par guichets, sur les flancs latéraux d'un hall très élevé, où pénètre abondamment la lumière, et qui forme comme une salle des Pas-perdus où la foule a, sans cohue, la pleine liberté de ses mouvements. Aux encoignures des fenêtres, se trouvent adossées des planchettes, où, facilement, chacun peut libeller une dépêche ou écrire une carte postale; et, comme il n'y a pas moins de vingt guichets, on a toujours, à l'un ou à l'autre, un assez rapide accès pour n'être

Fig. 4.

*Tunis.* — La Porte de France.

pas, comme en France, à peu près invariablement condamné à perdre un temps précieux, en attendant son tour. Le soir, un brillant éclairage illumine la salle : on y voit *clair*, ce qui est encore bien rare chez nous. Et, précisément parce que ce hall est toujours inondé de lumière, il est toujours irréprochablement tenu, et soigneusement astiqué.

Un « palais », où l'impression est moins favorable, c'est le palais de la C$^{ie}$ Rubattino, qui se trouve à l'autre extrémité de la ville, au-delà de la nouvelle cathédrale. Là, tout est misérable : service, et matériel. Un guichet unique, à l'extérieur de la gare, et où l'on s'empile; des wagons mal suspendus, fermant mal, et d'une propreté hypothétique pour salle d'attente enfin, la chaussée, en plein air. Mais, ici, du moins, tout s'explique : nous avons affaire à une Compagnie *italienne* ; et il n'est point nécessaire d'avoir beaucoup voyagé en Italie pour savoir combien la correction et le confort y sont traités en quantités négligeables.

Sous les arbres du boulevard stationnent, en permanence, de nombreux landaus, pour les courses dans la nouvelle ville — non dans l'ancienne, où ils ne sauraient pénétrer —, et pour les excursions dans le voisinage. Ils sont bien attelés, et marchent d'une rapide allure ; mais le personnel des cochers, composé presque entièrement de Maltais, laisse beaucoup à désirer, comme intelligence du service.

Dès qu'arrive la nuit (1), à chaque encoignure ou anfractuosité des maisons, vont se blottir quelques-uns des innombrables miséreux qui pullulent à Tunis. La police semble ne point les voir, et ne les inquiète que rarement : on les dit, d'ailleurs, inoffensifs. La rencontre toutefois de ces parasites ne laisse pas d'être assez désagréable ; et il semble que la création de quelques asiles de nuit serait, là-bas, assez opportune, pour en débarrasser la place.

Les petits Arabes et les négrillons qui monopolisent l'industrie des bouts de cigares, la criée des journaux, et le cirage des chaussures inspirent moins de répulsion. Souples et alertes comme des écureuils, ils courent et se faufilent entre les groupes, leur caisse en bandouillère, curieux seulement de « faire » le client. D'un mot rapide, on a facilement raison de leurs avances. Mais on se débarrasse moins aisément des marchands ambulants, qui, eux aussi, circulent sans désemparer, et qui s'obstinent à vous offrir, sous l'étiquette trompeuse de « produits orientaux », une foule d'objets ou d'articles, que vous savez authentiquement fabriqués à Paris. Leur contact a néanmoins son

---

(1) Abstraction faite de l'Avenue de France, Tunis est très-mal éclairé, la nuit. Sauf au Palais des Postes, il n'y a nulle part la lumière électrique ; et, pour les reverbères eux-mêmes, le gaz est, sept fois sur dix, remplacé par des quinquets fumeux.

utilité pratique : avec eux, on fait comme une « répétition » anticipée des résistances, du reste autrement énergiques, qu'il faudra savoir opposer aux invites et propositions des Arabes et des Juifs, lorsqu'on visitera les Souks.

Au surplus, le contraste, ici, est partout : dans la Babel des langues, dans les nationalités diverses qui se coudoient, dans les costumes, dans les jeux de physionomie, dans les curieux marchandages des Arabes qui, à la poste comme au guichet des gares, discutent le prix d'un timbre-poste ainsi que celui d'un ticket, s'entêtant à d'impossibles combinaisons, offrant la moitié, puis les deux tiers, alignant enfin sou après sou, jusqu'à ce qu'ils se résignent, avec une répugnance visible, à payer la somme exigée et s'éloignent, convaincus qu'on leur a pris trop cher.

Et, à voir ces contrastes, à étudier ces oppositions, on s'attarde indéfiniment : car Tunis, c'est déjà l'Orient, avec ses costumes et ses traditions immuables ; mais c'est aussi l'Europe, avec ses modes capricieuses et changeantes ; et, par surcroît, c'est en outre le Sahara, avec ses chameliers, et le Soudan, avec ses noirs lippus. On ne se lasse donc point de voir passer tour-à-tour, dans ce kaléidoscope, l'Arabe, hautain et silencieux, drapé dans son burnous ; le Maure obséquieux ; le Tunisien, coiffé de son fez ; le Juif, rasant les murs ; les gamins en haillons, décrotteurs émérites ; les Siciliens laborieux, vifs et alertes. Ces derniers sont, à Tunis, ce que les Espagnols sont à Oran : terrassiers, maçons, hommes de peine. Ils y représentent, avec les Maltais, la main-d'œuvre européenne ; et ils n'ont du moins, eux, contre la domination française, ni haine, ni même antipathie. Mais il n'en va pas de même des Italiens du nord, notamment des Génois et des Livournais, qui, longtemps hantés du rêve d'une Tunisie italienne, n'y renoncent pas sans une amère rancune. Les Maltais sont nombreux : palefreniers et cochers de préférence, ils paraissent indifférents aux questions politiques, comme aux rivalités de nationalité. Et d'ailleurs, de nationalité, ils n'en ont pas. Malte est terre anglaise ; et ils ignorent l'anglais, et ils sont tous catholiques : leur vrai représentant, leur consul, c'est moins le consul d'Angleterre que le curé de Tunis, qui est l'arbitre incontesté de leurs différends, leur conseiller, et leur guide spirituel et temporel.

Mais on comprendra sans peine que, dans une ville de 150.000 habitants, où sont juxtaposés des éléments aussi hétérogènes, il soit besoin d'un œil vigilant et d'une main ferme pour défendre les intérêts de la France et maintenir, à peu près, l'harmonie entre les races. C'est là l'œuvre du Résident général, œuvre délicate, complexe et difficile, qui suppose, en celui qui est appelé à l'honneur de l'accomplir, un rare ensemble de qualités. Aussi, le Palais de la Résidence est-il le vrai centre administratif et politique de la Tunisie. Le Résident général, qui est Ministre de France, est, de plus, ministre des Affaires étrangères du Bey, mais ministre dirigeant, tout-puissant, porte-voix écouté et obéi. Il donne des avis qui sont des ordres, lesquels ensuite sont fidèlement transmis et non moins fidèlement exécutés par les agents beylicaux, surveillés eux-même par les contrôleurs qu'a choisis le Résident, et qui, selon l'importance de leur poste ou l'étendue de leur circonscription, sont revêtus du titre de consul ou de vice-consul de France.

Le Résident général est donc, en Tunisie, une personnalité considérable, presque une puissance. Pendant mon séjour à Tunis, j'ai entendu faire, à peu près unanimement, l'éloge de l'ancien Résident, M. Massicault. Celui-là en effet était « quelqu'un », dans toute l'acception du mot; aujourd'hui, du reste, il bénéficie de la loi d'apaisement qui rend les hommes plus clairvoyants à juger leurs semblables, quand ceux-ci ont disparu dans la mort. Et c'est peut-être la raison pour laquelle les Tunisiens se montrent moins tendres vis-à-vis de son successeur. Ceux de nos compatriotes, qui se sont établis dans la Régence, se plaignent assez haut, trop haut peut-être, qu'il favorise les étrangers et, en particulier, les Italiens, au détriment des Français, et qu'ainsi il décourage les émigrants qui, à leurs yeux, assureraient la prospérité de l'avenir : à les croire, il ne tiendrait pas assez compte des services rendus par de vieux employés, et, trop facilement, il les remplacerait par de petits jeunes gens inexpérimentés, qu'il fait venir de France ; il inclinerait trop à multiplier les impôts, et il aurait eu tort d'établir une taxe mobilière ; il n'aurait pas assez le souci des vrais intérêts des colons, etc. Je n'ai point qualité pour trancher cette grave querelle. Mais il m'a paru qu'il y a là, au moins, un symptôme, dont peut-être il serait sage de tenir compte ; et, à ce titre, j'ai cru devoir le signaler, et faire entendre la note générale des doléances franco-tunisiennes.

# CHAPITRE III

TUNIS. — LA VILLE ARABE

'est ici le pays du pittoresque, non du pittoresque élégant, mais du pittoresque étrange et franchement original. Il commence, pour aller s'accentuant à chaque pas en avant, à la petite Place qui s'ouvre dès qu'on a franchi la Porte de France. A partir de là, plus de larges artères, plus de rues rectilignes ; mais un enchevêtrement incroyable de ruelles étroites et tortueuses, de voûtes et d'impasses, de cours et de places microscopiques, qui finissent par former, en se coupant et se ramifiant à l'infini, le plus parfait labyrinthe. Pour s'y aventurer, sans danger de s'y perdre, il faut procéder, dans cette exploration, avec circonspection et lenteur ; ne s'aventurer, dans une zône encore inconnue, qu'après s'être familiarisé avec les voies aboutissantes qui la précèdent ; se munir soigneusement de quelques points de repère, et se tenir toujours en garde contre l'attrait d'une trop vive, ou trop impatiente, curiosité. La recommandation paraîtra d'autant moins superflue qu'on est, à chaque pas, obligé de se défendre contre les offres de service d'une nuée de guides, de pisteurs, et de cicerones qui, tous, s'attachent à vous comme des pieuvres, et font assaut d'obséquiosité, pour se disputer l'honneur de vous montrer toutes les attractions de la vieille ville. De

ces insectes bourdonnants, il faut savoir se garer comme d'un fléau ; ce sont autant de courtiers dissimulés des marchands du crû ; et leur unique objectif est de vous faire voir, non pas les curiosités de Tunis, mais les mirifiques produits de tel ou tel bazar, d'où vous aurez grand peine à sortir, si vous y mettez seulement un pied, sans y laisser quelques « plumes ». Marchand et pisteur s'y donneront adroitement la main pour vous y faire acheter n'importe quel objet, que vous payerez le triple de ce qu'il peut valoir !

Or, parmi les attractions de la vieille ville, l'une des plus justement renommées est celle des *Souks*, c'est-à-dire des marchés, où chaque corporation, ou corps de métier, se trouve parqué dans une ruelle spéciale. Ici, sont les armuriers, les bottiers, les selliers ; là, les bijoutiers, les brodeurs, les tailleurs ; plus loin, les marchands d'étoffes multicolores, de tapis et de parfums. A quelques rares exceptions près, ils campent tous dans d'étroites échoppes, encastrées le long des ruelles, qu'assez souvent recouvre soit une voûte en pierre, soit une cloison en planches, pour abriter de la pluie les produits étalés. Le marchand occupe naturellement la plus grande partie de cette boutique lilliputienne : accroupi sur une natte, l'air rêveur, il suit, d'un œil distrait, les spirales de la fumée de la cigarette d'Orient roulée entre ses doigts, attendant la clientèle, et toujours empressé à amorcer les passants par l'offre gracieuse de la tasse traditionnelle de kaouaa. Tout cela n'a point évidemment l'aspect imposant des riches étalages qu'on voit, à Constantinople, par exemple, ou aux bazars du Caire, où le cadre, du reste, a une tout autre ampleur ; mais la vue néanmoins en est pittoresque, et nouvelle : cela tranche, absolument, sur nos marchés européens. Il faut, notamment, avoir exploré la curieuse Rue des selliers, pour soupçonner la prodigieuse quantité de formes auxquelles la fantaisie peut plier les cuirs rouges, noirs, verts, jaunes, etc. Il faut aussi assister, le matin, dans la Rue des tailleurs, à l'encan journalier des bijoux et des étoffes, pour se faire une juste idée de ces marchés populaires ; la foule s'y masse tellement compacte, y pousse de tels cris, et s'y bouscule de si singulière façon, qu'on a, là, un double spectacle : celui de la multitude, affolée par les surenchères ; et celui des encanteurs, passés maîtres dans l'art de se débarrasser de leurs bibelots.

On accède aux Souks par les deux rues grimpantes qui, au sortir de la Porte de France, montent, à droite et à gauche, d'abord parallèles, bientôt divergentes et contournées. Si l'on prend à gauche, on rencontre, chemin faisant, une Eglise, qui a donné son nom à la rue, et qui est desservie par les Pères capucins : très fréquentée de la population maltaise et des Italiens, elle n'a rien d'architectural ; son seul intérêt est dans la présence, en plein quartier mahométan, d'un édifice catholique où peuvent s'accomplir librement toutes les cérémonies du culte. Si, inversement, on oblique sur la droite, on est condamné à faire un assez long circuit avant d'arriver aux bazars. Mais, de part et d'autre, on chemine dans une fourmilière humaine, où s'affirme toute l'intensité de la vie locale.

Fig. 5. — La Rue des Andalous.

A mesure, au contraire, qu'on s'éloigne des Souks, le mouvement diminue, la circulation devient plus libre, et il se fait comme une sorte de raréfaction de la vie : plus d'échoppes, plus d'étalages, plus de cris, plus de disputes. Derrière les fenêtres closes et l'huis baissé, il est possible qu'existent encore quelques êtres ; mais le silence est si profond, le calme si complet, qu'on se croirait transporté soudain en une vaste nécropole ; à peine, de distance en distance, aperçoit-on, glissant le long des murs, la silhouette d'un Arabe, ou entend-on le pas cadencé d'un Turco regagnant ses quartiers. Parmi toutes ces rues tranquilles, il en est une qu'on ne se lasse pas de visiter : c'est la célèbre *Rue des Andalous* (Fig. 5), l'une des perles de la ville mauresque. Habitée par de riches Arabes, elle est pavée, pour ainsi dire, de curiosités architecturales : les portes, généralement peintes en jaune, sont chamarrées d'une mosaïque de dessins ingénieusement esquissés à l'aide de clous à large tête noire ; avec cela, des grilles, des balcons, des voûtes, qui révèlent des intentions artistiques, et trahissent l'aisance et le luxe : telles, les rues élégantes d'Andrinople, qui conduisent à Malqueprü.

J'ai fait allusion aux places, resserrées elles-mêmes et étroites, qui, de distance en distance, s'ouvrent tout-à-coup dans le dédale des ruelles et y ménagent comme une éclaircie. L'une des plus curieuses, parce qu'elle est toujours très-animée, est la *Place Bab-Souika* (Fig. 6), avec son marché en permanence, et sa population de revendeurs. Les denrées installées y sont certes peu appétissantes ; mais elles y sont livrées à si bas prix, qu'elles trouvent toujours preneurs.

Quand, à force de flâner dans la vieille ville, on s'en est gravé à peu près la configuration dans la mémoire et que, sûr des tenants et des aboutissants, on n'a plus la crainte de s'y égarer, c'est un charme d'y errer à loisir et d'y étudier, sur le vif, les mœurs et coutumes de la population. On s'explique alors pourquoi, se trouvant à l'étroit dans des demeures trop exiguës, elle déborde la voie publique ; pourquoi, le long des rues encombrées et des ruelles, sur les places, dans les carrefours, les cafés abondent. Les tables y sont rares ; mais, adossés aux murs, se trouvent des bancs larges, bas, polis par l'usage, où les Arabes, qui aiment à paresser avec délices, font, accroupis, d'interminables stations. Ils sont là par brochetées, jeunes et vieux, dégustant à petites gorgées un café trouble, fumant lentement le kif ou la cigarette, taciturnes d'ordinaire, et prêtant cependant une oreille attentive aux récits sans fin des conteurs publics. Il y a en effet toute une bande, et comme une corporation, de conteurs, qui s'en vont, de café en café, quêter leur subsistance, en narrant des histoires variées : pleins de leur sujet, et naturels, ils « disent » avec des gestes éloquents et une mimique très expressive ; toujours bien accueillis, ils sont aussi toujours religieusement écoutés, avec leurs histoires belliqueuses, leurs anecdotes de voyages, leurs légendes populaires, qu'accompagnent parfois, de mélopées bizarres, des musiciens perdus au fond de la salle. On éprouve un vrai plaisir à observer leur physionomie mobile et à suivre, sur les traits des auditeurs, l'impression faite par leurs récits.

Fig. 6. — La Place Bab-Souika.

Mais, ce n'est là qu'un intermède, entre mille. A chaque pas, vous vous heurtez à quelque scène originale, et imprévue.

Ici, devant la boutique étroite et la forge enfumée d'un maréchal-ferrant, des chevaux entravés attendent patiemment, près d'une galerie aux colonnes brutalement décorées de torsades vertes et rouges : la haute selle, aux étriers massifs repose, à terre, sur de riches tapis aux couleurs chatoyantes ; les chevaux ont le poitrail orné d'une large bande en cuir, incrustée de plaques d'argent ; enfin, un long fusil damasquiné, placé à la portée de la main du cavalier et accroché à sa veste, complète ce harnachement martial.

Là, au milieu d'un marché, c'est, accroupi, comme un chimpanzé, dans un nid de fleurs éclatantes, un noir Soudanais, qui vend, aux passants, les produits odorants des jardins tunisiens. A l'angle de la rue voisine, un Arabe aiguise solennellement, sur une meule primitive, un large cimeterre.

Plus loin, voici un autre contraste de l'Orient, sous la forme d'un interminable défilé de chameaux, mulets, ânes, chevaux, chargés, qui, d'une armoire ou d'un coffre, qui, d'ustensiles de ménage et de cuisine, qui, de couvertures, de coussins, et d'étoffes, chacun selon sa taille et sa force. Et vous vous demandez ce que peut bien représenter un pareil défilé. Un déménagement, peut-être ? — Non pas ; mais quelque chose de beaucoup plus typique : une noce arabe. Tous ces porteurs à quatre pattes voiturent donc les présents offerts aux nouveaux époux et les transfèrent à leur demeure ; et donateurs et parents accompagnent le cortège. Assurément, le mobilier est restreint : il y manque maints articles que nous classerions parmi les objets de première nécessité. Par contre, et en manière de compensation, les tapis, les coussins, les étoffes et les broderies y abondent. Notre luxe n'est pas le leur, et ils entendent autrement que nous le nécessaire. Ils n'ont que faire de nos tables, de nos chaises, de nos commodes. Des tapis, pour dormir ; des coussins, où reposer la tête ; un modeste appareil culinaire, et quelques coffres : et en voilà assez pour les rendre heureux. La foule regarde passer ; puis, se reforme derrière le cortège : il faut, ou la suivre, ou sortir par quelque ruelle transversale, où l'on respire enfin, dans le demi-jour silencieux.

Et ce sont alors de nouvelles et singulières rencontres. C'est, par exemple, dans une échoppe, un barbier, qui cumule en outre les rares talents de médecin et de dentiste, et qui opère, au grand jour, pour le plus grand plaisir de la galerie. Ce sont, campés en hercules, à la porte d'un « établissement » de bains, des masseurs, aux formidables biceps ; ou encore, ce sont, accroupis au fond d'une étroite boutique, des hommes qui écrivent gravement sur leurs genoux, et devant qui l'Arabe passe avec respect, car ce sont des notaires.

Mais voici un spectacle plus parfaitement local encore,

et dont la vue bientôt donne le frisson. En un coin d'une place, vous remarquez un cercle de spectateurs. Curieux, vous approchez ; et, devant vos yeux se déroule une scène étrange. Sur un tapis loqueteux, un groupe d'Aïssaouas a étalé des boîtes où somnolent quelques serpents engourdis, des bocaux à scorpions, des tessons de bouteilles, des tiges de fer. Debout au milieu d'eux, le metteur en scène

Fig. 7. — Le Tombeau des beys.

de la troupe invite le public qui l'entoure à se montrer généreux, lui promet monts et merveilles, et provoque le rire par ses lazzis, pendant que, groupés autour de lui, les Aïssaouas accompagnent son boniment, en sourdine, de coups légers de tams-tams et de tambourins : il ne s'arrête que lorsqu'il est sûr d'avoir manifestement obtenu le maximum de curiosité et de bienveillance de la foule. Alors, la représentation commence. Extraits des boîtes, et débarrassés de leurs enveloppes de flanelle, les serpents, paresseux et frileux, s'étirent et s'enroulent autour des torses, des cous, et des bras nus des Aïssaouas : leurs têtes plates frôlent les bouches d'un hideux baiser ; et, tandis que, dans les lèvres épaisses leurs crocs s'enfoncent, sur les mentons glabres coule un mince filet de sang. Puis, soudain, l'animal se déroule ; et, de tout son poids, il reste suspendu aux lèvres, ou à la langue, de l'homme, qui a grand peine à l'en détacher. C'est le premier acte de la pièce sensationnelle, annoncée et promise. Au second acte, les mêmes acteurs s'enfoncent dans les yeux, le nez, les oreilles, des tiges de fer ; ils mâchent du verre pilé ; et le rouge-écume, qui sort de leurs gencives saignantes, barbouille leur visage. Au troisième acte, c'est le tour des scorpions, qu'ils mordent, tuent, crachent, ou avalent.... Peu à peu, cependant, l'enthousiasme a gagné les spectateurs : leur joie, qui s'était traduite d'abord par des sourires, s'exprime maintenant par des bravos ; ils trépignent d'aise, battent des mains, et excitent les sinistres histrions à se surpasser, pendant que, écœuré, l'Européen détale au plus vite, si même il n'a point déjà abandonné la partie, dès le premier acte de cette pièce sauvage. D'une représentation de ce genre, qui ne serait point trop déplacée dans une tribu d'Iroquois ou de Peaux rouges, il est permis toutefois de tirer une leçon : c'est que la race qui s'ébaudit et tressaille d'aise à un spectacle pareil est singulièrement attardée en civilisation ; que ses instincts ont encore la férocité brutale de l'homme du désert ; et que les âmes paraissent bien fermées au sens de la plus élémentaire délicatesse. Tout seul, le fait que je viens de rapporter en fournirait, ce semble, une preuve assez décisive : mais il en existe, hélas ! nombre d'autres, qui se surajoutent, en leur genre, à celui-là, pour rendre tangible l'état d'abjection et de dégradation morales de la race musulmane.

Ce qu'il faut voir encore, dans la vieille ville, ce sont les mosquées, les palais, et la Kasbah. Quelques-unes des mosquées, la Mosquée de l'Olivier entr'autres, ou grande Mosquée, sont fort riches et fort belles : malheureusement, l'Européen n'a pas, à Tunis, ses coudées aussi franches qu'à Constantinople, chez le Sultan rouge ; et l'accès lui en est absolument interdit, prît-il les babouches réglementaires, comme à Sainte-Sophie. Il faut donc se résigner à en faire simplement le tour, et à les voir de l'extérieur. Même défense draconienne pour le Tombeau des Beys (FIG. 7), dont la masse imposante et la vue des coupoles évoquent, devant les yeux, le souvenir des visions des rives du Bosphore. Mais il est relativement facile de pénétrer dans la Kasbah, ou ancienne forteresse, transformée en caserne ; et, en dessous de la Kasbah, dans le Palais du Bey, lorsque le maître en est absent. Dans la cour du Palais, qu'entoure et embellit une colonnade, les officiers de Son Excellence (1) rendent, fort expéditivement, la justice. Quant au Palais lui-même, s'il n'a pas, extérieurement, grand aspect, il ne laisse pas, au-dedans, d'être très somptueusement décoré. C'est là que s'installe, à l'époque classique du Ramadan, le Souverain amoindri à qui la France a laissé la pompe extérieure, mais auprès de qui, et sous le nom de qui, gouverne, en réalité, notre Résident général. Après divers essais, on a, en effet, ramené dans la main de ce dernier, la haute influence sur tous les services, sans exception. Et l'on a sagement fait. Car, comme l'a dit excellemment, quelque part, M. Leroy-Beaulieu, « il n'est pas un homme s'occupant des colonies, qui ne sache l'incontestable supériorité du régime civil, quand les administrateurs sont choisis avec discernement, sur le régime militaire ».

(1) La dynastie actuelle des Beys de Tunis, a eu pour fondateur Hasan, appelé encore Hoséia Ben-Ali. Fils d'un Corse renégat, qui, d'esclave, était devenu un des grands fonctionnaires de la Régence, il fut élu, en 1705, à la place du Bey Ibrahim As-Schérif, que les Algériens retenaient prisonnier, et qu'il fit tuer, quand la liberté lui fut rendue. Son propre neveu, qui se révolta contre lui et parvint à le détrôner, lui fit subir, plus tard, le même sort.

# CHAPITRE IV

CARTHAGE

CARTHAGE ! A ce nom fameux, et plus de vingt fois séculaire, s'éveille, en l'esprit, tout un essaim de souvenirs glorieux, joyeux, ou mélancoliques. Sur cette pointe de terre, dont, éternellement, les flots bleus de la grande mer viennent, inconscients, caresser la grève, combien de pages en effet se sont écrites, les unes héroïques, les autres sanglantes, d'autres enfin tout égayées de sourires et ponctuées d'immortelles espérances ! Aux plus lointains horizons de l'histoire, vers ces confins imprécis où la légende empiète sur la réalité, c'est l'image de Didon qui se dresse, de Didon, cette Tyrienne en fuite, que le pinceau magique de Virgile a placée là, dans un cadre inoubliable. A l'évocation du cygne de Mantoue, autour d'elle, on voit s'empresser, semblable à un essaim d'abeilles, le peuple affairé qu'elle a amené, à sa suite, des rives asiatiques : fort des promesses que le destin lui a faites, il se hâte aux travaux des remparts, aux constructions des palais et des temples, au déblaiement du port. Ne faut-il pas que Carthage commande à l'Afrique, et domine au loin sur les mers ? Et voici qu'en effet l'opulente cité punique se dresse bientôt avec sa large enceinte de murs de défense, ses citadelles, son théâtre, etc., fière de sa force, confiante dans sa prospérité naissante, jalouse déjà de sa grandeur d'hier. Or, un jour que, sur les côtes, quelques navires désemparés ont été jetés par la tempête, la reine du peuple nouveau, Didon, qui a fait naguère l'instructif apprentissage des épreuves, *non ignara mali*, se montre secourable aux naufragés et, magnifiquement hospitalière, reçoit dans son palais le malheureux Enée. Quels rêves insensés alors lui traversèrent le cœur ; comment elle fut récompensée de son généreux accueil ; et pourquoi surgit inexpiable, dès cette heure, la haine qui, plus tard, devait mettre aux prises Rome et Carthage, la ville d'Enée et la cité de Didon, Virgile l'a raconté tour à tour avec un charme, une couleur, et une énergie, qui font, des premiers chants de l'Enéide, autant de merveilles. Et quoique tout cela ne soit point de l'histoire, on ne se lasse point cependant de le relire, tant cela est touchant, ressemble à la vie, et aurait pu, sans invraisemblance, se passer de la sorte.

Car la sévère histoire raconte, d'autre manière, les origines de Carthage punique. Si Enée y vint jamais, ce fut en effet seulement après la prise de Troie, et sa destruction, par les Grecs. Or, à cette époque, il semble bien que la ville qui devait un jour porter le nom illustre de Carthage, se réduisait à un simple comptoir, *emporium*, de fondation récente, et habité alors par une colonie phénicienne qui trafiquait, avec les indigènes du littoral et de l'intérieur, des produits exotiques qu'apportaient les vaisseaux de ses marchands. Mais un *emporium* ne comportait, selon toute apparence, ni palais, ni agora, ni théâtres : peuplé de commerçants, plus préoccupés d'affaires qu'avides de plaisirs, il devait se réduire à quelques groupes de maisons modestes, essaimées près de la plage ; ils étaient là en déplacement, non à demeure, gardant au cœur le désir ardent de revoir leur patrie, dès qu'ils auraient fait fortune, et d'y jouir, dans la métropole, des richesses acquises. Quant à Didon, ce ne fut guère que deux siècles et demi après le siège de Troie, qu'elle vint à Carthage. L'*emporium* existant déjà, d'assez longue date, elle n'eut pas à le fonder ; mais, tout à côté, sur des terrains vagues, dont elle eut l'honneur d'obtenir du roi d'Utique la concession, elle jeta les bases d'une vraie ville qui fut, comme son nom « Kart-Hadach » l'indique, la ville *nouvelle*, « Carthage », par opposition à « Utique », la ville *ancienne*. C'est alors qu'en réalité, la cité fut construite de toutes pièces, avec ses remparts, son port, ses édifices publics. Son accroissement fut rapide, et sa fortune considérable : les avantages de sa position, au centre de la Méditerranée; les nombreux comptoirs qu'elle avait ouverts ; les relations suivies qu'elle entretenait avec la métropole phénicienne; sa flotte aguerrie, tout contribuait à la rendre redoutable, et justement redoutée.

Rome, qui prétendait à l'empire du monde, fut, bientôt, épouvantée de voir tant de puissance à ses portes. Elle s'effraya du voisinage d'une rivale, qui, après avoir couvert la mer de ses vaisseaux et les terres de ses marchandises, venait d'occuper la Sicile, et semblait bien n'avoir plus qu'une dernière enjambée à faire pour étendre la main sur l'Italie. Entre les deux peuples. ce fut alors un duel à mort, une « guerre de cent ans » (246-146 av. J.-C.) anticipée, un combat de géants, où l'un des deux voisins devait fatalement périr, et céder la place à l'autre.

C'est en Sicile que se déroulent d'abord les hostilités: car, si Rome tente, incidemment, une diversion sur Carthage et triomphe, en passant, avec Régulus, à Ecnome, elle est vaincue ensuite par Xantippe, et obligée de s'éloigner de la plage africaine. Mais, en Sicile, elle a le dernier mot, à la fin de la première guerre, après la défaite des galères carthaginoises, aux îles Egates (241); et, si l'on excepte Hiéron, roi de Syracuse, qui y reste indépendant, toute l'île redevient romaine.

Vingt ans environ s'écoulent, pendant lesquels, dépossédée d'une riche colonie, Carthage prend sa revanche en étendant, en Espagne, les progrès de sa domination. Elle commande, du reste, encore en Corse et en Sardaigne ; et, sur les mers, sa flotte reconstruite et bien équipée témoigne à nouveau hautement de la vitalité des vaincus. C'était plus qu'il n'en fallait pour porter derechef ombrage aux vainqueurs qui, impatients d'en finir, s'emparèrent aussitôt, sans mot dire, de la Sardaigne et de la Corse. Immédiatement, on courut aux armes; et, pendant dix-huit ans (219-201) ce fut une lutte acharnée, héroïque de part et d'autre, superbe avec des capitaines de génie comme Fabius Maximus, P. Corn. Scipion, et le grand Annibal. Tour-à-tour en Italie, en Sicile, en Espagne, en Afrique, il se fait un horrible choc des soldats carthaginois contre les légions romaines; tour-à-tour la victoire vole, incertaine, de l'un à l'autre camp, jusqu'à ce qu'enfin le héros de Trasimène et de Cannes succombe lui-même, à Zama, trahi par la fortune. Vaincue alors sans retour, Carthage, qui perd l'Espagne, est condamnée en outre à livrer sa flotte et à payer à son arrogante rivale une énorme contribution de guerre : réduite, d'une part, à son territoire d'Afrique; de l'autre, contenue dans l'obéissance par Massinissa, elle descend, du même coup, au rang d'Etat de troisième ordre, pendant que, au contraire, Rome atteint son « summum » de force, et devient la puissance prépondérante du monde.

Cependant, bien qu'amoindrie et découronnée, Carthage *existait* encore: et c'était trop au gré de Caton, l'inflexible censeur, dont on connaît le cri sinistre : « Il faut *détruire* Carthage », *delenda Carthago!* que répétaient d'ailleurs de concert les vieux Romains, jaloux de la sécurité absolue de la République. Et l'on songea donc à *détruire*, à « achever », la pauvre vaincue! La foi punique, dit-on, n'était pas le dernier mot de la franchise. C'est possible. Mais on a peut-être trop oublié que la foi romaine n'était guère de meilleure qualité : demandez plutôt aux consuls L. Marcius Censorinus et M. Manilius, lors de leur campagne de 149! En tout cas, Rome se montra peu exigeante dans l'emploi des moyens. Par les usurpations incessantes et encouragées de son allié Massinissa, elle exacerba Carthage, et prépara, pour ne pas dire, rendit nécessaire, la levée de boucliers définitive. Une dernière fois, on en vint aux mains. Carthage, un instant, parut se ressaisir. Mais, comme l'a si bien dit

Bossuet, « Scipion Emilien alla porter la guerre aux Carthaginois *dans leur propre ville.* » L'affamer, l'assiéger, l'enlever d'assaut, tout fut essayé, par le général que le Sénat de Rome avait chargé de venger ses rancunes. Pendant six jours et six nuits, dans les rues, dura la bataille, acharnée du côté des Romains, héroïquement désespérée de la part des Carthaginois. Et comme l'histoire se répète indéfiniment elle-même depuis l'origine du monde, là-bas, longtemps avant 1870, la force prima le droit, — Macht vor Recht, selon la satanique formule du sinistre Prussien, qui bientôt rendra compte à Dieu de cette monstrueuse iniquité ; — et les ruines fumantes de Carthage détruite, « *deleta Carthago* ! » furent livrées au pillage et à toutes les horreurs que peut commettre une armée enivrée de ses triomphes. Carthage n'était plus (146 av. J.-C.) : il fut donc facile au vainqueur de réduire son territoire en province romaine, *Provincia Africa*.

Fig. 8. — Panorama de Carthage.

Rome se trouvait enfin, après un siècle de luttes, débarrassée de son inquiétante rivale. Or, si totale que fût pourtant sa victoire, elle ne la trouva point encore assez complète, à son gré. Elle voulut, pour ainsi dire, la savourer, en piétinant sur les tristes restes impuissants de sa victime. Avec une froide férocité, indigne d'un Corps que les historiens anciens, et Montesquieu après eux, ont pris plaisir à nous représenter comme composé de « sages », les Pères Conscrits envoyèrent à Carthage, devenue, hélas ! l'ombre d'un grand nom, une commission d'exécuteurs des hautes œuvres, chargée de surveiller, dans le détail, l'accomplissement du travail de destruction : méthodiquement, disons le mot, lâchement, tout ce qu'avait épargné la flamme aveugle des incendies, tout ce qu'avait laissé encore debout le pillage éhonté des soldats, fut successivement démoli, temples, édifices publics, maisons particulières ; et, pour pousser jusqu'au bout la rage, une défense fut faite, sous peine d'être « voué aux dieux infernaux », de relever ces décombres et d'habiter ces ruines : c'était donc l'achèvement dans le désastre, avec, en plus, la solitude légale. Saluons, au passage, la noble cité qui succombe, victime tout ensemble de sa grandeur inquiétante et du froid égoïsme de Rome, et jetons-lui, nous qui avons connu naguère la lourde main de féroces et faciles vainqueurs, *non ignari mali*, jetons-lui, à travers les siècles, un cri de sympathique pitié !

Pendant un quart de siècle, il ne fut plus question de Carthage ; et, peu à peu, l'apaisement commença à se faire parmi les Romains. Si l'on n'allait point jusqu'à reconnaître qu'on avait dépassé la mesure dans la violence des représailles, du moins quelques hommes, dont l'âme était plus ouverte aux choses de la liberté, s'avisèrent-ils que, sous prétexte d'anéantir jusqu'aux vestiges de souvenirs odieux pour l'orgueil national, on faisait fausse route en négligeant d'utiliser, au profit de Rome victorieuse, la situation incomparable de la ville, qui naguère avait été Carthage. A la tête de cette pléïade de citoyens libéraux, et intelligents, se trouvaient les Gracques. Ils virent, dans la *Provincia Africa*, un débouché tout naturellement indiqué pour le prolétariat italien ; et ils demandèrent qu'on y envoyât une colonie. Le Sénat, qui redoutait la puissance du tribun C. Gracchus et qui prenait ombrage de sa popularité croissante, saisit au vol une si belle occasion, et si avouable, de débarrasser Rome de sa présence, pendant quelques mois : il lui confia donc, en 122, la mission de conduire les nouveaux colons au milieu des ruines de Carhage, et de les y installer. C. Gracchus traversa la mer, et, dès son arrivée, plaça la colonie sous la protection de Tanit, la Vénus Carthaginoise ; après quoi, il planta les jalons des quartiers de la ville future ; et les travaux de reconstruction, comme par enchantement, commencèrent. Mais ce succès encore effraya le Sénat : les chefs de l'aristocratie, qui seuls étaient dans les secrets des dieux, firent courir le bruit que des loups, pendant la nuit, étaient venus arracher les jalons des rues nouvelles de Carthage, et que les dieux, par conséquent, désavouaient l'entreprise. C'en fut assez pour la condamner dans l'esprit de tous : aussi, échoua-t-elle, et C. Gracchus fut-il rappelé. En réalité, tout s'explique par ce fait que l'œuvre d'apaisement n'était point assez avancée encore : on était trop près de l'exécution en règle de l'an 146 ; et, bien que calmées et adoucies, les rancunes n'avaient pas eu le temps de s'éteindre tout-à-fait.

Mais laissez s'écouler un siècle, et un autre esprit libéral, J. César, dont le génie sera mieux équilibré et plus puissant que celui des Gracques, comprendra toute l'utilité, toute l'importance, du projet de « coloniser » Carthage ; il le fera sien, ce projet ; et, sous son impulsion, d'abord ; sous celle d'Auguste, ensuite, la ville renaîtra de ses cendres. Avec un admirable élan, les esclaves se mettront à l'ouvrage, et quelques années de gigantesques labeurs suffiront pour couvrir à nouveau la pointe africaine de palais, de temples, de thermes, d'amphithéâtres : les murailles seront reconstruites ; le port sera agrandi ; et de cette baie de Carthage, où, maintenant, la Mère-patrie fait affluer les richesses et apporte la sécurité, des flottes, chaque année, après les moissons, partiront, chargées d'épis d'or, qui iront porter en abondance au peuple-roi le « pain » qu'il réclame, avec les jeux du cirque, *panem et circenses*.

Auguste avait fait de Carthage la capitale de l'Afrique Proconsulaire. Les Antonins (96-192) ne la traitèrent pas avec moins de faveur. C'est sous eux que le Christianisme pénétra en Afrique. Voici dans quels termes, le plus auguste des historiens, Léon XIII, en sa bulle *Materna caritas*, en a esquissé les admirables progrès : « L'Eglise d'Afrique, dit-il, est née de l'Eglise Romaine. Le nom chrétien y fait des progrès rapides. Le deuxième siècle n'est pas achevé que les diocèses sont définis, limités, suivant le rite. L'Eglise d'Afrique fournit à l'Eglise catholique plusieurs papes : saint Victor (185 à 197) ; saint Melchiade (311 à 314). A un court intervalle, une prodigieuse quantité d'hommes savants et grands s'y élèvent : Cyprien († 258), Tertullien († 245), Aurélius († 426), Evode, Possidius, et celui de tous qui a le plus illustré, non seulement l'Afrique, mais la République chrétienne tout entière, Augustin (354-430). Carthage préside aux débuts de l'Eglise Africaine : son évêque réunit les conciles, donne des réponses aux évêques, consulte l'Eglise de Rome. Ce n'est pas seulement par la dignité, c'est aussi par l'ensemble des vertus chrétiennes, que Carthage a semblé l'emporter. En effet, si on excepte Rome, on ne trouvera pas une autre ville (1) qui ait enfanté tant de martyrs et tant d'hommes illustres pour l'Eglise et pour le ciel: citons sainte Félicité, sainte Perpétue, saint Cyprien. Dans les conciles sont formulés des décrets fort sages, dont un grand nombre survit, et dont l'autorité a été très efficace pour comprimer les hérésies et conserver la discipline morale dans le clergé et dans le peuple. Tant de fruits salutaires doivent être rapportés surtout à l'union avec le Siège Apostolique, union dont elle retira un double bienfait : dans ses plus grands malheurs, elle y trouva toujours un refuge et une consolation ; puis, forte de l'enseignement des pontifes romains, elle repoussa en partie, en partie éteignit les plus pernicieuses hérésies. »

Après des luttes sanglantes contre les dieux de l'empire et d'incessants combats contre l'erreur, l'Eglise de Carthage semble enfin, au commencement du v$^e$ siècle, devoir jouir de la paix qui aurait pu la consoler de tant de tribulations: à la place des temples païens s'élèvent des chapelles et des basiliques, et le plus ancien temple de Carthage, le temple de Junon, est lui-même consacré au vrai

---

(1) Hormis, peut-être, Lyon, l'antique *Lugdunum*, noyé, à l'origine, dans le sang de S. Pothin et de S. Irénée, et de leurs compagnons martyrs : l'Eglise de Lyon, elle aussi, a enfanté une pléiade de héros.

Dieu. Mais ces années de bienfaisante tranquillité sont courtes. En 429, à l'appel du comte Boniface, le gouverneur de Valentinien III en Afrique, les Vandales accourent d'Espagne, ravagent la Mauritanie et la Numidie, et se dirigent vers Carthage, dont il vont faire le siège. Une double haine les anime: celle du barbare contre la civilisation, et celle de l'hérétique contre le catholicisme. En 430, ils assiègent, dans Hippone, Boniface lui-même, qui est obligé de fuir en Italie ; et, à neuf ans de là, Genséric s'empare de Carthage. Six rois barbares, obéissant à leur sauvagerie native et à leur insatiable cupidité, mettent, pendant près d'un siècle, tout le nord de l'Afrique à feu et à sang: ce ne sont pas seulement les églises qui sont pillées, et transformées en casernes, les vases sacrés qui sont affectés aux festins des vainqueurs, les monuments qui sont détruits ; ce sont encore les féroces persécutions qui recommencent, comme aux plus beaux jours du philosophe Marc Aurèle ; c'est le sang des évêques, des prêtres, des fidèles, qui, de nouveau, coule à flots en Afrique. Longtemps, Carthage gémit et se désole, impuissante à se défendre, jusqu'à ce que, un jour, fatiguée de ce joug honteux et évoquant le souvenir de sa gloire passée, elle appelle à son secours les empereurs d'Orient.

De Constantinople, Justinien lui envoie, en 532, le plus habile de ses généraux, Bélisaire, à la tête d'une puissante armée qu'appuyait une flotte de six cents voiles. Après une longue mais heureuse traversée, Bélisaire aborde aux plages africaines, taille en pièces les troupes de Gélimer, et voit Carthage lui ouvrir ses portes, comme à un libérateur. La tyrannie vandale, la plus lourde qu'eût connue Carthage, avec celle de Scipion, était brisée à jamais ; et, pour la troisième fois, la malheureuse cité revenait à la vie. Et, parce que Justinien, bien que hâtivement, a fait reconstruire ses monuments et ses églises, elle se nomme, maintenant, par gratitude, Carthage la « Justinienne » ; et, dans le palais même de l'empereur, une église, où la Mère du Sauveur a pris la place de la Tanit punique, est consacrée désormais à la Vierge de Bethléhem. Ainsi donc, délivrée des Vandales ariens et rendue à la foi, Carthage renaissante allait, peut-être, redevenir digne de son passé tragique, mais glorieux! On était assez en droit d'en concevoir l'espérance. Malheureusement, Byzance n'était point suffisamment forte pour garder les conquêtes de Rome. Vers la fin du vie siècle, un peuple jeune était né, puissant par l'épée comme par le nombre, et porteur enthousiaste d'une religion nouvelle, qui, bientôt, devait étendre sur elle un deuil immense et la plonger, avec l'Afrique entière, dans la plus effroyable désolation.

Carthage byzantine devient, en effet, au viie siècle, Carthage sarrasine. Dans une page dramatique de sa bulle *Materna caritas*, le grand Pape Léon XIII a évoqué encore ce lugubre souvenir : « Au viie siècle, dit-il, les Sarrasins, ennemis du nom chrétien, après avoir ravagé ces provinces comme un ouragan et imposé aux indigènes le joug d'une cruelle servitude, pillèrent Carthage déjà lasse de tant d'épreuves. Ils y apportèrent la ruine complète, avec la dévastation de l'Eglise, et mirent fin à la domination byzantine. » Ce fut, en 698, sous la conduite de Hassen-Ben-Noman, que les Arabes, maîtres déjà de la plus grande partie du pays, vinrent mettre le siège devant Carthage. La résistance fut longue, et désespérée ; mais elle fut inutile : affamée, décimée, et devenue l'ombre d'elle-même, la ville dut se rendre au vainqueur. Comme, huit siècles plus tard, Mahomet II à Sainte-Sophie, Hassen entra, à cheval, dans la grande basilique, y planta l'étendard du prophète, et en prit possession au nom de l'Islanisme. Ce jour-là, Carthage reçut le coup de grâce, et c'en fut fait pour elle de la civilisation. C'est en vain que, plus tard, les Kalifes Fatimites tenteront de la restaurer : elle ne se relèvera plus de ses ruines ; ou, si quelques-uns de ses débris peuvent encore être utilisés, ce sera seulement pour aider à bâtir la ville voisine, Tunis, qui va lui succéder, comme capitale de l'Afrique.

Et pourtant, bien que tout semble irrémédiablement achevé pour Carthage, rien n'est encore fini. Un jour viendra, très lointain encore il est vrai, où, sur les décombres enfouis, passera comme un souffle de résurrection. Et, entre temps, deux grands princes, un Roi et un Empereur, viendront à Carthage, qui, à son histoire que l'on croyait désespérément close, ajouteront tous deux une page mémorable.

Le premier, et celui dont la gloire est aussi la plus pure, c'est Saint Louis. Dans l'été de 1270, vingt ans après sa croisade en Egypte, il avait repris la mer, débarqué sur le

Fig. 9.
Primatiale Saint-Cyprien et Saint-Louis

rivage désert qui s'étend au fond de la baie de Tunis, et établi son camp « devant le chastel de Carthage », comme parle Joinville. En cette saison et dans un tel lieu, c'était une imprudence de réunir l'agglomération d'une armée. Une violente épidémie ne tarda pas à se déclarer au milieu des troupes, et à les décimer : l'air était infecté ; le roi lui-même fut atteint par le fléau. Avec la sénérité d'un saint, il vit venir la mort et se prépara au dernier passage. Après avoir fait à son fils, « Monsignour Phelippe », ses suprêmes recommandations, il reçut, dans d'admirables sentiments de piété, les sacrements de l'Eglise. « Quant l'on l'enhuiloit, raconte encore Joinville (1), et on disoit les sept pseaumes, il disoit les vers d'une part.... Après, se fist li sains roys couchier en un lit couvert de cendre, et mist ses mains sus sa poitrine, et en regardant vers le ciel rendi à nostre Creatour son esperit, en celle hore mesmes que li Fiz Dieu morut pour le salut du monde en la croiz.... L'endemain de feste saint Berthemi

---

(1) Jean, Sire de Joinville, *Histoire de Saint Louis*. Edit. Natalis de Wailly (In-4°, Paris, Didot, 1874), p. 406.

l'apostre (1), trespassa de cest siecle li bons roys Loys, en l'an de l'incarnacion Nostre-Signour, l'an de grace mil CC. LXX, et furent sui os gardei en un escrin et aportei et enfoui à Saint-Denis en France, là où il avoit eslue sa sepulture, ouquel lieu il fut enterrez, là où Diex a puis fait maint biau miracle pour li, par ses desertes (mérites). »

La Providence, dont nous ne sommes tous que les serviteurs inutiles, se contenta dès généreuses intentions qui avaient incliné saint Louis à entreprendre sa nouvelle croisade : elle préféra l'humble soumission avec laquelle il accepta la mort à l'éclat des triomphes qu'il eût pu remporter sur les infidèles. Mais, à trois siècles de là, elle permit qu'un autre prince chrétien abaissât l'orgueil de ces derniers, en leur infligeant une éclatante défaite. Khaïr-Eddin, qu'on désigne vulgairement, ainsi que son frère aîné Arroudj, sous le nom de « Barberousse », s'était fixé à Alger, comme chef de pirates, et il y était devenu l'amiral des flottes de Soliman II, après avoir préalablement fait hommage de vassal au sultan Sélim I. Féroce écumeur de mers, il ne cessait de ravager les côtes de la Méditerranée, malgré la vaillance du Génois André Doria, qui s'efforçait d'entraver la marche et les succès du croissant ; et il venait de s'emparer de Tunis et de Bizerte, quand, en 1535, il trouva, devant lui, Charles-Quint, qui avait organisé une grande expédition. Le choc fut terrible ; mais, d'autant plus éclatante fut aussi la victoire. Et elle resta au roi catholique, qui, maître de Tunis, et campé près de Carthage, songea malheureusement moins à relever la ville et à la fortifier, qu'à la dépouiller des colonnes et autres œuvres d'art qu'elle possédait encore, et dont il chargea ses vaisseaux.

Et Carthage, un moment tirée de son sommeil par le frôlement des soldats chrétiens et le cliquetis des armes, retomba, pour trois longs siècles, dans une profonde léthargie. Mais un jour, jour béni pour ce coin désolé de

(1) Le lundi, 25 août 1270.

la terre d'Afrique, un grand Evêque, que la Providence avait encore envoyé là-bas, fit passer sur ces ruines comme un souffle de résurrection et de vie. C'était en 1881. Le Bey de Tunis, chef d'un petit Etat semi-barbare, ayant provoqué la France, nos troupes étaient venues camper à la Manouba, le Saint-Cloud de Tunis ; et, victorieuses, elles avaient préparé la signature du traité du Bardo. Ce traité, il faut bien le dire, était un traité étrange, néfaste même ; et Jules Ferry, qui l'avait conclu, l'avait rédigé de la façon la plus maladroite, la plus inintelligente, qui fût possible. D'une part, on y prenait, vis-à-vis des puissances étrangères, l'Angleterre surtout et l'Italie, les engagements les plus malencontreux ; de l'autre, on y paraissait ne pas songer à un protectorat de la Tunisie, mais à une simple occupation, et l'on s'y engageait, outre mesure, à respecter, là-bas, l'état de choses existant. Heureusement, l'insurrection de Sfax et les massacres de l'Oued-Zergua vinrent, quelques mois après, forcer la main à nos hommes d'Etat beaucoup trop pusillanimes, prouver la nécessité de transformer au plus tôt en colonie française le camp français de Tunisie, et éclairer enfin l'opinion publique qui, tout d'abord mal informée, s'était montrée hostile à notre nouvelle conquête. Au simple droit d'occupation militaire et de représentation de la Régence, à l'extérieur, furent substitués, par la convention du 8 juin 1883, puis par le décret présidentiel du 4 octobre 1884, des clauses moins timides et moins indécises, qui, catégoriquement, réparèrent les lacunes et les incertitudes du vague et informe traité du Bardo. Après le décret de 1884, l'administration française devint, du consentement du Bey, maîtresse dans la Régence ; et il ne resta plus qu'à émanciper la Tunisie des diverses servitudes financières, judiciaires, commerciales, qui la liaient encore vis-à-vis des Arabes et avec les puissances européennes : ce fut une longue et complexe tâche à accomplir. Grâce à Dieu, elle est aujourd'hui (1898) à peu près terminée.

Or, tandis que nos bataillons victorieux campaient à la Manouba et que la diplomatie hésitante risquait, par ses atermoiements, de compromettre l'avenir de la conquête, un homme paraissait en Tunisie, qui, lui, du moins, jamais ne douta de l'avenir, et qui, s'il eut une devise, ne connut jamais que celle-ci : EN AVANT ! Le cardinal Lavigerie, qui fut l'*action* faite homme, vint donc planter au sommet de la colline de Byrsa, sur l'emplacement même de l'antique Carthage, l'étendard du Christ, à côté du drapeau français. En attendant que Carthage renaquît et que, sur les ruines accumulées dans le sol, s'élevât une cité nouvelle, il voulut qu'une magnifique basilique, dédiée à S. Cyprien et à S. Louis, dressât ses tours sur le haut du promontoire, pour y être à la fois le point d'appel et le centre de l'agglomération future. Et, lorsqu'il en eut fait poser et bénir la première pierre (mai 1884), il sembla en effet qu'une voix surhumaine jetait, aux quatre vents du ciel, ces deux mots fatidiques : *Instauranda Carthago !* qui étaient comme la réponse victorieuse du Catholicisme au *Delenda Carthago* de Rome païenne. L'avenir dira dans quelle mesure il aura plu à Dieu de faire se réaliser le vœu du grand Cardinal. En attendant, il a eu la joie de mener à bien la tâche pieuse qu'il s'était adjugée, dès le début de la conquête. Si Carthage renaissante se réduit encore actuellement à sa cathédrale et à quelques édifices dont il est aisé de faire la rapide énumération, du moins y a-t-il une idée, à la base de l'érection de chacun de ces édifices ; et les idées, on le sait, manquent rarement de faire leur chemin.....

Lorsque, à la station de Malga-S.-Luigi, on descend du train qui amène de Tunis, on accède par une forte rampe, au bout d'un quart d'heure de marche, au plateau sur lequel s'élève la cathédrale. C'est ici exactement le territoire que, suivant la légende, Didon, jadis, réussit à faire tenir dans une peau de bœuf divisée en minces lanières. Mais, de la ville punique, de la ville romaine, byzantine, ou sarrasine, plus rien n'est visible au regard, sauf peut-être ce gros bloc de murailles cimentées que vous apercevez, sur la gauche, au-delà de la gare, et sauf ce qu'ont mis à jour les fouilles intelligentes entreprises dans ces dernières années. Seul, l'aspect général de la colline n'a point changé : s'il n'y a plus traces apparentes de l'opulente cité disparue, le panorama, qui se déroule sous les yeux du visiteur, est toujours l'un des plus beaux qui soient au monde (Fig. 8). De l'autre côté du golfe de Tunis, en face de Carthage, voici, comme deux taches blanches, les petites villes de Soliman et de Hamman-Kourbès ; à gauche, à la pointe du golfe, le cap Sidi, auquel le cap Bon répond, à la pointe opposée ; à droite, le massif de montagnes où s'abrite le défilé de la Hache ; plus près, et tout au bas, la rade de la Goulette, puis le petit village de Rhadès, puis Tunis (Fig. 10), et, par-delà, les collines de l'Ariana et de la Soukra, dont les pics verdoyants laissent apercevoir, au fond de l'horizon, les derniers contreforts du gigantesque Atlas mourant au bout des Etats barbaresques.

Six ans avant la conclusion du traité du Bardo, le Cardinal Lavigerie s'était préoccupé d'accomplir le vœu suprême de S. Louis, mort, « devant le chastel de Carthage », en demandant à Dieu la résurrection de la foi dans la patrie de S. Cyprien. Et comme, avec le grand Cardinal, une résolution prise était, aux trois quarts, une résolution exécutée, déjà, dès 1875, il avait songé aux voies et moyens de réaliser promptement le projet de construire là une belle cathédrale. Sans retard, il avait ouvert une souscription nationale, en faisant spécialement appel aux descendants des anciens Croisés. Un homme de cœur et d'énergie, qui fut l'un des plus intelligents et des plus dévoués auxiliaires du Cardinal, le P. Charmetant (1), s'improvisa frère

(1) Originaire du Péage-de-Roussillon (Isère) ; puis, enfant adoptif de l'industrielle petite ville de Saint-Chamond, au Pays de Jarez, où il fit de brillantes études classiques, le P. Charmetant est, depuis nombre d'années, le directeur — et l'âme — de l'Œuvre des Ecoles d'Orient, à Paris. Personne, en France, ne connaît mieux que lui l'histoire, et les dessous de l'histoire, de notre colonie Africaine ; personne n'a étudié de plus près et ne sait plus en détail la question, chaque jour plus importante, de l'influence française, en Orient, et des moyens pratiques à employer pour l'y maintenir ; personne enfin, à l'heure des horribles massacres d'Arménie, n'a plaidé avec plus d'éloquente chaleur la cause des victimes, et n'a protesté, avec plus de logique et de sainte indignation, contre l'égoïste et aveugle inertie des diplomates du prétendu *Concert* européen.

quêteur, et, de concert avec le comte R. de Buisseret, recueillit bientôt, assez abondantes, les offrandes des généreux donateurs, pour qu'on ait pu immédiatement s'occuper de la construction de l'édifice.

Un architecte, d'un talent distingué et original, M. l'abbé Pougnet, qui avait donné récemment sa mesure, à Marseille, et qui bientôt allait encore s'affirmer à Hippone, fut chargé d'exécuter le plan du monument. S'arrêtant au choix d'un style qui participe à la fois du style arabe d'Algérie, du roman Sicilien, et du style Byzantin, l'habile artiste conçut l'idée d'une œuvre composite, dont il sut fondre les diverses parties dans un admirable ensemble. Si la décoration intérieure, qui est surtout Byzantine, donne actuellement, par la vivacité des couleurs, une impression un peu trop crue, le Temps, assez vite, se chargera, en adoucissant les contrastes trop heurtés, d'imprimer aux tonalités leur valeur véritable. Au mois de mai 1884, Mgr Robert, évêque de Marseille et ancien évêque de Constantine, bénissait la première pierre du monument; et le 15 mai 1890, entouré de douze évêques, des chanoines mitrés de la Primatiale, et d'un nombreux clergé, le cardinal Lavigerie, en présence du Résident général de France, des autorités civiles et militaires, du Corps diplomatique, et des fidèles accourus de tous les points de la Tunisie et de l'Algérie, *consacrait* au culte, sous le vocable et la protection de deux grands Saints, cette belle cathédrale, symbole désormais tangible de la résurrection glorieuse de l'antique Eglise de Carthage (FIG. 9). Dès le lendemain, le Cardinal présidait, à Saint-Cyprien-Saint-Louis, l'ouverture solennelle d'un Concile provincial.

Si la nouvelle cathédrale n'a point été érigée par le Souverain Pontife, en Basilique mineure, elle ne laisse pas, pour autant, de porter un nom insigne, celui-là même dont s'honorent, à Lyon, l'église Saint-Jean, et, à Bordeaux, l'église Saint-André : c'est la *Primatiale* de Carthage ! Primat d'Afrique, l'Archevêque de Carthage a la préséance sur tous les archevêques et évêques du continent africain. A ce titre, il est tout désigné, dès le jour de sa nomination au siège de Saint Cyprien, pour la pourpre romaine ; et il est manifeste que l'élévation de Mgr Combes, le pieux et vénéré successeur de Mgr Lavigerie, au cardinalat, ne saurait beaucoup tarder. Toute la France y applaudira, parce qu'elle sentira rejaillir sur elle l'honneur qui, en ce jour prochain, réjouira l'Eglise de Carthage.

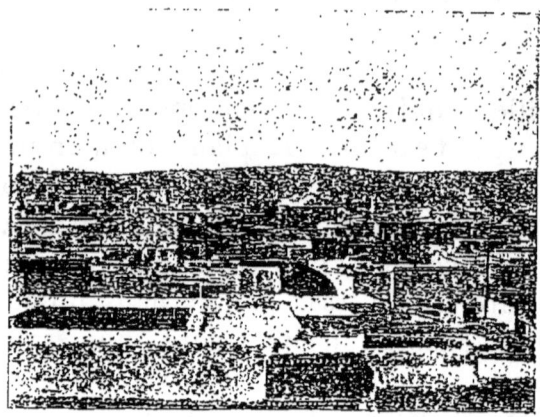

Fig. 10. — Panorama de Tunis.

Le monument a la forme d'une croix latine, avec trois nefs, un *deambulatorium*, un transept, deux chapelles absidales, et une chapelle, celle de S. Louis, au chevet de l'église : il mesure, en longueur, 60 mètres, et, en largeur, au transept, 30 mètres. Au-dessous de la rosace qui domine les portes de chêne de l'entrée, entre les deux tours carrées de la façade, une inscription se détache, sur marbre blanc :

AB IPSIS ECCLESIAE AFRICANAE PRIMORDIIS
PRAESTITISSE CARTHAGINEM NEMO DUBITAT :
CARTHAGINIENSIBUS EPISCOPIS AB ULTIMA ANTIQUITATE
HAEC DIGNITAS OBTIGIT
UT PRIMATIALI POTESTATE
AFRICAE UNIVERSAE PRAEESSENT (1).

L'intérieur est décoré de vives peintures mauresques polychromes, qui s'enlèvent joyeusement sur les blanches tonalités de la pierre et du marbre, et sur l'or des chapi-

---

(1) Il n'est douteux pour personne que, dès l'origine de l'Eglise d'Afrique, Carthage a eu la primauté : depuis l'antiquité la plus reculée, les Évêques de Carthage eurent l'honneur de présider à l'Afrique entière par leur pouvoir primatial.

taux des colonnes. Le plafond à caissons de la voûte est une merveille d'élégance ; de gracieuses verrières font pénétrer, par les fenêtres gémellées ouvertes au-dessus des arceaux, une lumière irisée et chatoyante ; enfin, par delà les galeries, court, enchâssé en lettres monumentales dans la frise, le texte précieux de la lettre du Pape S. Léon IX (1) aux évêques Jean et Etienne, lors de la lutte qu'ils soutinrent, en 1054, en faveur de la primatie de l'évêque de Carthage, Thomas II, contre les revendications injustes de l'évêque de Gummi :

SINE DUBIO, POST ROMANUM PONTIFICEM,
PRIMUS ARCHIEPISCOPUS
ET TOTIUS AFRICAE MAXIMUS METROPOLITANUS
EST CARTHAGINIENSIS EPISCOPUS;
NEC PRO ALIQUO EPISCOPO
IN TOTA AFRICA
POTEST PERDERE PRIVILEGIUM SEMEL SUSCEPTUM
A SANCTA ROMANA ET APOSTOLICA SEDE ;
SED OBTINEBIT ILLUD USQUE IN FINEM SAECULI,
ET DONEC INVOCABITUR IN EA
NOMEN DOMINI NOSTRI JESU CHRISTI,
SIVE DESERTA JACEAT CARTHAGO,
SIVE RESURGAT GLORIOSA ALIQUANDO. (2)

(*Epist.* S. Leonis IX ad Episc. Afric.)

Dans le chœur, au-dessus du maître-autel, un reliquaire superbe attire l'attention et retient le regard : c'est le reli-

---

(1) S. Léon IX est un pape français. Avant d'être élevé sur la chaire de S. Pierre, il s'appelait Brunon Dabo, et occupait le siège épiscopal de Toul. On lui doit, entre autres bienfaits, celui d'avoir deviné le génie du moine Hildebrand, et d'avoir préparé à l'Eglise le grand pape que fut Grégoire VII.

(2) « Il n'est pas douteux que, après le Pontife Romain, l'Evêque de Carthage est le premier Archevêque et le plus grand Métropolitain de toute l'Afrique. Il ne peut, en faveur de quelque évêque d'Afrique que ce soit, être dépouillé de ce privilège, qu'il tient, une fois pour toutes, du Saint-Siège Apostolique et Romain : il le conservera jusqu'à la consommation des siècles, et tant que sera invoqué en Afrique le nom de Notre-Seigneur Jésus-Christ, soit que Carthage gîse abandonnée, soit qu'elle ressuscite un jour pleine de gloire. »

quaire de Saint Louis, bijou inappréciable, exécuté par un des maîtres orfèvres de France, M. Armand-Calliat, de Lyon ; bijou plus précieux encore par la valeur du trésor qu'il recèle. Joinville a raconté que les ossements du saint Roi furent transportés, après sa mort, à S. Denis, où Louis IX avait élu sa sépulture. Il n'a point dit que les chairs, soigneusement séparées des os, par une opération préalable, à cause du danger que faisait alors courir la peste, furent déposés, par le duc d'Anjou, frère de S. Louis, dans la cathédrale de Montréal, en Sicile. Les ossements ayant été dispersés pendant la Révolution, c'est au trésor de Montréal que le Cardinal Lavigerie a emprunté une portion de ses reliques. D'accord avec l'éminent artiste Lyonnais, il fit représenter, pour recevoir les pieux restes de S. Louis, une réduction exquise de la Sainte Chapelle, de Paris, que le bon Roi avait lui-même fait construire dans le but d'abriter les reliques sacrées de la Passion. L'œuvre, bien que restreinte, a des dimensions grandioses : sa hauteur, à laquelle la largeur est proportionnée, atteint 2 mèt. 25. Agenouillés sur un socle, dont les deux bas-reliefs des faces font revivre le souvenir du départ de S. Louis, à Aigues-Mortes, et celui de sa dernière communion, à Carthage, deux Anges symboliques supportent, chacun sur un de leurs bras élevés, la Sainte Chapelle : l'un représente le génie de la Religion ; l'autre, le génie de la France, chacun, avec une expression différente, le premier respirant la foi et la tristesse, le second, la douleur tempérée par une légitime fierté (1).

Aussi bien, ce n'est ici que le commencement de l'apothéose de Saint Louis. A l'arrière du maître-autel, sous une coupole dorée, entre des lampes (2) dont la flamme

(1) L'auteur de ces lignes osera rappeler que, sur la paternelle et très flatteuse invitation du grand Cardinal à l'aider à promouvoir les souscriptions en faveur du Reliquaire, il a eu l'honneur de donner, dans une Revue religieuse lyonnaise, une description assez détaillée et assez complète du chef-d'œuvre de M. Armand-Calliat. — Cf. *Revue hebdomadaire du diocèse de Lyon*, 12 mai 1897.

(2) Dans la grande nef de la cathédrale, deux beaux lustres en baccarat descendent du plafond de la voûte, et s'harmonisent bien avec l'ensemble de l'ornementation.

veille sans cesse, s'élève, souriante, l'image du saint Roi. C'est sa chapelle *à lui*, dans le vaste et magnifique monument, qui déjà lui est à demi consacré (1). Et parce que, à l'heure de sa mort, ce qui brilla plus encore peut-être que sa résignation et son humilité, pourtant si touchantes et si admirables, ce fut son incomparable foi pour la divine Eucharistie, le Cardinal Lavigerie a voulu, d'abord, que ce fût au tabernacle de l'autel de cette chapelle que l'on conservât toujours le Saint Sacrement; puis, que, sur les parois latérales du sanctuaire, ponctuées de plaques commémoratives, on inscrivît, en lettres d'or, les merveilleuses paroles qui, du cœur plus encore que des lèvres du royal Croisé, tombèrent, la veille de sa mort, à l'heure où il reçut le Viatique. Les voici, telles qu'elles figurent, à droite et à gauche de l'autel :

VOUS CROYEZ
DEMANDAIT LE CONFESSEUR
DE SAINT LOUIS
EN LUI PRÉSENTANT
LA SAINTE HOSTIE EN VIATIQUE
QUE CE SOIT LÀ LE VRAI CORPS
DE JÉSUS-CHRIST ?

OH OUI !
RÉPONDIT LE MONARQUE MOURANT
ET NE LE CROIRAIS MÊME MIEUX
SI JE LE VOYAIS
TEL QUE LES APOTRES
LE CONTEMPLÈRENT
AU JOUR DE L'ASCENSION

(1) La Primatiale de Carthage est placée en effet sous le double vocable de Saint Cyprien, et de Saint Louis. La fête de Saint Cyprien, le savant distingué et le glorieux évêque martyr, à l'office de qui le Bréviaire romain a à peine trouvé le temps de faire une place, alors qu'il en a cependant un si grand nombre de vides, se célèbre solennellement, à Carthage, dont il est le patron du diocèse. Le panégyrique du Saint a été donné, le 16 septembre 1897, par le R. P. Groffier, S. J., dans la belle cathédrale.

Le Cardinal avait, de son vivant, choisi, dans la nouvelle basilique, le lieu de sa sépulture. Ce n'est pas à Bayonne, dans sa ville natale et près des siens, mais, à Carthage, sur cette terre d'Afrique qu'il a tant aimée et qu'il a si bien travaillé à rendre française, qu'il a voulu dormir son dernier sommeil. Et c'est là en effet qu'il repose, depuis les derniers jours de novembre 1892. En face du trône pontifical, sous le sanctuaire, il avait fait construire le large caveau que recouvre, dans la basse-nef de droite, la blanche dalle de marbre où se lit l'inscription suivante, qu'il a pris soin lui-même de composer :

HIC

IN SPEM INFINITAE MISERICORDIAE REQVIESCIT
KAROLVS-MARTIALIS ALLEMAND-LAVIGERIE
OLIM
S. R. E. PRESBYTER CARDINALIS
ARCHIEPISCOPVS CARTHAGINIENSIS ET ALGERIENSIS
AFRICAE PRIMAS
NVNC CINIS
ORATE PRO EO
NATVS BAYONAE DIE VIGESIMA PRIMA OCTOBRIS 1825
DEFVNCTVS EST DIE VIGESIMA SEXTA NOVEMBRIS 1892

Toute l'âme du grand Cardinal respire dans cette épitaphe, dont chacun des mots portent : elle dit sa foi invincible dans l'infinie miséricorde du Dieu, dont il fut l'infatigable ouvrier ; et elle proclame le sentiment de son impuissance devant ce même Dieu. Il ne rêva rien autre chose : *espérer*, et *agir*, bien qu'inutile serviteur !

Mais ceux qui lui ont survécu et qui furent les témoins de ses œuvres se devaient à eux-mêmes, et lui devaient, de s'employer à élever à sa mémoire un monument digne de lui. Ce pieux tribut des souvenirs du cœur, son vénéré successeur, Mgr Combes, s'est empressé de le lui payer; et, dès le 21 février 1894, le projet d'un beau monument commémoratif a été conçu, dont le Primat de Carthage a confié l'exécution à l'habile sculpteur parisien, M. Crauk. Dans ce mausolée, qui n'était point encore achevé, ni placé, à l'automne de 1897, le Cardinal sera représenté à demi couché, de telle sorte que sa mâle et noble figure soit mise en plein relief. Debout, de chaque côté de sa statue, seront deux groupes : l'un, formé d'un nègre adulte tenant des chaînes brisées, et d'un nègre plus jeune portant une palme; l'autre, d'une négresse ayant entre ses bras son petit négrillon. Au bas, dans des attitudes différentes, se tiendront à genoux deux Pères Blancs.

Ils sont là d'ailleurs, tout à proximité, pour veiller et prier sur les restes endormis de leur Père et Fondateur. A quelques pas de la Primatiale et sur le même plateau, se développe le large rectangle des bâtiments du Scolasticat des Pères Blancs et du Grand Séminaire, qui abritent aussi le précieux Musée archéologique du R. P. Delattre. Sévère, dans la façade qui fait vis-à-vis à la cathédrale, l'édifice s'égaie et prend un caractère oriental, du côté opposé qui fait face à la mer, grâce à une double galerie formée d'arceaux mauresques et de colonnes torses, à l'arrière de laquelle s'ouvrent les deux Salles du Musée, et la Salle, dite « de la Croisade », où cinq grandes fresques de M. l'abbé L'Alouette, élève de Picot, racontent splendidement l'héroïque épopée de saint Louis.

Le Musée de Carthage, dont les premiers jalons furent posés, il y aura bientôt un quart de siècle, a, dès le premier jour, attiré l'attention des archéologues. Comme il se compose à peu près exclusivement d'objets découverts dans les ruines de Carthage, il offre cet intérêt particulier de réunir, sur place, les restes d'une civilisation qui remonte à la fondation de la cité punique et embrasse une période de plus de vingt siècles. Un savant de premier ordre, et aussi aimable et modeste que savant, le R. P. Delattre, non content de pratiquer des fouilles, a assumé la lourde tâche de classifier et de décrire les débris retrouvés. Sous les yeux du visiteur passent donc tour à tour, dans les vitrines ou sur les étagères, les curieux objets qui rappellent Carthage punique, romaine, chrétienne : bagues, scarabées, perles, figurines, lampes, vases, mosaïques, bas-reliefs, monnaies, etc. se trouvent là accumulés, étiquetés, orchestrés ; c'est la résurrection de tout un monde disparu, et qui livre aux déchiffreurs d'inscriptions et de graffiti quelques-uns de ses secrets. Sans être grand clerc en archéologie, on prend un plaisir extrême à parcourir ces salles, et l'on aime à rendre hommage au savant qui est l'âme de toute cette œuvre de patiente exhumation.

Dans l'enclos du Grand Séminaire et devant le Musée, se trouve l'ancienne Chapelle Saint Louis, où le Cardinal fit reprendre, dès 1875, par les Pères Blancs, le service religieux, qu'y avait donné, pendant dix ans ((1845-1856), un aumônier français, M. l'abbé Bourgade. Le modeste édifice avait été construit, sur l'ordre de Louis-Philippe, au surlendemain de la conquête, pour rappeler, sur le plateau de Byrsa, le souvenir national de Saint Louis, son aïeul. C'est moins une chapelle qu'une sorte de Koubba arabe, où l'architecte a marié le style gothique à l'inspiration mauresque ; quant à la statue qui est censée représenter le bon roi, au-dessus de l'autel, elle figurerait tout aussi bien le héros de Bouvines, ou le vainqueur des Grandes Compagnies. En mémoire du traité conclu par le comte Mathieu de Lesseps, en 1830, avec le Bey de Tunis, traité portant abolition de l'esclavage et concession d'un terrain où le souvenir de la mort de Saint Louis serait consacré par un monument, le Cardinal Lavigerie a fait transporter et inhumer, dans cette chapelle, les cendres du comte de Lesseps, ce « digne représentant de la France » : c'était justice.

Le « Grand Hôtel de Carthage », modeste restaurant de troisième ordre, en dépit de l'enseigne, forme, sur le plateau, un dernier groupe de constructions. Au-delà, s'ouvre le ravin, qu'il faut franchir pour accéder à l'agglomération de la colline voisine : d'un côté, à gauche, le monastère des Carmélites, fondé en 1884, et où l'on vénère, dans la chapelle, l'image de Notre-Dame de la Melléha, si populaire parmi les Maltais; de l'autre, à droite, l'Institution Lavigerie, bel établissement où les Pères Blancs distribuent à une brillante jeunesse le double bienfait d'une forte éducation chrétienne et d'un solide enseignement classique. Au bas du ravin se trouvent les citernes qui distribuent à la Goulette, à la Marsa et à Carthage, l'eau potable : le bâtiment, en blocage cimenté, qui les abrite, forme un rectangle d'environ six mille mètres carrés; là, dix-sept bassins parallèles, de neuf mètres de profondeur, suffisent à contenir vingt-six mille mètres cubes d'eau.

Plus loin enfin, et à mesure que, à travers la solitude, on se rapproche de la mer, on trouve, semblables à des oasis, quelques Palais perdus dans la verdure : ici, celui du Bey; là, celui du Résident général; au-delà, celui du Primat d'Afrique. Sans doute, dans l'immensité du panorama, règne encore le silence; néanmoins, ce sont autant de jalons vivants, sur lesquels l'œil se repose avec bonheur. Dans un organisme d'où la vie était absente depuis des siècles, les phénomènes de la résurrection ne peuvent point tous s'affirmer en un seul jour : c'est beaucoup déjà que la colline de Saint Louis ne soit plus déserte. D'ailleurs, les cloches de la Primatiale chantent, là-haut, un hymne d'espérance : du matin au soir, à la brise qui passe, ne jettent-elles pas le cri du grand Cardinal : *Instauranda Carthago* ?...

## CHAPITRE V

AUX ALENTOURS DE TUNIS

NE des promenades favorites des Tunisiens, et des étrangers de passage à Tunis, est celle du *Belvédère*, ainsi appelé, sans doute, à cause du beau panorama qu'on y a sous les yeux. De grands travaux y ont été entrepris, depuis quelques années. Il s'agit en effet de transformer, de toutes pièces, une colline admirablement située, il est vrai, mais déserte et aride, en une sorte d'immense jardin public, où, par conséquent, tout est à créer. L'administration française n'a point reculé devant les difficultés multiples de la tâche. Comme à chaque jour suffit sa peine, chaque jour, patiemment, on a fait quelque chose : on a d'abord ouvert, aux flancs de la colline, de larges tranchées où serpente une magnifique route; on en a ensuite relié, par d'innombrables allées, les divers tronçons; puis, on a multiplié partout les plantations de toutes sortes; et, ce gros œuvre achevé, il ne s'agit plus maintenant que de faire, pour ainsi dire, la toilette de chacune des sections qui se trouvent respectivement délimitées par la route et les sentiers. Vingt ans encore seront nécessaires, sinon pour finir le travail, du moins pour permettre à cette ingénieuse création d'atteindre sa pleine mise en valeur. Mais, ce jour-là, le Belvédère sera l'une des perles de Tunis.

De la hauteur, on a, très distincte, une vue latérale du grand Aqueduc (FIG. 11) qui, aux temps héroïques, amenait à Carthage l'eau pure des sources captées dans les massifs du Djebel Djougar, et qui, restauré, il y a trente ans, approvisionne encore Tunis d'eau potable. Les Romains, ces gigantesques architectes, avaient, en Tunisie comme ailleurs, multiplié les travaux de ce genre. Avant de se résoudre, aujourd'hui, à en entreprendre simplement un seul, on perdrait dix années à nommer des commissions et sous-commissions, pour délibérer, c'est-à-dire, pour parader et..... et ne rien faire. Pratiques avant tout et gens de résolution, les Romains, commençaient, eux, par agir; ou, si tant est qu'en haut lieu ils délibérassent, c'était du moins pour aboutir sans délai à l'exécution. Et ainsi, ils ont couvert la surface du vieux monde, de leurs créations cyclopéennes, alliant, dans ces œuvres, par un privilège qui paraît malheureusement perdu, la rapidité de la mise en train à la solidité séculaire des constructions. La flamme qui les animait s'est éteinte, oh! bien éteinte, dans la race de vulgaires terrassiers, qui farnientent et conspirent maintenant sur le sol de l'antique Italie: mais, par-delà les mers, quelque chose en a passé, ce semble, dans la race jeune des Etats-Unis, qui, si elle est l'une des plus égoïstes et des plus impertinemment arrogantes qui soient au monde, est aussi, l'on ne peut s'empêcher de le reconnaître, l'une des plus âpres à l'action, et l'une des plus étonnantes par son sens affiné des perfectionnements et du progrès (1).

L'excursion au Belvédère peut, très facilement et très agréablement à la fois, se terminer par une promenade au *Bardo*. Mais, d'abord, qu'est-ce que le Bardo?

---

(1) Trompés par le mirage des mille applications ingénieuses que l'esprit, toujours en éveil, des Yankees sait faire de toutes les découvertes, nous inclinons cependant peut-être trop à leur octroyer, sans réserves, le mérite d'être de grands inventeurs. En réalité, ils sont beaucoup moins des *inventeurs* que des « applicateurs ». Incomparablement habiles, en toutes choses, à tirer les marrons du feu, ils excellent surtout à « utiliser » les trouvailles des autres : si l'on y regarde d'un peu près, leur pyramidal Eddison n'est qu'un pygmée, en face d'un inventeur de *génie* comme notre Pasteur.

Dans la pensée des touristes, ce nom n'évoque guère qu'un souvenir, plus ou moins vague, de Palais beylical, de cours, de galeries, et de salles encombrées de curiosités. Dans l'esprit au contraire de quiconque connaît un peu l'histoire de la Tunisie, ce mot, une fois prononcé, suffit à éveiller tout un essaim de souvenirs, les uns tristes et mêmes tragiques; les autres, comiques et divertissants, selon la nature des événements auxquels ils se rapportent. C'est qu'en effet, nulle part peut-être autant qu'en ce minuscule coin de terre africaine, il ne s'est déroulé, surtout en cette seconde moitié du XIXe siècle, autant d'événements qui aient abouti, en fin de compte, à décider du sort de la Tunisie : là, se sont faits les favoris, et défaits les premiers ministres; là, un homme sorti de rien et

Fig. 11. — Ruines de l'aqueduc romain.

parvenu à tout, Mustapha-Ben-Ismaïl, a pu, pendant longtemps, de concert avec certains Européens, se moquer impunément de la France et de son consul général; là, enfin (car il y a une fin à tout, même aux bravades), là enfin a été signé, le 12 mai 1881, le traité du Bardo, dont j'ai parlé précédemment, traité boiteux et mal assis, sans doute, mais qui du moins a préparé et rendu possible le traité de 1884, grâce auquel le Protectorat français a été solidement implanté en Tunisie.

Le Bardo est donc, avant tout et par-dessus tout, un « lieu *historique* ». Mais c'est aussi un lieu archéologique, artistique, que sais-je encore? et l'intérêt qu'y trouve le visiteur en est ainsi décuplé (1).

(1) C'est encore au Bardo que se font, les lundis, les exécutions capitales, quand il s'en rencontre quelqu'une. Or, vers la fin de l'été

A l'extrémité d'une petite place que ne suffisent guère à décorer le maigre palmier et la fontaine de fonte qu'on y remarque, s'étendent, à droite et à gauche, des débris de constructions, qu'on a, en réalité, démolies, sous le spécieux prétexte de les restaurer : d'un côté, des bâtiments de un à trois étages, à toiture plate ; de l'autre, un long mur, derrière lequel se dresse la mâture du pavillon beylical et s'aligne un rangée d'édifices couverts en tuiles ; au centre, dominée par une tour hexagonale, ornée d'une horloge surmontée d'une girouette, et flanquée d'une petite batterie de six canons rayés (1), s'ouvre la porte de l'entrée du Palais du Bey, qui, aujourd'hui, n'y vient presque plus. Cette porte franchie, nous trouvons une série interminable de cours, de galeries et de salles (FIG. 12), entre lesquelles l'attention s'éparpille jusqu'à ce qu'on arrive au centre même du vaste édifice, où a été établi le Musée des antiquités, plus connu sous le nom de « Musée Alaoui ».

La création du Musée remonte, en principe, à 1881, c'est-à-dire au début de l'occupation française, car, dès cette époque, le Ministère de l'Instruction publique prit de sages mesures pour recueillir, au Bardo, tous les morceaux d'architecture, statues et inscriptions, qu'on pouvait trouver, à Tunis et aux alentours. Mais, dans l'ordre concret des faits, le Musée Alaoui, avec sa destination propre, date seulement de 1885 et du jour où M. de la Blanchère, actuellement inspecteur général des musées et des bibliothèques, se fit céder, par le Bey, une partie de

---

de 1897, on parlait beaucoup, à Tunis, de l'incident survenu, quatre ou cinq mois auparavant, au cours d'une de ces funèbres cérémonies. Un malheureux, condamné par la justice Beylicale à être pendu, avait été exécuté selon toutes les règles. Mais, comme le fossoyeur, qui le croyait mort, le portait en terre, soudain le pendu ressuscite, et, se dressant sur la civière, il lui crie, d'une voix macabre de strangulé : « Donne-moi donc à boire ! »..... L'événement fit grand bruit. Ce cas de résurrection, non prévu par le code, fut soumis à la Justice, qui, après délibération, s'estima réglementairement satisfaite, et gracia le condamné. Depuis, le *Pendu du Bardo* a pris, dans la Régence, les proportions d'un personnage historique.

(1) Ces canons furent donnés, par Napoléon III, à Mohammed Sadok.

son Palais, et entreprit d'y installer ses riches collections.

Au rez-de-chaussée, près d'une jolie cour ornée d'une fontaine, s'ouvre un vestibule voûté, où sont disposées les antiquités dont le poids et le volume constitueraient un danger, si on les transportait aux étages supérieurs.

Au premier, les trésors ont été distribués entre trois vastes salles, au nombre desquelles figure, en très bon rang, la « Salle des Mosaïques » (Fig. 13). La Salle du centre rappelle tout ensemble, par sa disposition et sa décoration, l'Espagne et l'Italie : l'Espagne, car ce n'est rien autre chose qu'un grand *patio* couvert, avec une fontaine de marbre, au milieu; et l'Italie, car le plafond a été décoré dans le goût italien de nos jours, avec toutes sortes de motifs bizarres et de tonalités discordantes. Dans ce cadre, qu'on pourrait souhaiter meilleur, sont groupées les collections épigraphiques, avec, de loin en loin, quelques statues, comme pour égayer la gravité de toutes ces inscriptions accumulées.

Mais si le mauvais goût italien s'est donné ici trop librement carrière, voici, par contre, dans l'immense salle qui s'ouvre, à gauche, bien des dédommagements. Sur nos têtes, une délicieuse coupole à caissons dorés, qui forme plafond, et qui est un chef-d'œuvre de travail décoratif arabe ; sous nos pieds, une admirable mosaïque, le « Cortège de Neptune »,

Fig. 12. — Palais du Bardo.

découverte, à Sousse, par les officiers du 4ᵉ Tirailleurs, et transportée au Bardo : en somme, deux pièces très éclatantes, l'une et l'autre, mais qui se répondent à merveille et s'harmonisent très-heureusement. Au surplus, le choix des antiquités destinées à cette salle a été fort habilement fait : ce sont, aux murs, d'autres fragments de riches mosaïques ; puis, espacées tout autour, des tombes chrétiennes, avec des personnages en pied ; des scènes empruntées à la vie réelle, comme, par exemple, une course de chars à l'amphithéâtre ; ou encore, des sujets de genre, des figures décoratives, des objets en terre cuite ou en bronze, etc.

Dans la salle de droite enfin, ramifiée en quatre chambres, pleines de statues et de modèles en plâtre, se trouvent des voûtes, en plâtre ajouré, dont le travail admirable rappelle ce qu'on peut voir de plus beau, dans le même genre, à l'Alhambra, de Grenade. Comme l'a fort bien dit M. de la Blanchère, « il y a là une synthèse de tout le décor islamique : des méandres arabes, des nœuds hindous, des cœurs persans, des palmettes égyptiennes, des entrelacs syriens, des rinceaux turcs s'y rencontrent, très-bien fondus, harmonieusement combinés. C'est comme un résumé de toute la tradition d'un art florissant dans l'Afrique du nord. Ce chef-d'œuvre vaudrait, à lui seul, toutes les dépenses et tous les soins que le Palais où il se trouve a pu coûter et coûtera. » On ne saurait mieux dire. Dans ces lignes, du reste, perce le goût délicat et passionné du savant archéologue pour ne rien laisser perdre, en Tunisie, des trésors qui s'y trouvent enfouis. Grâce à son zèle intelligent et à la création du Musée Alaoui (1), nous possédons, au Bardo, une collection superbe, et centrale, qui fait encore défaut à l'Algérie, où, par manque de mesures préventives, les restes antiques sont devenus, hélas ! depuis un demi-siècle, la proie des entrepreneurs et des colons.

Derrière le Bardo, de l'autre côté de la voie ferrée, se trouve le « Palais du bonheur », en arabe, *Kassard-*

---

(1) Une description, aussi consciencieuse qu'intéressante, du Musée Alaoui, a été commencée par M. Paul Gauckler. Le 2° fascicule de cette savante publication vient de paraître, accompagné de quarante-trois planches (Paris, E. Leroux ; juin 1898).

*Essaïd* (1), qui est curieux à voir, même après qu'on s'est extasié devant les merveilles réunies dans le Palais du Bey. Tout est plein de couleur locale, dans ce cadre oriental où les orangers se marient aux colonnes et aux arabesques. S'il y a là moins de vraies richesses qu'au Bardo, il s'y trouve, par contre, maints détails que j'oserai qualifier de détails de « terroir », parce qu'ils font songer instinctivement à ce

Fig. 13. — Musée du Bardo. Salle des Mosaïques.

que l'on a pu voir déjà, à Constantinople, en visitant certains pavillons du Vieux Sérail : toute seule, par exemple, la bizarre collection de pendules qu'on y remarque suffirait à justifier le rapprochement.

L'accès des salles du Bardo et de Kassard-Essaïd n'est libre, on le devine assez, qu'après certaines formalités préalables. Il faut, pour y pénétrer librement, se munir d'abord d'une Carte, au Palais de la Résidence : cette Carte est libellée en arabe (Fig. 14). Mais, outre ce « laissez passer » officiel, une clef encore, une toute petite clef, n'est point inutile, si l'on veut bien voir, et tout examiner à loisir : c'est la clef d'or ! L'Orient, à commencer par la Tunisie, est le pays de cocagne du bakchich. Ayez-en les mains pleines, et vous verrez toutes les portes s'ouvrir devant vous, par enchantement.

Une dernière fois, avant de m'éloigner de Tunis, je voulus revoir les Souks, ces Souks mystérieux, où, si souvent déjà, je m'étais plû à flâner, et vers lesquels on se

---

(1) C'est à Kassard-Essaïd que fut signé, le 12 mai 1881, le traité qui porte, dans l'histoire, le nom du « Traité du Bardo ».

sent attiré toujours. J'y remontai donc par la rue de l'Eglise, rue étroite et tortueuse, odorante et malpropre, qui s'enfonce et se profile entre des étals de bouchers, de marchands de légumes et de brocanteurs, dans un pullulement d'indigènes de tout âge et de toutes classes, marée arabe dont le flot qui monte et le flot qui descend emplissent de jambes nues, de gandouras (1), de burnous et de turbans, les étroites travées obstruées déjà de petits bourricots.

Les Souks, c'est le charme, la séduction, et le danger de Tunis : le charme des yeux ; la séduction des sens, attirés et pris par les couleurs, les nuances, les parfums ; et le danger pour les bourses, car c'est la dette embusquée derrière les colonnes rouges et vertes, dont s'encadre chaque échoppe marchande. Les Souks, c'est le piège tendu par l'Orient à l'Europe, l'inévitable nasse aux fines mailles de soie, mailles ténues et chatoyantes, mais dont toutes se resserreront sur vous et vous prendront à la gorge, pour peu que vous ne sachiez point vous défendre contre la caresse enfantine du parler des vendeurs, l'enveloppement de leurs gestes, et leur offre de *Kaaoua*. Les Souks, c'est votre budget grevé pour des années, si vous ne savez pas surtout éventer les ruses et les travaux d'approche des courtiers fripons et harceleurs, toute cette nuée de guides et de pisteurs, qui s'en vont, chaque matin, guetter l'étranger, à la porte des hôtels, juifs et musulmans rapaces, juifs surtout, dont le commerce arabe a fait des rabatteurs, disons mieux, puisque, aussi bien, le mot maintenant est consacré là-bas, des *vautours !* Cela, je l'ai dit déjà ; mais il me plaît de le redire, car je voudrais le crier sur les toits, puisqu' « un homme averti en vaut deux ! »

---

(1) La *gandoura* est une ample robe sans manches, fendue par devant, et qui se passe comme une chemise. Objet de luxe, elle est tissée de laine fine et teinte de couleurs claires : il y en a de bleues de mauves, de roses, de saumonées, de vertes ; et telle est l'illusion par laquelle l'éclat d'un jour inaccoutumé trompe les yeux, que, flottant au soleil, elles semblent avoir les reflets de la soie, et ses chatoiements.

Mais quand on est en effet *prévenu,* et qu'on sait se tenir prudemment sur le qui-vive, il ne reste plus, des Souks, que le charme. Et je voulus, ce charme exotique, une fois encore, l'éprouver.

Après avoir dépassé la haute colonnade et le grand escalier de la Mosquée de la Zitouna, j'arrivai au Souk aux parfums. Odeurs à la fois écœurantes et violentes d'essences de rose et de jasmin, c'est, dans un long couloir-voûte, soutenu par des piliers au coloriage brutal, une double rangée de boutiques aux boiseries peinturlurées avec un goût barbare, une galerie de véritables niches auréolées de cierges de toutes grandeurs, quelques-uns à cinq branches, cierges aux extrémités rouges, vertes et dorées; longs flacons de verre peints d'arabesques d'or, de verre bleu pour le kolh, de verre blanc pour les essences; toute une enfilade d'étroites petites chapelles d'une ornementation

**KASSAR-ESSAÏD**

المحترم الوجيه لامير لاي سي بروطه المكف بسراية
قصر السعيد اما بعد فالقادم عليكم جماعة من اعيان الافرنج
فالمراد منكم ان تفرجهم في ساراية المكان وتبر بهم حسب العادة
والسلام من الفقير الى ربه تعالى عبده امير الامراء قبريل فالنسي

Fig. 15. — Fac-similé d'une Carte de visiteur au Musée de Kassar-Essaïd.

criarde, où s'encadre, tel un Boudha dans la pénombre de son temple, un parfumeur indolent et blafard. Avec des langueurs de captifs, derrière leurs comptoirs encombrés de boîtes et de flacons, ils se tiennent là, le long des jours, les aristocratiques et pâles vendeurs du Souk. Une corde pendante à la portée de leurs mains pour les aider à se hisser dehors, ils demeurent là, au milieu des vastes corbeilles remplies de henné et de souak, vous hélant nonchalamment au passage, et sans autre mouvement que celui du fumeur faisant tomber les cendres de sa cigarette. Un peu dédaigneux, efféminés et blêmes, dans leurs longues gandouras de drap fin et de nuances mourantes, ils forment, au milieu des Souks, une classe à part. C'est la noblesse même de Tunis commerçante : fils de grandes familles, pour la plupart, ils s'étiolent, durant l'hiver, dans le voisinage de leurs parfums à base d'ambre et de benjoin, et de leurs cornes remplies de *ched;* mais ils vont passer ensuite, en masse, la saison chaude à Djerba, où leurs parents ont des villas, et où ils pêchent et chassent, chasses au faucon, chasses au sloughi, comme des fils d'émir, pour revenir, à la saison des pluies, reprendre leur longue immobilité d'idoles dans leur niche odorante et peinte, et, de nouveau, s'étioler et pâlir, en attendant les visiteurs.

Après « Souk-el-Attarine » (Souk aux parfums), s'ouvre, en long couloir, le Souk aux tailleurs, avec ses échoppes en estrade. Dans chacune d'elles, sept ou huit indigènes, presque tous juifs, se tiennent accroupis en cercle et travaillent silencieusement. Coiffés de chéchias et vêtus de drap de couleur claire, leurs grosses jambes croisées dans l'attitude classique, ils taillent, ils cousent, très-actifs, bien plus acharnés à leur tâche que les tailleurs d'Alger, ne lâchant leur travail que pour vous appeler et vous offrir, à des prix naturellement doubles et quadruples de leur valeur : « Una gandoura, sidi! » ou : « Sidi, un burnous ! » Et quel burnous! Depuis le vert amande, jusqu'au violet pâle des violettes de Parme. Derrière eux, suspendue à des clous, c'est toute la défroque de l'Orient, gilets de moire, vestes brodées, gandouras aux nuances de fleurs.

Plus loin, c'est le Souk aux étoffes, aux logettes petites et sombres, avec leurs marchands d'écharpes, de ceintures, de foutas et de haïcks ; puis, voici des étoffes à turbans, brodées de soie jaune, des soieries d'Orient, de frêles tabourets incrustés de nacre, et de gros chapelets d'ambre posés parmi les fusils damasquinés et les cimeterres de Damas. Là aussi dorment, entassés les uns sur les autres, les moelleux tapis de Kaïrouan à côté des tapis de Perse, et les portières de Stamboul bossuées d'arabesques d'or. C'est ici que le roumi doit redoubler de vigilance, car c'est dans le Souk aux étoffes qu'il est le plus guetté par les courriers pisteurs. Ils sont là, confondus dans la foule arabe, épiant vos gestes, votre physionomie, et, à la moindre velléité d'achat que vous manifestez, prêts à fondre sur vous, et à vous solliciter pour vous conduire ailleurs. C'est à qui vous indiquera un magasin où, à bien meilleur compte, vous trouverez le même objet, même beaucoup plus beau : « Viens par ici, sidi, viens! » Et l'un vous prend par le bras, l'autre vous tire par la manche, pendant qu'un troisième, insidieux, a osé glisser sa main dans la vôtre. Songez donc, voilà peut-être une heure qu'ils vous suivent, et vous étudient, attendant, avec quelle patience ! le moment de la curée. Si vous ne savez vous en défaire, dix minutes après, vous serez installé devant une tasse de café, chez Djemal et Barbouchi, les deux grosses fortunes de Tunis, Barbouchi et Djemal, dont les rabatteurs, entretenus à l'année, ont mission d'amorcer et d'amener tout étranger de passage dans les deux anciens caravansérails dont ils ont fait leurs cavernes, car c'est dans deux anciens marchés d'esclaves que les deux rusés Tunisiens ont empilé les objets les plus tentants, les armes les plus rares, et les plus fastueux tapis de Turquie et d'Asie, que puisse trouver un chrétien, à Tunis.

D'ailleurs, dans la rue, la séduction continue. Après le Souk des brodeurs, voici le Souk des selliers et la féerie de leurs harnachements de velours plaqués d'or et d'argent, le luxe barbare de leurs hautes selles brodées de soie ; puis, le Souk des tisseurs ; celui du cuivre ; et le Souk des teinturiers, le plus ancien de tous, avec sa bordure d'amphores gigantesques et son vaste puits, dont l'eau servit peut-être à teindre les robes des suffètes de Carthage. Il y a aussi le Souk des libraires, le Souk des orfèvres, etc. Et, sur toutes ces couleurs, tout ce mouvement et tout ce bruit, la Zitouna, interdite aux chrétiens, répand à l'entour son ombre sainte, dressée au milieu des Souks, ou plutôt les tenant tous groupés autour d'elle, si bien que, de sa boutique, pour s'encourager à tromper et spolier le client d'Europe, le marchand musulman peut longuement fixer la mosquée et son fin minaret revêtu de tuiles vertes, pointant haut vers le ciel dont le dieu de Mahomet a exclu le roumi.....

De cet incroyable kaléidoscope, on regretterait, ensuite, de n'avoir pas pris une longue et dernière vision, avant de s'éloigner de Tunis. N'est-ce pas le souvenir du réel à côté des souvenirs disparus ; l'image concrète de l'Orient se survivant à lui-même, et combien vivace et pittoresque, à côté de l'image pâlie des civilisations antiques ; le présent, avec tout ce qu'il a de criard et d'un peu peu bien brutal, à côté du passé entrevu dans les lointaines perspectives de l'histoire ?... C'est à ce double contact persistant que tient, en partie, le charme particulier d'un voyage en Tunisie : aussi, est-ce avec regret qu'on dit adieu à Tunis. Une joie pourtant vient tempérer bien vite ce que ce regret pourrait avoir de trop amer : c'est que, malgré les précautions dont on doive user pour affirmer la chose, en réalité, aujourd'hui, la Tunisie est française, et que, là-bas, nous sommes *chez nous* !

# DEUXIÈME PARTIE

DANS L'AFRIQUE FRANÇAISE

# DEUXIÈME PARTIE
## DANS L'AFRIQUE FRANÇAISE

### CHAPITRE PREMIER
#### EN ROUTE VERS L'ALGÉRIE. — BÔNE.

our aller de Tunis à Bône, on a sans doute le choix entre la voie de mer et la voie ferrée. Mais cela ne veut pas dire qu'on peut se rendre, avec célérité, d'une ville à l'autre. Par mer, le trajet ne finit plus; et, par le chemin de fer, outre qu'il n'y a qu'*un* train par jour, il faut se résoudre à perdre *douze* heures, pour faire les trois cent cinquante-cinq kilomètres (1) qui séparent Bône de Tunis! C'est la Compagnie Bône-Guelma qui a l'exploitation de cette ligne intéressante, dont le matériel est, du reste, à l'avenant de la rapidité du service. Et pourtant, comme

---

(1) C'est exactement la distance de Lyon à Marseille. Les rapides du P.-L.-M. la franchissent, en *cinq* heures et quart.

tout est relatif, en ce monde, on s'estime encore heureux d'avoir un railway. Que serait-ce donc, grand Dieu! s'il fallait franchir cette distance en patache, ou même à cheval?...

On quitte Tunis à huit heures du matin, et l'on arrive à Bône, pour dîner, le soir, au moment de la retraite des Tirailleurs algériens. Pendant toute cette longue journée de chemin de fer, que rend plus fastidieuse encore la monotonie du paysage, on n'a que deux ressources pour trouver moins lente la fuite des heures : dormir, ou essayer de faire la synthèse de ses impressions. Mais, comment dormir, dans ces horribles cages à poulet, qu'il plaît à la C$^{ie}$ Bône-Guelma de décorer du nom de « premières », et qui ne valent sûrement pas un bon compartiment de « troisièmes » du P.-L.-M. ? La chaleur aidant, et aussi le travail de la digestion, l'on peut bien, après le préhistorique déjeûner du Pont-de-Trajan, s'abandonner, quelques instants, aux douceurs de la sieste ; mais je défie le plus robuste dormeur de réussir à sommeiller, d'un franc somme, avec un semblable matériel. Il faut donc, de gré ou de force, rester là l'œil ouvert, et se réfugier dans ses pensées. On cherche alors à mettre au point les impressions définitives qu'on emporte de Tunisie ; et, ainsi, c'est tout bénéfice.

Or, l'impression première, dominante, et persistante; celle qui ne fera que grandir, à mesure qu'on visitera l'Algérie, c'est que le gouvernement français est loin, très loin, d'avoir encore tiré de ces riches et heureuses contrées coloniales tout le parti possible. En Tunisie, notamment, il y a des plaines immenses, qui n'attendent, qui ne demandent, qu'une nouvelle fécondation. Mais encore faut-il se préoccuper de la leur donner. La Tunisie, qui fut jadis le grenier de Rome, peut devenir, sous une main habile, l'un des plus abondants greniers de la France. Pourquoi ne l'est-elle pas encore, ou, du moins, pourquoi l'est-elle encore dans de si faibles proportions?... On me fera peut-être remarquer que l'essor est donné, dans ce sens ; que, en rattachant le pays Beylical au Ministère des Affaires étrangères, on a voulu précisément montrer qu'il ne serait point, comme nos autres colonies, une simple colonie de fonctionnaires; que le commerce et l'agriculture s'y trouvent en mouvement ascensionnel; que des routes nouvelles y sont ouvertes, et que des lignes projetées de chemins de fer, destinées à relier entr'elles les principales villes de la Régence, ne tarderont pas à faire pénétrer à l'intérieur les bienfaits de l'influence française. Fort bien! Mais pourquoi cette nationale entreprise d'améliorations et de progrès, au lieu d'être poussée activement, est-elle menée avec une lenteur désespérante? Pourquoi, en Tunisie, comme en France, a-t-on le regret d'assister à l'épanouissement de la bureaucratie, et de compter partout ses peu enviables triomphes? Pourquoi n'y a-t-il pas là, avec ses coudées franches, un homme de cœur et de tête, un grand Français, qui imprimerait en tous sens une impulsion salutaire, et, en quelques années, rendrait toute sa valeur à ce pays de Chanaan?...

Voici également une seconde impression, dont on a peine à se défendre : c'est qu'il suffirait d'être énergique, en même temps qu'actif, pour s'imposer aux indigènes, à quelque race ou nationalité qu'ils appartiennent. Nulle part, autant qu'en Tunisie, l'armée ne peut être plus efficacement l'auxiliaire de la France prenant possession du sol : nos soldats (1), voilà, là-bas, nos vrais pionniers ! Ils commandent d'abord le respect, parce qu'ils sont la force dans le devoir, et qu'on ne discute pas plus avec l'une qu'avec l'autre. Puis, ils inspirent la sympathie, cette aimable et contagieuse variante de la force. On le voit assez, quand un régiment défile. Là cependant, où l'on le voit encore davantage, et où on le sent, comme malgré soi, c'est aux soirs de « retraite », lorsque le conquérant passe, mais passe gaiement, avec cet air bon enfant qui entraîne, parce qu'il séduit : juifs, nègres et arabes subissent alors

---

(1) Je me hâte d'ajouter : *et nos Missionnaires*, c'est-à-dire, avec le clergé catholique des villes, ces admirables Pères Blancs, qui sont une des créations de génie du grand Cardinal.

uniformément le charme de la force qui parle en musique, et qui leur fait entendre, sous une forme caressante, la voix véritable de la France lointaine se rappelant à ses enfants dispersés (1).

Il y a enfin une troisième observation que j'oserai formuler ici, parce qu'elle me paraît compléter les deux précédentes. Si peu que l'on cherche à s'appuyer sur les faits pour en découvrir la loi directrice, on touche, en quelque sorte, du doigt, quelles seront les conditions à venir de la société composite dont la Tunisie offre le spectacle. Dans ce mélange bigarré de Juifs, d'Arabes et d'Européens, chaque peuple ayant sa physionomie à part, il importe, en effet, de bien voir comment on pourra réussir à opérer la concentration des forces. Or, l'Arabe est exclusivement tourné vers le passé: la richesse est, pour lui, ce qui dure; et tout, dans ses traditions, comme dans ses pratiques, le révèle plus attentif à conserver qu'à créer. Le Juif, au contraire, regarde vers l'avenir : tout se mobilise, entre ses mains. Et cette opposition fondamentale s'accuse partout, entre les deux races, dans les institutions économiques et familiales, dans les idées politiques et religieuses, et jusque dans les conceptions artistiques. L'arrivée des Européens a jeté, on le comprend, dans ce milieu, le ferment d'une évolution. Nous avons apporté avec nous la notion du travail créateur, et, en particulier, celle d'une association matrimoniale, où les deux conjoints se déclarent égaux; nous transformons le pays, suivant un plan méthodique ; et les institutions locales disparaissent peu à peu, comme les pistes arabes font insensiblement place à nos routes. Comment donc pourra se tenter le rapprochement efficace, et définitif? Les Juifs, qui comprennent ce que nous voulons pour l'avenir du pays, s'assimilent assez rapidement; mais les Arabes marchent

---

(1) Il n'est pas jusqu'à la *Marseillaise*, que les hurlements avinés du 14 juillet nous rendent parfois odieuse, en France, qui n'ait, là-bas, la saveur d'un hymne patriotique. Le Cardinal Lavigerie ne l'ignorait pas, quand, à S.-Eugène, il la faisait jouer sur la terrasse de son Petit Séminaire, au risque de scandaliser les Pharisiens!

beaucoup moins vite : et, d'ailleurs, les uns comme les autres sont retenus, et comme enchaînés, par leurs idées religieuses respectives. D'où, cette conclusion, qu'il serait illusoire de tenter un rapprochement des religions : un moment, le Cardinal Lavigerie eut, pour l'Algérie, cette illusion généreuse ; et il dut y renoncer. Mais essayez de donner aux sujets d'élite des deux peuples, que vous prendrez comme intermédiaires, une éducation qui leur soit bien appropriée ; et le problème sera aussitôt aux trois quarts résolu : en apprenant aux Juifs, par cette éducation faite de sélection, à critiquer le passé, et aux Arabes à en sentir le prix, vous aurez quinze chances sur vingt d'arriver à unir, pour le bien général, toutes les forces vives du pays. Les Romains, qui sont nos maîtres en tant de choses, nous ont laissé, lorsqu'ils ont colonisé la Tunisie, le modèle d'une méthode admirable. Des travaux récents ont mis cette méthode en pleine lumière (1).

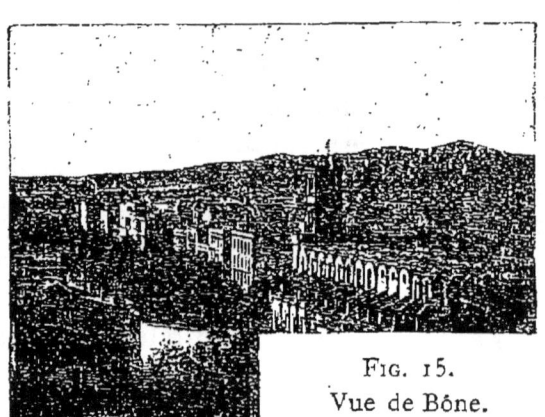

Fig. 15.
Vue de Bône.

Ceux donc qui, de près ou de loin, dirigent notre Protectorat auront beaucoup à gagner, en cherchant à profiter de leur expérience et à s'instruire à leurs leçons. Mais, en plus, il faudra songer sérieusement aux besoins *moraux* des peuples conquis : négligé malheureusement par les païens de Rome, ce facteur sera une arme puissante aux mains d'une nation chrétienne comme la France, sans parler qu'il n'aidera pas médiocrement à sa gloire de peuple civilisateur.

(1) Cf., en particulier, l'excellent volume de J. Toutain : *Les cités romaines de la Tunisie* (In-8°; Paris, Fontemoing. 1896), et *Les civilisations tunisiennes*, de P. Lapie (In-12 ; Paris, Alcan. 1898).

A Ghrardimaou, l'appel des douaniers m'arrache, vers deux heures, à mes réflexions. Tout vêtus de blanc et le casque colonial sur la tête, ils procèdent, fort courtoisement, à l'inspection des bagages. On sait que l'objectif, ou, si l'on veut, la préoccupation, de la douane varie avec le degré de latitude où se passe l'inspection des colis. Quand vous revenez de Genève, les préposés du fisc s'enquièrent exclusivement de deux détails : avez-vous des montres, et du tabac ? A la frontière belge, c'est une autre variante : celle des dentelles. Et ainsi de suite, selon la provenance des voyageurs. A Ghrardimaou, l'interrogatoire ne porte que sur les étoffes de soie. Vous pouvez avoir sur vous les objets les plus invraisemblables ; et votre valise peut être impunément gonflée de tous les bibelots des bazars tunisiens. Mais gardez-vous d'emporter seulement un coupon de soierie, car le cas est pendable ; et la découverte, dans vos bagages, d'un article de ce genre vous exposerait infailliblement à la plus minutieuse et à la plus désagréable des perquisitions personnelles.

Et lentement, poussivement, le train Bône-Guelma reprend son allure désespérante. Sans même une veilleuse pour éclairer les compartiments, il s'engage dans une interminable série de tunnels, comme, en Italie, dans la zone des Apennins, quand, de Firenze, l'on se rend à Bologna. Nous traversons en effet, pendant plusieurs heures, une région montagneuse et très accidentée, où la voie serpente, et se hisse aux hauteurs par des rampes successives.

Puis, vers sept heures et demie, quand le soleil s'est fait moins chaud, l'on commence à apercevoir devant soi des lignes confuses, qui, peu à peu, s'élèvent, se détachent du sol et prennent figure : c'est Bône, le but de la course de ce jour.

Je venais de m'asseoir à la table d'hôte de l'Hôtel d'Orient, quand, soudain, mon attention fut attirée par un bruit insolite de conversations bruyantes et de pas précipités, sous les fenêtres de la grande salle. Au même moment, commençait, dans le voisinage, un concert d'instruments indigènes, dont les airs primitifs étaient soulignés par l'accompagnement, en sourdine, d'une batterie de grosse caisse et de tambourins. Puis, ce furent quelques notes isolées de clairons, simples appels de trompettes. Enfin éclata, vibrante et cadencée, la sonnerie guerrière, avec le grondement des tambours. Et, sur un signe de son chef, la « Nouba », traduisez, la musique des Tirailleurs, s'ébranla, comme un seul homme, jetant aux échos les éclats retentissants des cuivres, pendant que, sur les pas des soldats, les enfants et les curieux qui s'étaient précipitamment massés à leur suite, faisaient joyeusement cortège à la retraite algérienne, regagnant ses quartiers.

C'est une gracieuse ville que Bône, avec son large boulevard du Cours national, qui dévale, en pente douce, de l'église (FIG. 16) à la mer, coupant en deux l'agglomération locale. A gauche, la ville haute et ancienne, dont les maisons, d'abord coquettement assises sur les rampes inférieures, semblent ensuite faire effort pour se cramponner aux accidents du sol et s'y maintenir. A droite, la partie moderne de la cité, avec ses belles artères bien droites, s'épanouissant, de distance en distance, en jolies petites places, pour aboutir aux anciens murs d'enceinte, à la Porte d'Hippone (1), et au port, — à un port microscopique, il est vrai, où la mer indolente, semble n'avoir que des caresses. Du port, on voit se dresser, à l'horizon, à droite, émergeant d'un massif de feuillage, le beau monument qui, bientôt, sous le nom de Cathédrale d'Hippone, sera la Basilique *Saint-Augustin*. Tout, d'ailleurs, n'est-il pas plein ici du souvenir du grand évêque, de l'illustre docteur de l'Eglise ?

A Bône même, au cœur de la vieille ville, une rue arbore fièrement son nom ; et, dans la vaste église qui domine la Promenade, un Reliquaire monumental, sans cesse exposé à la vénération des fidèles, prouve combien

---

(1) Cinq autres Portes donnent accès dans la ville, à travers le mur crénelé de l'enceinte.

son culte est en honneur (1). Construite dans le style gréco-byzantin, cette église est moins remarquable par son architecture que par le site merveilleusement choisi où elle se trouve : on la dirait posée sur un piédestal ; et, du perron, l'on jouit, sur la ville, sur la mer, et toute la zone d'alentour, d'une vue exceptionnellement belle. Au bas du Cours, près du port, un bronze de Mercié, d'une exécution médiocre, fixe les traits de Thiers. Entre ces deux points extrêmes, s'élèvent, dominant les arbres du boulevard, l'Hôtel de ville, avec sa colonnade de marbre noir ; le théâtre, à la façade enluminée de peintures mauresques ; et quelques autres constructions grandioses, qui achèvent de donner à ce coin de Bône un air distingué et un aspect imposant.

Bien que percée de quelques rues nouvelles qui essaient d'y faire circuler l'air et la lumière, la vieille ville, dont les maisons basses s'étagent aux flancs de la colline, n'a presque rien perdu encore de son caractère arabe. La ville moderne au contraire a tout le cachet d'une cité française : les maisons y ont quatre à cinq étages ; les magasins y rivalisent de coquetterie, dans l'art de l'étalage ; et l'animation y est extrême. N'étaient, sur la Place Bugeaud, les galeries et les pavillons du Marché arabe, qui rappellent le visiteur à la réalité, l'on s'y croirait dans une de nos plus jolies sous-préfectures de province. Mais l'Arabe est là, qui, par son costume, son langage, et le reste, déroute toute comparaison. Quoi qu'il en soit, on emporte de Bône une impression des plus favorables, celle d'une ville élégante, polie, hospitalière ; quelque chose comme la vision d'un joli tableautin dans un beau cadre.

(1) Ce superbe Reliquaire, dont je raconterai bientôt l'histoire, n'est, pour ainsi dire, qu' « en dépôt » dans l'église de Bône : il est destiné à la basilique d'Hippone, qui bientôt sera prête à le recevoir.

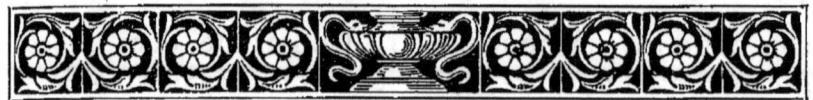

## CHAPITRE II

HIPPONE. — LES ÉTAPES D'UNE TOUCHANTE ET ADMIRABLE CONVERSION

'HISTOIRE d'Hippone se confond, à l'origine, avec celle de Carthage. A l'époque de la domination Punique, Hippone se nommait *Ubba*. Le père de Masinissa la conquit sur les Carthaginois. Tombée ensuite aux pouvoirs des Romains, elle s'appela *Hippo Regius*; et la ville « royale » devint, plus tard, la *civitas Hipponensis*, vocable sous lequel nous la retrouvons, au ɪᴠᵉ siècle, au temps de saint Augustin. Or, depuis un siècle déjà, c'était l'un des plus opulents marchés de l'Afrique romaine : la prospérité de son commerce y avait fait affluer l'or; et ses habitants, fiers de leur fortune, en avaient fait le plus ingénieux emploi, en multipliant, dans leur petite capitale et aux alentours, de grandioses travaux d'art, réservoirs, aqueducs, voies de communication, etc. De toutes ces entreprises gigantesques, il reste, aujourd'hui encore d'importants débris, dont quelques-uns ont été habilement restaurés, l'aqueduc, par exemple, et les réservoirs qui approvisionnent Bône de l'eau potable captée aux sources du mont Edough. Au surplus, on ne peut faire cent mètres, en allant de Bône à Hippone, sans heurter quelques vestiges, plus ou moins considérables, des anciennes constructions romaines. Mais, il faut l'avouer, ce qui attire, à Hippone, et ce qui domine toute

autre préoccupation, c'est la pensée du grand Evêque, qui a, plus que Carthage et que Rome, réussi à l'immortaliser : tous les souvenirs antiques d'Ubba et d'Hippo Regius pâlissent, à côté du souvenir de saint Augustin.

Ce n'était point cependant un enfant d'Hippone. On va répétant, chaque jour, avec cette légèreté d'esprit et ce dédain de la précision qui sont les fléaux de l'histoire, qu'Augustin est né « à Tagaste, *près* d'Hippone » (1). Ce *près* est d'une « approximation » vraiment admirable ! Sans doute, Tagaste est « près » d'Hippone; mais comme Sens est près de Paris, et Tarascon près de Marseille, c'est-à-dire, à plus de cent kilomètres de distance : moyennant quoi, les deux villes sont en effet aussi *près* que possible l'une de l'autre. Parlons plus exactement, et disons que ce fut en Numidie, où se trouvaient et Hippone et Tagaste; et, à Tagaste même, aujourd'hui « Souk-Ahras », à cent sept kilomètres d'Hippone, que le futur évêque d'Hippone vit le jour, en l'an de grâce 354. Son père, Patrice, était païen et chef d'une décurie civile; sa mère au contraire, Monique, était chrétienne, fervente et admirable chrétienne. Elle éleva dans la crainte de Dieu les trois enfants que le ciel lui donna : Augustin, Navigius et Perpétue. Délaissée bientôt par son mari, dont le cœur, deux fois égaré par l'erreur et par le désordre, ne put être touché, d'abord, par le rayonnement de sa vertu, elle s'appliqua avec d'autant plus de sollicitude à former la conscience de ses enfants. Les deux derniers, Navigius et Perpétue lui rendirent, par leur pieuse docilité, cette tâche facile. Mais l'âme d'Augustin, où s'agitèrent de bonne heure des énergies dangereuses, lui donna plus de mal. A peine au sortir de l'enfance, il eut une aversion marquée pour l'étude; il y joignit bientôt un orgueil, qui se faisait jour à travers sa réserve et sa timidité naturelles; puis, il laissa percer, avec une passion désordonnée pour le succès et les louanges, un amour

(1) Hippone est à deux kilomètres, au sud, de Bône, et domine le golfe de Bône.

singulier pour le jeu et les plaisirs. Tout cela, c'étaient évidemment des forces, des forces vives ; mais, combien dangereuses, si une main habile n'en réglait promptement l'exercice, et combien inquiétantes pour l'œil vigilant d'une mère si parfaitement mère ! Monique se jura, devant Dieu, de tout essayer pour en avoir raison. Malheureusement, au milieu même de son apostolat et de ses inquiétudes, elle fut obligée de se séparer de son fils : Patrice intervenait, qui, d'un coup d'autorité, l'envoyait étudier à Madaure, la patrie d'Apulée, à six lieues de Tagaste.

Madaure était ce que nous appellerions aujourd'hui un « centre intellectuel » ; mais c'était aussi une ville de plaisirs. Conduit par sa mère aux maîtres qui devaient former son intelligence, Augustin reçut d'elle, avant son départ, les plus tendres, les plus sages, et les plus pressants conseils. Il touchait à sa quatorzième année, et, avec la droiture et la bonté de son cœur, il fit à Monique toutes sortes de promesses. Mais que pouvaient, hélas ! les promesses, même les plus loyales, quand, au dedans comme au dehors, son âme subissait le choc horrible des premières passions ? En vain son génie s'affirmait-il, d'emblée, au contact des chefs-d'œuvre des écrivains de Rome et d'Athènes, et l'enfant, paresseux et indiscipliné hier, devenait-il, presque sans transition, le disciple laborieux et modèle d'aujourd'hui : son cœur, bientôt amolli par la lecture de certaines pages voluptueuses des Anciens, trouvait encore, de surcroît, dans la fréquentation des théâtres et le frôlement de camarades légers, une pâture dangereuse, qui, de jour en jour, y faisait de plus grands ravages. Peu de temps après, la crise des passions éclata.

Une chose aurait pu, à cette date, conjurer le mal dans l'âme d'Augustin, et, probablement la sauver : la confiance. Il aurait dû laisser Monique y lire, à livre ouvert, la navrante histoire de ses défaites : mais une crainte, mêlée de honte, retint sur ses lèvres l'aveu salutaire prêt à s'en échapper. Pendant l'année qu'il revint passer au foyer domestique, avant de se rendre aux célèbres Ecoles de Carthage, il cacha tout à sa mère. Détail curieux, et vraiment providentiel : ce fut Patrice, non pas Monique, qui, le premier, vit un peu clair dans l'âme d'Augustin. Dieu venait de lui accorder une grâce insigne, celle de la conversion, juste récompense des beaux exemples et des prières incessantes de sa femme. Or, quoique n'étant encore que catéchumène, Patrice fit part à Monique de ses propres craintes sur les dangers qu'allait courir Augustin, qui, âgé de seize ans, touchait à la crise de l'adolescence. Ce fut, pour cette grande chrétienne, un trait de lumière. A la veille de son départ pour Carthage, elle renouvela à Augustin, plus précis, plus pressants, les conseils qu'elle lui avait déjà donnés : aux paroles, elle joignit les larmes. Or, nous avons ici la preuve palpable des ravages qui s'étaient si promptement accomplis dans cette âme sensible d'éphèbe : Augustin resta sourd aux conseils de sa mère; les paroles émues qu'elle lui fit entendre glissèrent sur son cœur, sans y pénétrer; et, comme il ne voulait pas cependant répliquer à Monique, il commença à l'éviter. Disons la vérité tout entière, car la grandeur du mal, une fois sondée, ne servira que mieux à faire sentir toute la grandeur du triomphe, à l'heure du réveil : ce jeune homme aimable, d'une si grande élévation d'esprit, d'un cœur si excellent, qui avait une telle mère et qui l'aimait d'un si tendre et si véritable amour, à peine touché des passions, déjà non seulement il n'écoutait plus sa mère, mais il commençait presque à la mépriser : le regard profond et inquiet de Monique le gênait; et, dans son for intime, il estimait alors qu'elle s'ingérait en des choses qui n'étaient point tout-à-fait de sa compétence.

Vers la fin de l'année 370, Augustin partit pour Carthage, qui, reconstruite au moment le plus brillant de la civilisation romaine, était, à cette date, par son luxe et ses richesses, une des premières villes de l'empire : toute la jeunesse de l'Afrique y affluait, une jeunesse intelligente, mais légère, dissolue, sans frein, et frondeuse. Monique essaya de se rassurer, en se disant que les grandes études distrairaient peut-être son fils des grandes passions. En réalité, envoyer Augustin à Carthage, c'était le jeter dans la fournaise ! Eh quoi ! si Augustin innocent avait si vite succombé, à Madaure, que pouvait-il donc arriver d'Augustin, entrant coupable à Carthage ?...

L'événement ne tarda pas à prouver combien profonde avait été l'illusion de Monique. Dès 371, son pauvre enfant, son fils si tendrement aimé, avait fait naufrage ; et, pendant quinze années, cette âme d'adolescent, plus désemparée encore qu'un navire que la tempête aveugle brise avec fureur contre les récifs, va flotter, ainsi qu'une triste épave, au gré de tous les orages.....

A la nouvelle des désordres de son fils, la douleur de Monique fut si profonde, qu'on put craindre qu'elle n'y succombât : ses larmes coulaient, jour et nuit; elle ne savait même plus les contenir, en public. Oh! combien elle avait raison! Laissez-les couler, ô Monique, ces larmes bienfaisantes, rosée réparatrice, dont les anges de Dieu recueillent soigneusement les moindres gouttes pour l'œuvre prochaine du salut des âmes qui s'y purifieront : l'âme de votre époux, d'abord, qui a bien pu rester longtemps insensible au charme de votre vertu et à vos pieuses instances, mais que remuera jusques au fond le spectacle de votre douleur, et qui, pour vous consoler, faisant le dernier pas qui le sépare encore de Dieu, implorera, avant de mourir, la grâce du baptême; puis, l'âme de celui-là même que vous pleurez aujourd'hui, l'âme de cet Augustin, pour le salut de laquelle, joyeusement, vous donneriez cent fois votre vie! Celle-là aussi vous sera donnée, un jour. Mais il faut pleurer, pleurer encore, parce que, pour racheter cet enfant, beaucoup de larmes seront nécessaires.

Et tandis que, devant Dieu, sa mère continuait à pleurer, Augustin, lui, s'enfonçait davantage dans l'oubli de ses devoirs religieux. Un moment, la mort de son père mit en question, faute de ressources suffisantes pour les lui faire poursuivre, la continuation de ses études ; et ce fut, pour Monique, un nouveau sujet de graves préoccupations. Mais, à tous deux, la Providence vint manifestement en aide, sous les traits aimables de Romanien, un des principaux citoyens de Tagaste, qui, devinant les anxiétés de Monique, lui offrit sa bourse, avec une délicatesse et des ménagements infinis, pour lui permettre de faire achever les études d'Augustin. Dégagé dès lors du souci des préoccupations matérielles, et stimulé sans cesse au travail par sa mère qui avait comme le pressentiment que son retour à Dieu commencerait par la science, Augustin se plongea avec une ardeur nouvelle dans la méditation des anciens. La lecture de l' « Hortensius », de Cicéron, fit ses délices. Ce beau livre, où le philosophe romain, interprète de Platon, déclare que le Bien est le père de la Lumière, l'achemina à la recherche de la Vérité. Il la demanda, d'une âme affamée et suppliante, à tous les systèmes de la sagesse antique : mais aucun d'eux ne lui donnant la réponse qui pouvait le satisfaire, il se tourna alors vers les saintes Écritures. C'était bien là en effet le livre sauveur. Malheureusement, Augustin n'avait point alors l' « état d'âme » que ce livre demande de ceux à qui Dieu veut se révéler : pour pénétrer les tendres et profonds mystères du christianisme, et pour les goûter, l'esprit n'a jamais suffi, ni le génie, ni la passion de l'étude ; toujours il a fallu y joindre l'humilité, la pureté du cœur, l'amour, surtout l'amour, parce que ce sont des mystères d'amour, d'humilité, de pureté et de sacrifice. Or, à sa vingtième année, et enserré dans les liens qu'ils s'était donnés, Augustin était incapable de pareils sentiments. Il lut donc l'Evangile, et il l'admira ; il n'en eut pas toutefois l'intelligence, et il n'en fut point touché. Il n'en garda, ce qui était pourtant tout de même une conquête, qu'une aversion désormais totale pour les erreurs du paganisme et pour les incertitudes de la philosophie purement païenne.

Mais comme il n'était pas entré de plain-pied dans la doctrine de l'Evangile, comme il en avait entrevu les lumières plutôt que la croix et les sacrifices, il n'est pas étonnant que son âme aussi ait été attirée par la plus fallacieuse des erreurs, le manichéisme, qui était bien de toutes la plus séduisante. Offrir aux hommes une doctrine mystique où se trouvaient tout ensemble une philosophie, une théologie, une religion, un culte, et un essai de réforme sociale ; leur montrer une grande idée et un but tentant ; les y amener par des initiations mystérieuses et successives, qui leur permettraient d'espérer un jour la vision de la lumière totale dans une révélation complète ; leur laisser avec cela la liberté de l'examen privé et l'indépendance absolue de la raison, c'était, en dépit des inepties et des absurdités dont était tissé le système, faire la partie belle aux esprits ardents, et tendre aux âmes jeunes et généreuses un piège singulièrement perfide. Augustin s'y laissa prendre facilement et, trouvant le nom de Jésus-Christ dans la doctrine de Manès, il se fit inscrire comme auditeur, parmi les partisans de la secte : c'était une renonciation publique à la foi de son enfance, et un nouveau pas vers le fond de l'abîme. La Providence, qui a sur lui des desseins d'une miséricorde infinie, le laissera ainsi descendre peu à peu, pour faire éclater, plus grande, l'œuvre de sa transfiguration. A chacune de ces étapes vers les régions inférieures, correspondront, chez Monique, avec de nouvelles angoisses et des douleurs de plus en plus poignantes, des larmes plus amères et des supplications plus instantes ; tandis que l'un s'acharnera à s'éloigner de Dieu, l'autre redoublera d'héroïques efforts pour faire, dans le bien, la compensation du mal ; et, en fin de compte, dans cette lutte acharnée que se livreront l'erreur et la vertu pour conquérir l'âme d'Augustin, le dernier mot restera à Monique.

En attendant, il s'est fait, non pas seulement le disciple, mais l'apôtre du manichéisme : il gagne à l'horrible secte presque tous ses amis, jusques à Romanien.

Indignée alors à la vue de l'apostasie de son fils, Monique avec la courageuse fermeté d'une vaillante mère chrétienne, lui déclara qu'elle ne le souffrirait plus ni à sa table, ni sous son toit, lorsque, aux vacances, il revint de Carthage à Tagaste ; faisant passer sa foi avant sa tendresse, elle ordonna au jeune manichéen de sortir de sa maison, et de n'y plus remettre les pieds. Augustin baissa la tête, et s'éloigna. Mais comme il adorait sa mère et que cette exclusion du sanctuaire domestique était bien la plus dure punition qu'il pût recevoir, il mit tout en œuvre pour la faire lever. Et Monique, indulgente, lui rendit bientôt sa place au foyer.

Quand il revint à Carthage, ce fut pour s'y livrer à de nouvelles études, mener de front des recherches sur l'art, la poésie, et les sciences. Monique s'en montra toute consolée, tant était profonde, chez elle, la persuasion que les études supérieures le ramèneraient à Dieu, quelque jour. Et, en effet, ce fut en creusant les sciences physiques et mathématiques, qu'il sentit un premier doute sur la vérité du manichéisme monter à son esprit et lui mordre le cœur. Il y avait, dans la doctrine de Manès, une foule de notions sur le cours des astres, les solstices, les éclipses, etc., que l'hérésiarque prétendait divinement révélées, bien qu'elles fussent manifestement fausses sur plusieurs points : Augustin ne put en commencer l'étude sérieuse, sans voir se dresser devant lui les plus redoutables objections. Il interrogea donc les chefs de la secte, ceux qui passaient pour les plus savants ; et leurs réponses lui parurent marquées d'une faiblesse extrême. Il s'adressa ensuite à Fauste, un de leurs évêques ; mais, si la finesse et la vivacité de son esprit le ravirent, ses explications ne purent le satisfaire ; et, des visites qu'il lui fit, il revint de plus en plus désenchanté du manichéisme. Les supplications de Monique firent le reste ; et le lien de l'erreur fut rompu. Mais l'heure n'avait pas encore sonné de la libération totale : à la crise du manichéisme allait succéder une crise nouvelle, et plus périlleuse encore, celle du doute absolu.

C'est à Rome qu'elle éclata. Avide de gloire et de fortune, Augustin s'était senti attiré vers la grande capitale par le désir d'y trouver, pour ses chères études, des disciples plus attentifs, plus respectueux et plus émus que ceux qu'il avait groupés autour de lui, à Carthage ; et il avait écrit à sa mère pour lui faire part de son projet. Monique en fut épouvantée : elle connaissait le triste naufrage d'Augustin à Carthage, et elle se disait, avec raison, que le séjour d'une ville, où le paganisme s'était réfugié avec tous ses périls et où une âme de la trempe de celle de Jérôme avait failli périr, serait bien autrement dangereuse pour lui. Elle décida donc qu'Augustin ne partirait pas pour Rome, ou que, s'il partait, elle partirait avec lui. Mais ce n'était pas le compte d'Augustin. Il touchait à sa trentième année, et, plus que jamais, il était impatient de surveillance et tout épris de liberté. Voyant donc dans sa mère une gêne, il résolut, bien qu'il l'aimât tendrement, de partir sans elle. Or, tandis qu'il s'y décidait, tout à coup, à Carthage, Monique apparut. Mais Augustin endormit sa vigilance ; et. une nuit, pendant qu'elle priait et veillait, sur le rivage, dans une une petite chapelle dédiée à Saint-Cyprien, il partit, avec un de ses amis. sur un navire qui faisait voile vers l'Italie. Quand, au matin, Monique sortit de la chapelle, et qu'elle trouva la rive déserte et le vaisseau disparu, elle devint folle de douleur, errant sur le bord de la mer et le remplissant de ses cris... Enfin, épuisée de larmes, abattue, à bout de forces, après avoir mille fois accusé son fils de cruauté et de mensonge, n'ayant aucun moyen de le suivre sur les flots, elle revint à Tagaste.

Augustin était descendu, à Rome, chez un manichéen à qui il avait été recommandé. Là, il vit d'assez près les dessous de la secte, pour être à jamais édifié sur une doctrine à laquelle, sans doute, il avait déjà cessé de croire, mais avec les partisans de laquelle il n'avait pas encore complètement brisé : son âme honnête se révolta des turpitudes dont il eut le tableau, et il jura que désormais il n'aurait plus de rapports avec aucun disciple de Manès. L'heure semblait donc propice pour que son regard loyal fût enfin attiré par la beauté divine de l'Eglise et le rayonnement enchanteur des œuvres admirables qu'elle a toujours enfantées. Autour de lui se déroulait un merveilleux spectacle de foi, de charité, de virginité et de sacrifice, qui l'eût ravi, s'il avait daigné seulement y jeter les yeux. Mais il y a des situations de cœur, où l'on regarde sans voir. Au surplus, Augustin avait alors l'esprit rempli d'absurdes préventions:

il était persuadé que l'Eglise catholique enseignait, sur Dieu et sur l'homme, des choses incompatibles avec la raison humaine, et qui étouffent le génie ; peut-être aussi, éprouvait-il une crainte secrète et instinctive de la lumière, et des sacrifices qu'elle exige. Quoi qu'il en soit, comme il ne cherchait point la vérité, là où l'on est absolument et uniquement sûr de la trouver ; comme, d'autre part, sa propre expérience lui avait démontré qu'elle ne se rencontre ni dans la doctrine de Manès, ni dans les écrits des philosophes, il en vint à douter de tout et à se rallier, comme par une sorte de pis-aller, à l'école des Académiciens, qui déclaraient qu'il n'y a rien de certain en ce monde.

Que quelques hommes puissent tranquillement dormir sur cet oreiller du doute, c'est possible, quoiqu'il semble assez difficile de l'affirmer. Mais qu'une âme supérieure, telle que celle d'Augustin, se résolve à vivre dans les ténèbres de l'incertitude absolue, nous ne saurions le comprendre. Et, en effet, ni les distractions de Rome, ni les plaisirs intellectuels qu'il y goûtait, ni les succès qui couronnaient ses travaux ne parvinrent à calmer ses agitations intimes : consumé par une profonde tristesse, il se retournait amèrement sur un lit qui n'était point à sa mesure. Bientôt la fièvre le saisit : une maladie, fruit de ses inquiétudes, se déclara avec violence ; et, en quelques jours, sa vie se trouva en danger. Il allait donc mourir, perdu dans la grande ville, loin du regard protecteur de sa mère ; mourir sans repentance, le sarcasme sur les lèvres, et l'impiété dans le cœur... Mais, là-bas, sur la terre d'Afrique, Monique continuait à prier pour Augustin, et à pleurer. Et Dieu entendit les supplications de cette incomparable mère, et eut ses larmes en pitié. Augustin peu à peu revint à la vie ; peu à peu, il reprit ses études et ses courses à travers les livres, les écoles et les monuments de Rome. A défaut de la joie de la conscience, qui toujours le fuyait, il avait, contre toute espérance, retrouvé la santé et ses forces.

C'est à ce moment qu'il apprit que, à Milan, une chaire

d'éloquence était vacante. Il la brigue, l'enlève de haute main après une brillante épreuve publique, et, sans retard, s'empresse de venir l'occuper. A cette nouvelle, Monique, qui depuis longtemps n'y tenait plus, se met en route de son côté : malgré une terrible tempête, le vaisseau qui la porte aborde enfin aux plages d'Italie ; elle court à Rome ; et, comme Augustin venait d'en partir, elle poursuit sa route, sans défaillance, jusqu'à ce qu'elle l'ait rejoint à Milan. L'heure des miséricordes de la Providence ne devait plus guère tarder à sonner.

Dieu, en effet, qui avait mis sur le chemin d'Augustin la plus admirable des mères, y avait placé aussi, pour qu'il l'y rencontrât au moment de la crise suprême, le plus admirable des évêques. Dès son arrivée à Milan, une de ses premières démarches avait été d'aller rendre visite à saint Ambroise : devoir de convenance assurément, puisqu'il était appelé à exercer une charge publique dans la même ville que lui ; mais, surtout, attrait d'une sympathie mystérieuse, appel secret et tout-puissant d'une âme à une autre. « Cet homme vénérable, a écrit Augustin, dans ses *confessions*, me reçut comme un père et voulut bien me dire, avec une charité digne d'un évêque, que mon arrivée à Milan le comblait de joie. A partir de ce jour, je me pris à l'aimer. » Non content de voir le saint évêque en particulier, il voulut donc l'entendre en public ; et il vint l'écouter, le dimanche, expliquer à son peuple la sainte Ecriture. Cette parole douce, harmonieuse et élevée charma délicieusement l'âme d'Augustin ; elle acheva de faire s'y évanouir les dernières hésitations qui peut-être s'y cachaient encore à l'endroit du manichéisme ; mais elle se heurta cependant aux préventions du philosophe et du rhéteur, qui persistait à penser que la Vérité n'est pas dans l'Eglise catholique. La plaie qui lui déchirait le cœur s'élargit même d'autant ; et, désespéré plus que jamais de ne trouver la Vérité nulle part, il se résolut à mépriser toute doctrine et à se vouer tout entier à la forme, au style, à l'art pour l'art, seule chose à laquelle il crût encore. C'était par conséquent, un dernier pas dans la course à l'abîme : et, cette fois, Augustin venait d'en toucher le fond.

Et c'est alors que Dieu, définitivement, intervint, en lui envoyant Monique, le providentiel sauveur. Aux regards inquiets de sa mère, à ses questions brûlantes, Augustin répondit, en l'assurant qu'il n'était plus manichéen. Mais elle ne parut ni étonnée, ni heureuse. Ce qu'elle rêvait, c'est qu'Augustin redevînt chrétien, pieux et fervent, car il ne fallait rien de moins à sa maternelle ambition, et elle n'espérait pas moins de ses larmes. « Elle répliqua donc vivement qu'elle voulait qu'il devînt catholique ; et, mêlant dans un même élan les ambitions de la mère et les certitudes de la sainte, elle l'assura fortement, et à plusieurs reprises, que, avant de mourir, elle le verrait converti. Augustin secoua la tête, et ne répondit que par un sourire amer (1). » Mais Monique était trois fois forte : appuyée sur la foi, l'espérance et l'amour, elle vint exposer à Ambroise, en même temps que ses projets, la suprême détresse de l'âme de son enfant. Elle s'ingénia ensuite à rendre plus fréquentes, plus intimes, les relations de ce dernier et du pieux évêque. A chaque rencontre nouvelle, s'éveilla plus vive la sympathie d'Augustin, plus complète son admiration. Un événement, fortuit en apparence, mais en réalité ménagé par la bonté de Dieu qui n'abandonne rien au hasard, vint ajouter bientôt à cette admiration même. Injustement persécuté par l'impératrice Justine, à qui il avait refusé une église qu'elle demandait pour les ariens, l'évêque de Milan avait répondu aux menaces des courtisans et des soldats avec la plus intrépide fierté, et fait éclater la plus admirable grandeur d'âme. Comment un jeune homme, éloigné de la vraie foi sans doute, mais sensible à l'honneur, à la dignité de l'âme, aux éternels droits de la conscience et de

---

(1) Mgr Bougaud, *Histoire de sainte Monique*, chap. viiie. — Le lecteur s'est assez aperçu que nous n'avons fait qu'analyser nous-même, dans tout ce chapitre, la magnifique étude de l'ancien évêque de Laval. A quelle source plus autorisée, et plus riche, aurions-nous pu, en vérité, puiser nos informations?

la liberté, n'aurait-il pas été touché de ce spectacle ?...
D'autre part, pendant que l'impératrice retenait Ambroise
captif dans sa cathédrale, celui-ci, pour occuper sainte-
ment de si longues heures, y avait introduit, parmi les
fidèles, le chant alternatif des psaumes, et, pour l'animer
et le varier, y avait ajouté de magnifiques hymnes, qu'il
venait de composer pour la circonstance, et dont la
sublime beauté a tenté, au XVII$^e$ siècle, le talent de Racine.
C'était prendre encore, par un de ses côtés les plus
sensibles, l'âme d'Augustin, si ouverte aux choses de la
poésie et de l'éloquence. Il ne se fit donc pas prier pour
accompagner désormais sa mère aux instructions de saint
Ambroise. Et, peu à peu, sous le charme de cette parole,
Augustin commença à se soulever un peu. A la douce
clarté du premier rayon de lumière qui pénétra dans son
âme, s'il ne put s'assurer encore que la doctrine enseignée
par l'Eglise catholique est la véritable, du moins se
convainquit-il que l'Eglise n'enseignait point les choses
ridicules dont il l'avait accusée. La brèche, une fois
ouverte, d'autres rayons successivement s'y glissèrent : il
fut frappé de voir combien le procédé de l'Eglise, dans la
recherche de la vérité, est plus modeste et plus sincère
que celui des hérétiques ; il admira le plan de cette même
Eglise, et les harmonies qui existent entre la parole de
Dieu et l'âme humaine ; et ce fut encore un progrès.

La foi catholique n'était donc plus vaincue, dans le
cœur d'Augustin. Cependant, elle n'y était pas encore
victorieuse. Le saint évêque Ambroise, qui eût pu hâter
l'heure de la victoire, temporisait à dessein, évitant avec
lui toute discussion, fuyant toute controverse, bien qu'il
n'ignorât aucun de ses doutes. Ce plan de conduite était
la sagesse même : moins on disputait avec Augustin, plus
il disputait avec lui. Pendant plus d'une année, la lutte
contre sa conscience se continua, en son âme, avec de
terribles péripéties : vingt fois brisé, meurtri, ne voulant
pas se rendre, il essaya d'étouffer cette lutte en étouffant
sa conscience elle-même ; vingt fois sa mère la réveilla,
parce qu'elle savait bien que, dans cette tempête, c'était la

dernière espérance de salut. Il importait essentiellement, en effet, d'exciter de tels orages, pour amener le brisement, sans lequel serait à jamais impossible la rénovation totale d'Augustin, et sa résurrection morale. Car, peu à peu, le terrain de la lutte s'était déplacé dans son âme : de l'esprit, elle était descendue dans le cœur ; et il devenait peu à peu évident que, entre Dieu et lui, ce n'était plus maintenant une question de lumière, mais une question de vertu. C'était, par conséquent, une dernière étape à franchir : combien elle fut douloureuse, et sanglante, nous le savons, par les aveux du livre des *Confessions* ! Même après avoir eu le courage de briser les liens coupables dans lesquels il se débattait depuis quinze années, il sentit ses passions se réveiller plus impérieuses, et il en vint à soupirer, pendant quelques mois, après le matérialisme le plus grossier. Mais, un jour, des larmes amères jaillirent enfin de ses yeux : Dieu venait de lui faire entrevoir la beauté sublime de la pureté ; et, tandis que, au fond de son cœur, s'élevait un dernier orage, une voix, qu'il crut entendre partir d'une maison voisine, mais qui en réalité venait du ciel, lui chanta, avec une douceur infinie, ces mots qu'elle répétait d'une façon pressante : « Lis, lis ! » Près de lui, se trouvait le livre des *Epîtres* de S. Paul. Il le prend, l'ouvre au hasard, et, tout bas, se lit à lui-même ces paroles, sur lesquelles ses yeux venaient de tomber : « Ne vivez pas dans les festins, dans les débauches, dans les plaisirs et les impuretés, dans les jalousies et les disputes ; mais revêtez-vous de Jésus-Christ, et ne cherchez plus à contenter votre chair, selon les plaisirs de votre sensualité. »

La lecture de ces lignes était à peine achevée, qu'il se répandit dans son cœur comme une clarté divine, qui dissipa pour jamais toutes les ténèbres de son âme. Une révélation de pureté et d'innocence venait d'y descendre, qui, plus puissante qu'un trait de lumière, avait achevé d'eclairer son esprit. Augustin courut à sa mère : il se jeta dans ses bras ; il la baigna de ses larmes. Et la mère et le fils longtemps se tinrent pressés l'un contre l'autre, dans une de ces profondes et muettes étreintes qui semblent être le dernier langage de l'homme, quand l'émotion ne lui en permet plus d'autre. Dans cette lumière nouvelle, qui maintenant l'inondait, Augustin sentit enfin le prix des larmes de sa mère. Aussi, ne pouvant parler, il la serrait sur son cœur ; et, par son silence, il lui disait, sur tous les tons, ce qu'il ne cessa ensuite de répéter jusqu'à la fin de sa vie : « Oui, si je suis votre fils, ô mon Dieu, c'est que vous m'avez donné pour mère une de vos servantes. » Et encore : « C'est à ma mère, à ses prières, à ses mérites, que je dois d'être devenu tout ce que je suis. » Et ailleurs : « Si je préfère la vérité à tout, si je n'aime qu'elle, si je suis prêt à mourir pour elle, c'est à ma mère que je le dois ; Dieu n'a pu résister à ses prières. » Et enfin : « Si je n'ai pas péri à jamais dans l'erreur et dans le mal, ce sont des larmes de ma mère, ses longues et fidèles larmes qui me l'ont obtenu. »

« O moment heureux ! s'écrie Mgr Bougaud, où une mère retrouve son enfant, qu'elle croyait mort ! Mais, ô moment plus heureux encore, où une mère chrétienne voit renaître, dans l'âme de son fils, la foi, la pureté, le courage, la vertu ; et où, chrétienne affligée des douleurs de l'Eglise, elle pressent que ce fils régénéré va en devenir la lumière, la gloire, le vengeur ! » (1).

Par prudence, pour ne point ébruiter dans le monde, qui peut-être ne l'eût point compris, le secret des miséricordes de Dieu sur son âme, ce « secret du Roi », *sacramentum Regis*, qu'il est bon, dit l'Ecriture (2), de cacher, Augustin attendit l'ouverture des vacances, c'est-à-dire, une vingtaine de jours, pour quitter Milan, et, avec sa mère, se retirer à la campagne, dans la bienfaisante solitude dont leurs deux âmes sentaient également le pressant besoin. Verecundus, un de ses collègues dans l'enseignement des lettres, lui avait généreusement offert sa maison de campagne de Cassiacum, et l'offre de cette villa tran-

---

(1) *Op. cit.*, chap. XII.
(2) Tob., XII, 7.

quille avait été acceptée avec reconnaissance ; la bourse, toujours largement ouverte, de Romanien, avait pourvu à l'entretien des besoins matériels ; et la mère et le fils étaient venus, aux premiers jours d'automne, se fixer en ce beau lieu, si bien choisi pour cacher leurs joies, et préparer leurs âmes au grand jour du saint baptême. Quelques jeunes gens s'étaient joints à eux : des rapports de parenté ; des attraits de cœur ; des conformités d'origine, d'études, d'inquiétudes, de passions, les avaient, comme instinctivement, groupés autour d'Augustin ; et, presque tous, ils voyaient naître, comme lui, au milieu des mêmes ombres, la joyeuse aurore de la même foi. C'étaient : Adéodat, ou Dieudonné, le fils d'Augustin, un enfant de quinze ans, dans tout l'épanouissement de sa belle adolescence, avec les dons d'esprit et le génie de son père, rehaussés par la pureté d'un ange (1) ; — Navigius, le frère d'Augustin, le second fils de sainte Monique, qui, baptisé depuis longtemps, pieux, timide, souffrant, presque toujours malade, n'ayant rien du génie d'Augustin, mais beaucoup de la piété contemplative de sa mère, menait une vie de prière et de silence ; — Alype, le plus intime ami d'Augustin, et le frère de son cœur ; — Licentius et Trigetius, deux de ses élèves préférés, dignes tous deux de sa paternelle affection et de sa confiance. Voilà Cassiacum, et la petite colonie de sa villa. Un tel lieu, une telle paix, une telle réunion d'amis, une si douce consonnance de toutes choses avec les dispositions, les attraits, les aspirations d'Augustin, il n'y a qu'une mère pour préparer un tel nid à l'âme de son fils qui renaît. Sainte Monique avait deviné cette solitude, avec son cœur de mère : elle allait désor-

---

(1) « Adéodat n'avait pas encore reçu le saint baptême ; mais il s'y préparait avec une ardeur que sa grand mère, sainte Monique, était obligée de contenir. En voyant ce génie précoce et cette candeur virginale, on se demandait ce que Dieu réservait à son Eglise, au jour où l'esprit et le cœur d'Adéodat auraient atteint leur développement complet. Ce jour ne devait pas venir. Une enfance angélique, une jeunesse plus pure encore, le baptême reçu avec les dispositions d'un saint, et la mort peu après, voilà quelle devait être la courte et précieuse destinée de cet enfant. » Mgr BOUGAUD, *Op. cit.*, chap. XIII.

mais l'illuminer, avec la foi, l'élévation, la tendresse et l'ardeur héroïque de son cœur de sainte.

Dirigé par elle et par saint Ambroise, Augustin, après une rapide excursion dans les prophéties d'Isaïe, concentre sa méditation sur les Psaumes de David, dont tant de pages, trempées de larmes, s'adaptaient, avec une si parfaite harmonie, à son état d'âme. L'effet de cette lecture fut incomparablement bienfaisant. Dans ces bienheureuses journées de Cassiacum, le matin était consacré à la prière et à la lecture des saints Livres ; l'après-midi, au contraire, était employé à des conférences philosophiques et littéraires, entre Augustin et ses jeunes amis. Platon, Cicéron, Virgile, fournissaient tour à tour le thème de ces charmants et solides entretiens ; et, aux uns comme aux autres, Monique était présente, ici, pour guider toutes ces âmes pleines d'ardeurs, mais encore novices dans les choses de l'amour de Dieu ; là, pour les remettre, si elles venaient à s'en éloigner, dans le chemin de l'adorable Vérité, qu'elle connaissait mieux que tous les philosophes et tous les poètes. C'était proprement un charme ! Le souvenir, entr'autres, d'une de ces conférences, est resté particulièrement mémorable. Elle eut lieu, le 13 novembre 386 : Augustin venait de terminer sa trente-deuxième année, et l'on fêtait, à cette date, dans la plus douce intimité, son « jour de naissance. » Après le repas familial, on vint à causer de *la vie* ; et, comme si Dieu eût aidé de l'assistance de son Esprit chacun des interlocuteurs, tour-à-tour Augustin et ses amis, sainte Monique et Adéodat, s'élevèrent, eux trois surtout, aux spéculations les plus hautes. Le sujet de l'entretien, considérablement élargi, fut repris, le lendemain ; puis, le lendemain encore ; et trois jours durant, les plus admirables réponses se succédèrent, sur l'une des questions qu'il importe le plus à l'homme de bien connaître et de résoudre avec exactitude (1).

(1) Saint Augustin a raconté, par le détail, cette merveilleuse et inoubliable Conférence de Cassiacum, dans son beau traité : *De beata Vita*.

C'est ainsi que, pendant six mois, l'illustre converti resta, à Cassiacum, pour se préparer à la grâce ineffable du baptême, faisant rayonner, autour de lui, le contagieux exemple de son repentir et de ses larmes, de son humilité et de ses macérations, de son infinie confiance dans les mérites du divin Sauveur, et de son amour, surtout de son amour, pour le Père céleste qui, une fois de plus, avait ouvert ses bras au pauvre enfant prodigue : « Ce que je sais, s'écriait-il sans cesse, ce qui est dans mon âme à l'état de certitude absolue, ô mon Dieu, c'est que je vous aime ! Vous avez percé mon cœur d'une parole ; et, à l'instant, je vous ai aimé ! »

Lorsqu'approcha le carême, le fils et la mère se hâtèrent de revenir à Milan pour assister, toujours inséparables, au catéchisme préparatoire de la cérémonie du baptême, qui devait avoir lieu à Pâques. Et, dans la grande ville, où les plus illustres auditeurs s'étaient pressés naguère au pied de la chaire d'Augustin, on eut alors ce magnifique spectacle d'humilité de voir le maître en éloquence, l'orateur célèbre d'hier, s'asseoir lui-même, humble et docile, ainsi qu'un petit enfant, au pied d'une autre chaire, celle de l'évêque saint Ambroise, assister à toutes les instructions que l'on faisait aux catéchumènes, et y porter une attention, une piété et une modestie ravissantes.

Puis, sonna enfin l'heure du saint baptême. Le 24 avril 387, dans la nuit auguste qui précède le jour de Pâques, après la veillée d'armes des suppliantes prières, un peu avant la messe de l'aurore, l'enfant de tant de larmes et qui ne pouvait périr reçut, des mains d'Ambroise, l'eau régénératrice qui ouvre aux fidèles du Christ la porte de tous ses Sacrements. Près de lui, dans une demi-extase, se tenaient, on le devine, Monique, revêtue de la robe blanche bordée de pourpre des veuves, et, avec elle, Adéodat, Alype, Trigetius. Drapé lui-même d'une longue tunique blanche, que sa mère avait tissée joyeusement de ses mains et qui symbolisait l'innocence enfin recouvrée, Augustin s'avança, un cierge allumé dans la main droite, vers l'autel du Seigneur, afin d'y recevoir, pour la première fois — à trente-cinq ans ! — le Dieu qui venait réjouir et renouveler sa jeunesse. Ce qui se passa alors dans le fond de son âme, Jésus seul et ses Anges en furent les témoins, et sauraient le dire. Quelque chose cependant en transpira, dans le sanctuaire ; car, vers la fin de la cérémonie et après les premières tendresses de l'action de grâces, comme saint Ambroise, soudain, s'était levé et que, impatient de contenir davantage l'émotion qui le débordait, il s'était écrié, en levant les yeux, les bras et le cœur vers le ciel : « O mon Dieu ! ô mon Maître, nous vous louons, nous vous bénissons ; » on raconte que saint Augustin, tout frémissant lui-même de l'Esprit d'en haut, se leva, à son tour, et s'écria : « O mon Père ! que toute la terre vous adore ! » Et alors, s'animant tous deux, ainsi que l'eussent fait deux Séraphins en extase, et se renvoyant l'un à l'autre, comme de sublimes répliques, leurs invocations inspirées, ils improvisèrent, de toutes pièces, la merveille du *Te Deum*.

Les jours qui suivirent furent marqués d'une douceur ineffable, jours d'infinie gratitude pour Dieu, qui, fortement et suavement à la fois, avait acheminé les âmes à ses fins ; et jours de suprêmes désirs d'atteindre à la divine béatitude. La mère, comme le fils, semblait transfigurée : les vertus de tous deux donnaient, en cette heure bénie, leurs fruits les plus beaux ; et un rêve charmant vint alors, tous deux, les frôler doucement de son aile. Devant leurs yeux passa, délicieusement, la lointaine vision de la terre natale, de cette terre d'Afrique, où était Tagaste, qu'ils se promirent l'un à l'autre de revoir. Bientôt, en effet, ils quittaient Milan et disaient, avec des larmes, adieu à saint Ambroise : de Cività-Vecchia, ils se rendaient à Rome ; puis, de Rome, à Ostie. Et, par trois fois ravie en extase, pendant cette course rapide, Monique s'était écriée, comme oublieuse maintenant de la patrie de ce monde : « Volons au ciel ! Volons au ciel !... »

C'est dans un de ces ravissements, à Ostie, que se passa l'incomparable scène, si poétiquement retracée par le pinceau chrétien d'Ary Scheffer; mais plus idéalement décrite encore par saint Augustin, dans ses *Confessions* (1). Sur le bord de la mer, Monique, en silence, s'était assise, à une fenêtre. C'était par une de ces exquises soirées d'automne, qui, nulle part, n'ont plus de splendeur qu'aux rivages de l'Italie. Le soleil se couchait, et, de ses derniers feux, il faisait étinceler les vastes et transparentes solitudes de la mer. Près de Monique, Augustin aussi vint s'asseoir, pour jouir de ce spectacle. Le calme du soir, la beauté du ciel, l'étendue illimitée des flots, l'infini plus grand encore qui remplissait, en ce moment, le cœur de sainte Monique et de saint Augustin, la paix du dehors moins profonde et moins enchanteresse que celle du dedans, tout cela, peu-à-peu, éleva leurs âmes. Instinctivement leurs mains s'étaient cherchées ; et, s'étant trouvées, elles se parlaient, pour ainsi dire, dans le contact de la plus tendre étreinte. Et, peu-à-peu, voltigea, sur leurs lèvres, une de ces causeries qui n'ont plus rien de la terre : par un élan d'amour, ils arrivèrent ainsi jusqu'à Dieu ; ils y touchèrent par un bond sublime, oubliant, dans leur ravissement, la fuite des heures...

Ce soir-là, Monique fit comprendre à Augustin que l'instant approchait où Dieu l'allait rappeler de ce monde : « Mon fils, lui dit-elle avec une gravité empreinte de toute l'affection de son cœur maternel, mon fils, plus rien maintenant ne me retient sur la terre. Je ne sais plus ce que j'ai à y faire, ni pourquoi j'y suis encore, puisque j'ai réalisé toutes mes espérances. Il n'y avait qu'une seule chose pour laquelle je désirais un peu de vivre : c'était de vous voir chrétien et catholique, avant ma mort. Dieu a fait bien plus, puisque je vous vois mépriser toute félicité terrestre pour le servir. Que fais-je donc ici davantage ? » (2) Et, en effet, détachée de tout, n'ayant plus rien à faire en ce monde, sans impatience comme sans crainte, dans la paix ordinaire de son cœur, elle attendait le signal d'en haut. Il ne devait point tarder.

(1) S. August., *Confes.*, l. IX, c. 10.
(2) *Op. cit.*, ibid.

Cinq jours plus tard, sainte Monique fut prise d'un accès de fièvre. On crut d'abord que ce n'était qu'un peu de fatigue, causée par le long voyage qu'elle venait de faire. Mais elle ne s'y trompa pas : elle comprit, tout de suite, que l'Epoux l'appelait ; et elle ne pensa plus qu'à se préparer à sa venue. Toute entière occupée à recueillir son âme, elle ne rompit guère le silence que pour donner les ordres suprêmes : « Vous enterrerez ici votre mère, » dit-elle à Augustin et à Navigius. Et, comme ce dernier éclatait en sanglots et s'écriait : « Mourir, et ici encore !.. Ah ! si c'était du moins dans la patrie !... » Monique ajouta : « Vous enterrerez mon corps, où vous voudrez. Ne vous mettez pas en peine : peu m'importe. Ce que je vous demande seulement, c'est de vous souvenir de moi à l'autel du Seigneur, et en quelque lieu que vous soyez ! »

Ce ne fut qu'au bout de neuf jours, jours où se faisait de plus en plus étroite l'union de son âme avec Dieu, tandis que l'organisme se dissolvait sous la morsure d'indicibles souffrances, que sainte Monique vit tomber enfin ses chaînes corporelles. Entre temps, si, par intervalles, quelques mots s'échappèrent de ses lèvres déjà glacées par la mort, ce fut pour réconforter son Augustin, et l'assurer, en le pressant sur son cœur, que jamais elle n'avait entendu sortir de sa bouche la moindre parole qui pût lui déplaire. Elle sentait bien que, en réalité, elle ne s'éloignait point de lui ; qu'elle continuerait, dans la Patrie des saints, à rester sa mère ; et que, là où elle allait la première, un jour, lui aussi, il viendrait sûrement la rejoindre. Les inébranlables certitudes de la foi et les idéales données de l'espérance, en se surajoutant à l'amour qui est fort comme la mort, tempéraient ainsi l'amertume d'une séparation qui ne devait, qui ne pouvait, être bien longue. Il n'y eut place, alors, que pour un regret ; encore fut-il allégé par la pensée que le Sauveur, pour imprimer une dernière ressemblance avec Lui, imposait ce sacrifice à sa servante. Monique désirait, en effet, d'un ardent désir, recevoir la sainte Eucharistie, divin viatique du long voyage qu'elle allait entreprendre. Mais les souffrances de l'estomac étaient telles, qu'on dut lui refuser cette suprême consolation. Elle fit signe alors qu'on mît entre ses mains défaillantes la croix de Jésus! Elle la serra amoureusement sur son cœur, tandis que, les yeux fixés sur elle, elle semblait lui parler. Puis, comme, de nouveau et avec de plus vives instances, elle demandait qu'on lui apportât le Corps adorable du Sauveur, soudain, dans sa chambre, on vit entrer un petit enfant, semblable à un Ange, qui, doucement, se glissa vers le lit de la Sainte, et, respectueusement, approcha ses lèvres de sa poitrine (1). Et aussitôt, comme s'il l'eût appelée, elle inclina la tête, et rendit le dernier soupir.

Autour d'elle, ils étaient là, tous, agenouillés et priant, Augustin, Adéodat, Navigius, Alype, Évodius. Dès qu'elle eut expiré, Adéodat, le plus jeune de tous et le moins fort pour supporter la vue d'un pareil spectacle, se releva brusquement et se jeta sur le corps inanimé de sa grand mère, en l'inondant de ses larmes. On imposa silence à l'enfant. Cette mort avait tellement le caractère d'un triomphe, qu'il semblait qu'aucun pleur ne devait l'attrister. Puis, Adéodat une fois apaisé, tous se remirent à genoux ; et l'on essaya de prier, en silence. « Mais bientôt, a raconté l'éloquent biographe de sainte Monique, Augustin, à son tour n'y put tenir. Sentant s'amonceler, dans son âme, les flots d'une douleur immense, et arrêtant à force d'énergie des ruisseaux de larmes prêts à déborder, il se lève, s'approche du lit, regarde longuement une dernière fois le visage de sa mère ; puis, après avoir fermé,

---

(1). Ce fait miraculeux a été rapporté, par les Bollandistes, à la date du 4 mai.

C'était un enfant tout pareil qu'Augustin avait rencontré, quelques jours auparavant, sur la plage de Cività-Vecchia. Il se promenait, au bord de la mer, cherchant à pénétrer, par la pensée, le mystère insondable de la sainte Trinité. Apercevant un enfant qui, avec un coquillage, versait de l'eau de la mer en une petite cavité qu'il avait creusée dans le sable, il s'arrête et lui demande, avec un bon sourire, s'il pense mettre là toute l'eau de l'Océan. — « Et pourquoi pas ? » réplique l'enfant, avec un sérieux aimable ; « cela serait plus aisé que de faire entrer dans votre esprit l'incompréhensible océan de la sainte Trinité ! » — Cet enfant, lui aussi, n'était-il pas un Ange ?...

d'une main reconnaissante, ces yeux qui avaient tant pleuré sur lui, il s'enfuit, à la hâte, car il ne voulait pas, lui non plus, attrister par les gémissements du fils une scène où son cœur de chrétien lui disait que tout devait respirer l'allégresse (1). »

Dans la chambre silencieuse de la Sainte, tous les chrétiens d'Ostie défilèrent, avec vénération, louant Dieu d'une si admirable mort. Sans verser une larme, Augustin accompagna, avec les siens, et escorté de ses amis, ses tristes restes à l'église voisine. Il eut encore l'héroïque courage de retenir ses pleurs, quand on la descendit dans la fosse. Mais lorsque, au réveil du lendemain, à ses côtés, il n'aperçut plus sa mère; quand il dut se dire que, cette mère adorée, jamais plus, sur cette terre, il n'aurait la consolation de la revoir, oh! alors, il y eut en lui un brisement de toutes les énergies de la nature : il lâcha — comme il l'a raconté plus tard — les pleurs qu'il s'était efforcé jusque-là de retenir; il les laissa couler, ces pleurs, comme une rosée rafraîchissante, tant qu'ils voulurent ; et, assis sur son lit, plein de larmes, il savoura le bonheur de pleurer, sans témoins, celle qui, durant de si longues années, avait elle-même tant pleuré sur Augustin !

A dater de ce jour, et pour ne plus le quitter jamais, Augustin porta le deuil de sa mère. Le fils s'acquitta ainsi du plus sacré des devoirs de la piété filiale. Mais le chrétien aussi se souvint de Monique. Elle avait dit aux siens, avant de remonter à son Père : « Ce que je vous demande seulement, c'est de vous souvenir de moi à l'autel du Seigneur, et en quelque lieu que vous soyez ! » Cette recommandation de la Sainte, aucun d'eux n'eut garde de l'oublier; mais, personne cependant plus qu'Augustin. Entre sa mère et lui, ce fut, jusqu'au bout, comme une communion ininterrompue de pensées, de prières et de charité, ses pensées allant sans cesse à l'Absente, toujours tendrement aimée ; ses prières montant vers Dieu, à toute heure, pour obtenir de l'infinie miséricorde le repos et la paix de son

---

(1). Mgr Bougaud, *Op. cit.*, Ch. XV.

âme ; sa charité enfin s'ingéniant à étendre, en faveur de Monique, la croisade des pieux suffrages, pour que, par l'intercession d'un grand nombre, plus abondamment que par ses seules prières, elle reçût le dernier témoignage d'affection qu'elle lui avait demandé, suppliante, sur son lit de mort, avant la séparation terrestre et transitoire.

## CHAPITRE III.

### SAINT AUGUSTIN, ÉVÊQUE D'HIPPONE

UELQUE déchirantes que soient les séparations, hélas ! inévitables, de cette pauvre terre, c'est le devoir de ceux qui restent, quoi qu'ils en aient, de se reprendre, bien qu'à demi brisés, aux choses — d'aucuns diraient : aux vulgarités — de la vie. Au livre de la Genèse, où Dieu, pour nous aider à atteindre notre fin, a multiplié à dessein les lumineux enseignements, il est écrit que l'homme a été mis en ce monde « pour agir », *ut operaretur*, c'est-à-dire, pour cheminer, sans trêve ni défaillance, jusqu'au terme de la route. Pèlerin en marche vers l'éternité, l'homme n'a donc pas le droit de rester stationnaire, encore moins de demeurer inerte : son seul droit, c'est de marcher ; sa seule, sa vraie devise, c'est *Sursum, et ultra*, « le cœur et les yeux *en haut*, et toujours *en avant !* » Ne craignons donc pas qu'Augustin l'oublie : attendons-nous plutôt à le voir s'élancer désormais, ainsi qu'un géant, dans la carrière, pour la parcourir jusqu'au bout.

Après une année passée, à Rome, dans le prochain et cher voisinage du tombeau de celle dont il semblait ne plus pouvoir se séparer, Augustin reprit le chemin de l'Afrique, en compagnie d'Adéodat, d'Alype, d'Evode, et de quelques autres amis, avec qui, aux portes mêmes de

Tagaste, la chère cité natale, il allait inaugurer, en une favorable solitude, la vie de prière, de pauvreté et d'obéissance dont il rêvait depuis si longtemps. La Providence, qui continuait à le mener par la main, l'y laissa, trois ans retremper librement son âme. Puis, un jour, elle le conduisit à Hippone et l'inclina à entrer dans l'église, à l'heure même où, du haut de la chaire, le vieux et saint évêque se plaignait à ses ouailles de la lourdeur de sa charge et du besoin qu'il aurait de quelque jeune prêtre qui pût l'aider à la porter. A ces mots, tous les yeux se tournent vers Augustin : on se saisit de lui, et, de force, on l'emmène aux pieds du vénérable évêque, tout le peuple demandant, avec de grands cris et une ardeur extrême, qu'il fût ordonné prêtre. Le saint jeune homme se mit à fondre en larmes, et à sangloter : par tous les moyens possibles, il chercha à se dérober à l'honneur et aux responsabilités qu'on prétendait lui imposer. Mais Dieu avait parlé par la voix du peuple chrétien, et Augustin fut ordonné prêtre. Seulement, une fois revêtu de la dignité du sacerdoce, loin d'abandonner la vie de cénobite qu'il menait à Tagaste, il se résolut au contraire à la rendre plus étroite encore, plus pauvre, et plus humble qu'auparavant. Il amena donc à Hippone ses premiers compagnons, à qui il adjoignit quelques précieuses recrues ; et, avec eux, il fonda un monastère, qui devint promptement une école de sainteté, en même temps qu'une pépinière épiscopale pour toutes les églises d'Afrique. Ainsi qu'un astre, Augustin commença à répandre, au milieu d'eux et dans le peuple d'Hippone, la lumière qu'il avait amassée pendant les quatre ou cinq années si fécondes écoulées depuis sa conversion, annonçant en toute occurrence la parole de Dieu, et fortifiant ses discours de l'exemple des plus hautes vertus. Pendant ce temps, le vieil évêque remerciait Dieu de lui avoir envoyé un si admirable auxiliaire ; et, sans bruit, afin de ne pas s'exposer à se le laisser enlever par quelque autre Eglise, il négociait, avec le Primat d'Afrique, le projet de se l'adjoindre, à Hippone, comme coadjuteur. Il fallut sacrer Augustin presque de force. Mais Dieu continuait son œuvre ; et, ainsi, fut placée, sur le chandelier, cette lumière qu'il allait faire si belle. « Dieu, dit Mgr Bougaud, avait donné à Augustin, pour cette grande œuvre, avec une raison sublime et une imagination puissante, l'esprit le plus vif, le plus étendu et le plus pénétrant, un esprit métaphysique de premier ordre, qui allait de suite et d'un seul bond à la racine même des choses et aux premiers principes en tout. Il y avait joint un cœur d'une rare tendresse et d'une singulière ardeur d'amour, afin qu'il n'eût pas seulement les perceptions claires que donne le génie, mais les intuitions profondes qui viennent de l'âme et des entrailles. La sainteté, grâce à son admirable mère, acheva ce chef-d'œuvre. Et, comme les circonstances sont nécessaires pour éveiller le génie lui-même, Dieu le fit naître au milieu de toutes les hérésies, à l'heure où ariens, manichéens, donatistes, pélagiens, pullulaient dans le champ de l'Eglise, afin que, s'attaquant à toutes les erreurs, il fût amené à expliquer tous les dogmes, à scruter tous les mystères, à défendre tous les principes de la morale et à élever, à la veille des invasions barbares et au moment où les ténèbres allaient couvrir le monde, un monument religieux si beau, si vaste, si lumineux, si puissant, qu'il défiât tous les siècles, et qu'il subsistât à travers toutes les ruines (1).

Plus tard, au XIIIᵉ siècle, dans la paix triomphante des institutions religieuses, un génie devait se rencontrer qui, en la solitude propice de sa cellule, se lèverait pour construire, de toutes pièces, à l'aide des travaux des Pères qui l'avaient précédé et, surtout, sous l'inspiration dont Dieu l'assistait, une vaste et magnifique synthèse de la science catholique. Ce que saint Thomas entreprit alors, saint Augustin ne put pas le tenter, à la date où nous sommes ; et il n'eut même pas à le tenter. Chaque jour sur la brèche pour fermer la bouche aux erreurs sans cesse renaissantes, il dut se borner à exposer la vérité, au fur et à mesure des

---

(1) *Op. cit.*, ch. XVI.

besoins d'une défense toujours en éveil ; moins préoccupé de grouper les questions en un corps complet de doctrine, que de les traiter isolément à fond et d'une façon victorieuse, il éparpilla, pour ainsi dire, les riches matériaux que l'Ange de l'Ecole devait, lui, fortement rassembler. Mais ils y sont tous, néanmoins, les matériaux du grand édifice ; et tous se distinguent par l'ampleur, la richesse et la magnificence. Aussi, troublés par tant d'hérésies et épouvantés par le bruit sourd d'un monde en décomposition, les catholiques éprouvèrent-ils une ivresse indicible, en voyant sortir de terre, une à une, toutes les parties de ce monument : aujourd'hui une pierre, demain une autre, chaque jour un chef-d'œuvre ; et, au bout du compte, en quarante ans, onze cent trente ouvrages !

Et, tandis que sa plume infatigable suffisait à fournir cet immense labeur, l'amour de Dieu le consumait, et, avec cet amour, un mépris de la terre, un détachement des créatures, un désir de la mort, et, par suite, un esprit de pauvreté, qui se révélait dans ses moindres démarches. Sa demeure était humble, sa couche dure, sa table frugale ; et il ne supportait pas d'autres vêtements que ceux qui étaient portés par le dernier de ses clercs. « De ce cœur, dit encore son éloquent biographe, de ce cœur, ainsi refait et détaché de tout, naissait une pureté angélique, qui lui inspirait des réserves, une pudeur, et des précautions touchantes. En souvenir de ses fautes passées, se croyant et se disant à chaque instant le plus faible des hommes, il ne recevait jamais une femme chez lui. Il n'y voulut même pas supporter sa sœur, ni ses nièces, non à cause d'elles qu'il aimait tendrement, mais à cause de leurs amies qui viendraient les voir, ce qui ne convenait pas, disait-il, dans la maison d'Augustin. Et il avait une manière de prononcer ce mot, qui arrachait des larmes des yeux. Son humilité était toute divine. Nul homme peut-être n'a été, sur la terre, l'objet d'une pareille admiration. Mais, plus on l'exaltait, plus il s'enfonçait dans son néant. « Vous ne connaissez pas Augustin », répétait-il sans cesse. Et ce fut pour le faire connaître, et pour faire taire, par ce moyen, ce concert d'admiration, qu'il jeta tout-à-coup, au milieu d'un monde étonné d'abord, mais bientôt enthousiasmé, le livre des *Confessions* (1). »

Ce qui pourtant dominait tout, chez le nouvel évêque, ce qui rayonnait le plus merveilleusement dans ses paroles comme dans ses actes, c'était son amour infini, sa profonde tendresse de cœur, pour le Maître adoré à qui, si longtemps, il avait disputé le don complet de son âme. On eût dit qu'il voulait, par plus de générosité, Lui faire oublier qu'il avait regimbé si durement contre l'aiguillon, et suppléer à la disette des années perdues par la riche moisson d'années maintenant divinement fécondes. C'est un point en effet digne de remarque, que la place extraordinaire que ménagea saint Augustin, dans son apostolat, à l'explication minutieuse, et, pour ainsi dire, à l'approfondissement, du texte de l'Evangile. Il le creuse en tous sens, du lever au coucher du soleil ; il ne se lasse point de le retourner, ni d'y revenir ; et de chacune de ces explorations, pieuses à la fois et savantes, il fait jaillir à flots la bienfaisante lumière dont surabonde le divin livre. Disciple de S. Paul, et, comme lui, passionné pour le bien-aimé Rédempteur, *il ne sait que Jésus* (2), et il n'a que son nom sur les lèvres : il s'attarde à plaisir, il s'oublie délicieusement, à raconter sa vie, à expliquer sa doctrine, à mettre en relief ses leçons et ses exemples, et à lui attacher indissolublement les âmes. Les *Homélies* de saint Augustin sur l'Evangile sont un des plus purs chefs-d'œuvre de la littérature Patristique. Mais, ce monument de science et de foi, cette forte et victorieuse exégèse Messianique est encore plus peut-être, je me plais à le redire, un monument de pieuse et débordante tendresse, car jamais on n'aima mieux Jésus, ni on n'excella mieux à apprendre aux autres à le connaître et à l'aimer.

Quand on voit un esprit supérieur de la trempe de celui d'Augustin se tenir, suppliant et ravi, aux pieds du Christ-

---

(1) *Op. cit.*, ibid.
(2) B. Pauli, *I Epist. ad Cor.*, ii, 2.

Rédempteur, et dépenser les forces vives de son génie à faire ressortir les admirables harmonies et les inépuisables trésors de sa doctrine, on demeure stupéfait de rencontrer, à notre époque, une cohorte de pygmées qui s'acharnent, en grimaçant, à essayer de démolir l'inébranlable édifice de l'Evangile. Au nom de la science, dont ils ont constamment le mot à la bouche, ces prétendus savants clament bien haut que « la théorie apologétique du christianisme » a fait son temps et qu'elle ne saurait résister à « l'application des méthodes critiques »! Ils ont l'impudence d'opposer, aux démonstrations d'un saint Augustin et des Pères, les songes-creux d'un Renan, par exemple ; ils poussent l'audace jusqu'à oser dire que, dans son *Histoire des origines du christianisme*, « Renan a mis tout son cœur — le cœur de l'auteur de l'*Abbesse de Jouarre!* —, toute sa foi, qui était singulièrement robuste, dans les libertés intellectuelles et morales qui constituent la dignité de l'homme » ; et, plus loin, ils vont affirmant, avec leur idole, que « toute l'exégèse (des Pères) sur le Nouveau Testament, semble un défi porté au bon sens »; que « le texte sacré n'est (entre les mains des Pères) qu'une matière à jeux d'esprit, où chacun taille à sa fantaisie » : et que « c'est seulement quand on a rejeté cette mensongère exégèse Messianique, qu'on peut commencer à s'intéresser à la littérature religieuse du judaïsme! » Voilà ce que nous entendons répéter, chaque jour, sous une forme ou sous une autre, dans les livres ou dans les revues (1), par les « docteurs » de la libre-interprétation Scripturaire. Sans doute, le spectacle qu'ils nous offrent est bien capable de nous remplir de tristesse ; car, outre que ces apôtres d'erreur donnent au monde le scandale d'une attaque en règle contre le Dieu de l'Evangile, ils entraînent, hélas! aux abîmes une foule d'âmes, qui ont

---

(1) Les citations qui précèdent sont tirées d'un récent article publié, dans la *Revue critique d'histoire et de littérature* (N° du 6 juin 1898, p. 427 sq.), par Maurice Vernes, l'un des plus bourdonnants coryphées de la libre-pensée protestante, et l'un des plus enragés et perfides sectaires du parti.

été mal préparées à subir le choc de leurs doutes et à résister à l'entraînement de leurs arrogantes affirmations. Mais, si l'on veut y réfléchir, on n'aura pas grand peine à comprendre que ces clameurs sont trop intéressées pour mériter le moindre crédit. En dernière analyse, les plus bruyantes assertions d'un homme n'ont d'autre valeur que celle que le caractère et la science de cet homme sont susceptibles de leur communiquer. Or, en l'espèce, que peut bien peser, je le demande, toute la science d'un Renan, d'un Sabatier, d'un Anatole France, d'un Maurice Vernes, et de n'importe lequel de nos autres modernes critiques ? — Tout juste ce que pèse la science d'un regratteur de textes, d'un arrangeur d'harmonieuses périodes, d'un partisan à outrance de la fantaisie, et surtout d'un docteur en orgueil et en suffisance ! Car s'il y a une chose en laquelle tous ces sectaires excellent, c'est l'orgueil absolu, la divinisation du moi. Chacun d'eux s'estime, lui tout seul, plus éclairé et plus fort que tous les hommes de génie ensemble qu'a enfantés, à travers le cours des siècles, la divine lumière du Christ, qu'un saint Augustin et qu'un saint Jérôme, qu'un saint Bernard et qu'un saint Thomas, qu'un Bossuet et qu'un Lacordaire ! Avec un aplomb incroyable, ils s'érigent juges d'une doctrine qui les dépasse de toute la distance de la terre au ciel, et ils nient la divinité Messianique de son auteur. Voilà qui est bien vite fait ! Mais, outre que cela n'a d'autre portée que celle, encore trop grande malheureusement, d'un retentissant scandale, cela s'explique, de la façon la plus claire et la plus décisive, par le pyramidal orgueil de tous ces libres-penseurs. S'ils nient si effrontément la divinité de Jésus, et s'ils partent en guerre contre son Eglise, c'est parce que, pour eux tous, Jésus est le plus encombrant des « gêneurs », et le moins acceptable qui existe ; c'est que Jésus exige qu'on ait, vis-à-vis de Lui, cette douceur et cette humilité de cœur, qui sont bien leur moindre défaut ; c'est enfin que, n'ayant pu se résoudre à plier docilement le genoux devant le Verbe fait chair, ils se sont donc brisés contre lui. S'il est vrai en effet de dire, avec S. Hilaire, qu' « il n'y a rien de plus périlleux pour le monde que de *ne pas avoir reçu* Jésus-Christ (1) », combien cela n'est-il pas plus vrai encore pour les intelligences d'élite, qui abusent des dons exceptionnels que leur a départis la Providence pour s'ériger contre Jésus-Christ en adversaires, oser le discuter, et crier bien haut que leur raison ne saurait se plier à admettre ses mystères, ni, par conséquent, à le *recevoir!* Voilà ce qu'il faut se répéter à soi-même aujourd'hui, quand, de toutes parts, à l'instigation perfidement haineuse des faux docteurs, monte, de plus en plus inquiétante, autour de nous, la rumeur des sceptiques, ou que nous arrive, dangereusement caressante, l'invite des artistes en paroles qui, effaçant l'Evangile d'un trait de plume, chantent la vie facile et prêchent, avec les attitudes poseuses de raffinés en dilettantisme, la joyeuse insouciance du lendemain. Aucun d'eux n'a qualité pour s'arroger le droit d'enseigner les âmes ; et, réunît-on en un seul corps tout leur savoir à tous, docteurs et dilettantes, il ne pèserait pas une once à côté de la science d'un saint Augustin !

Aimer Dieu sans mesure, abreuver son peuple aux sources toujours jaillissantes de la saine doctrine, se faire anathème pour ses frères, telle fut, résumée en trois mots, la vie d'Augustin, évêque d'Hippone. « Il n'est point nécessaire que nous soyons évêques, disait-il un jour aux trois cents évêques de l'Afrique ; mais il est nécessaire que nous sauvions notre peuple, dussions-nous souffrir et mourir pour lui ! » La Providence lui ménagea ce dernier reflet de gloire, non en lui donnant, comme au temps de Néron ou de Dioclétien, la palme du martyre, mais en permettant que ses dernières années fussent abreuvées des plus poignantes douleurs. Il arrivait en effet à sa soixante-seizième année, vaillant de corps comme d'esprit, quand d'effroyables malheurs, tombant sur l'Afrique, vinrent briser son cœur et atteindre le ressort même de sa vie. Le

---

(1) Quid mundo tam periculosum, quam non recepisse Christum ? — S. Hilar., Episc., *Comm. in Matth.*, c. xviii.

torrent des Barbares, qui, depuis plus d'un siècle, roulait sur toute la surface de l'empire ses flots serrés et dévastateurs, fondit tout-à-coup sur l'Afrique, semant partout la terreur, le pillage, le meurtre, l'incendie et mille autres horreurs, n'épargnant ni les femmes, ni les enfants, ni les prêtres, ni les églises, et mettant tout à feu et à sang. Bientôt, après avoir ravagé et détruit toutes les villes d'Afrique, excepté trois, Carthage, Cirta et Hippone, l'armée des Barbares vint mettre le siège devant cette dernière, où s'étaient réfugiés une foule d'évêques, de prêtres, de religieux. Ce fut, pour saint Augustin, le coup de grâce. Saisi d'une fièvre violente, causée par la douleur qui inondait son âme, il vit alors qu'il allait mourir. Il employa ses dernières forces à dicter, pour les évêques d'Afrique, une lettre admirable, où il les engageait à ne pas abandonner leurs peuples, à leur donner l'exemple de la résignation et de la patience, à souffrir et à mourir avec eux et pour eux. « Ce fut, dit Mgr Bougaud, son dernier écrit, et comme le chant du cygne ; et il était digne de ce grand docteur d'avoir, sur le bord de sa tombe, un tel cri d'amour. »

Quand on apprit, à Hippone, que le vieil évêque allait mourir, sa maison fut aussitôt assiégée, car tous voulaient, une dernière fois, le revoir. Mais, après avoir accordé à ses ouailles cette suprême et légitime satisfaction, il demanda, sentant sa fin approcher, à demeurer seul avec Dieu. Sur de grandes bandes d'étoffe tendues contre la muraille de sa chambre, il avait fait écrire les Psaumes de la pénitence, et, de son lit, dans les derniers jours de ses souffrances, il lisait ces versets, avec d'abondantes et continuelles larmes. Enfin, l'heure critique approchant, tous les évêques se réunirent autour de son lit, mêlant ensemble leurs bénédictions, leurs sanglots et leurs prières ; et, le 28 août de l'an 430, parmi leurs embrassements et leurs soupirs, l'âme du saint vieillard s'envola dans le sein de Dieu. Alype, son vieil ami, lui ferma les yeux et ensevelit son corps ; et qui doute que Monique n'ait été là pour recevoir son âme, et ne l'ait portée elle-même dans la Patrie ?... « O Augustin, s'écrie ici Mgr Bougaud, bienheureuses les entrailles qui vous ont porté ! elles ont tressailli, ce jour-là, d'une ineffable joie. O Monique ! ouvrez vos bras à ce fils qui est tant le vôtre, et jouissez à jamais du bonheur que vos larmes lui ont assuré ! »

Quelques semaines plus tard, les Barbares, comme s'ils n'eussent attendu que le signal de la mort du grand évêque, commençaient le siège d'Hippone, et faisaient bientôt de la ville un monceau de ruines. Mais ils respectèrent la basilique de la Paix, où Alype, Possidius et les autres évêques d'Afrique avaient pieusement déposé ses restes. Dans cet asile vénéré, Augustin dormit en paix son dernier sommeil, jusqu'en l'année 499. A cette date, comme la persécution Vandale redoublait de violence et menaçait sa tombe, des évêques africains, exilés, au nombre de plus de deux cents, dans l'île de Sardaigne, emportèrent avec eux ce saint corps, qui était leur trésor le plus précieux.

Deux siècles plus tard, une invasion aussi furieuse et non moins impie déborde jusque dans l'île hospitalière. Le tombeau du grand docteur n'y est plus en sûreté. Alors Dieu inspire à un roi pieux de la Lombardie d'acheter aux musulmans le corps de son illustre serviteur : Luitprand paie, au poids de l'or, ces restes sacrés et les fait transporter dans sa capitale, à Pavie, avec une pompe royale. Ainsi, trois grandes stations marquent toute la suite de cette histoire : la *basilique de la Paix*, à Hippone; appelée église S.-Etienne (1), depuis qu'elle reçut des reliques du premier martyr ; la *basilique S. Saturnin*, à Cagliari, où l'on vénère encore le tombeau de marbre vide,

---

(1) C'est commettre une faute de français et faire la plus déplorable concession aux errements du parler populaire, que de dire, ou d'écrire : *Eglise* DE *S. Etienne, Basilique* DE *S. Saturnin, Paroisse* DE *S. Augustin*, etc. Les noms propres ajoutés aux mots *église, basilique, paroisse, église paroissiale*, sont des vocables, et de simples prénoms. Il faut donc les y adjoindre, purement et simplement, sans introduire là de préposition d'aucune sorte, et dire : *Eglise S. Etienne, Basilique S. Saturnin, Paroisse S. Augustin*, etc.

Il est assez clair que, inversement, on doit dire: *Basilique* DE *la*

qui garda, pendant deux siècles, les ossements de l'évêque d'Hippone ; enfin, la *basilique Saint-Pierre-au-ciel-d'or*, à Pavie, ornée par la munificence de Luitprand, et, plus tard, décorée d'une arche ou mausolée splendide, par la piété des Ermites de S. Augustin (1).

Or, en notre siècle, il s'est fait une translation nouvelle de ces précieuses Reliques, qui, sans être totale comme les précédentes, ne laisse pas d'avoir une importance extrême, comme elle eut la plus éclatante solennité.

C'était à l'automne de 1842. Le premier évêque d'Alger, Mgr. Dupuch, entouré d'un archevêque, son ancien métropolitain, et de cinq évêques, entrait à Hippone, rapportant de Pavie une portion insigne du corps sacré d'Augustin, à savoir, son bras droit, et cette main généreuse et infatigable, qui ne s'était arrêtée d'écrire que lorsqu'elle avait été paralysée par le froid de la mort. Le retour de l'évêque, avec le précieux dépôt, avait été comme une marche triomphale. Le peuple de Milan était venu à sa rencontre ; l'archevêque l'avait reçu à la porte de la basilique Ambrosienne et l'avait introduit sous ces voûtes, où

Fig. 16. — Hippone. Basilique Saint-Augustin.

le fils de Monique entendit si souvent la parole qui prépara sa conversion. A Verceil, l'ovation avait été identique ; et à Turin, ce fut une réception royale. Même enthousiasme

---

*Paix, Eglise* du *Sacré-Cœur*, etc. les mots *paix, cœur* étant de simples *noms communs* qui, tout en faisant ici office de vocables, ne sauraient perdre cependant leur caractère original de nom *commun*, et doivent, par conséquent, s'employer comme le veut l'*usage*. On ne dit pas, en effet : *Place Abondance, Rue Eternité*, mais : *Place* de *l'Abondance, Rue* de *l'Eternité*.

(1) Cf. l'intéressante *Notice* publiée à l'occasion du cinquantième anniversaire de la translation des reliques de S. Augustin, de Pavie à Hippone. — In-8°, Desclée et de Brouwer, Lille. 1893.

à Fréjus, et à Toulon. Enfin, le *Gassendi* lève l'ancre, et dépose, le vendredi, 28 octobre 1842, Mgr Dupuch et la châsse magnifique, en rade de Bône. Là, l'évêque est reçu dans un canot d'honneur qui, escorté d'une gracieuse flotille, se dirige, sans retard, au chant joyeux des psaumes et des cantiques, vers les rives verdoyantes dominées par Hippone, que tous les cœurs veulent saluer, avant de revenir, par un circuit, vers le môle du port. Il aborde enfin près de la jetée, que recouvre une foule nombreuse, aux costumes les plus divers : les autorités civiles et militaires sont là, avec toute la garnison. Processionnellement, le cortège s'avance vers la grande place de Bône, en passant sous les arcs de triomphe, dont un, celui du port, étale cette éloquente inscription : A AUGUSTIN, HIPPONE RENAISSANTE ; les rues sont jonchées de fleurs, comme au jour de la Fête-Dieu, et les façades des maisons tapissées de tentures. Au milieu de la place, se dresse un autel majestueux, orné de riches étoffes, de candélabres, de vases, de guirlandes et de verdure. Dès que les Saintes Reliques y sont déposées, la messe pontificale commence. Après la messe, l'évêque d'Alger se tourne vers la foule, et, laissant déborder l'émotion et l'enthousiasme de son cœur, il retrace, dans un admirable discours, « l'apostolat d'Augustin sur cette terre, où l'on ne saurait faire un pas sans rencontrer ses traces ; sa mort, au milieu d'Hippone assiégée par les Vandales ; son exil, après le triomphe de la barbarie ; enfin, son retour glorieux, sous la protection du drapeau de la France. »

Le surlendemain, dimanche, nouvelle fête, et cérémonie plus imposante encore et plus caractéristique. Ce jour-là, les Reliques de S. Augustin devaient être transférées, en grande pompe, à Hippone, et y être placées sur l'autel de marbre élevé par le concours unanime des évêques de France. Le pieux et magnifique cortège partit de Bône pour franchir les deux kilomètres qui séparent la ville, d'Hippone. De distance en distance, sous de gracieux arcs de triomphe, avaient été ménagées différentes stations, deux entr'autres, destinées à raviver le souvenir des grands faits du ivᵉ siècle : celle de la Bou-Djemma, sur le pont romain que, si souvent, traversa le Pasteur infatigable ; et celle des ruines présumées de la basilique de la Paix, où, en passant, les restes bénis d'Augustin durent tressaillir, à la pensée de ces assemblées vénérables et de ces conciles, dont il fut toujours l'oracle religieusement écouté.

Après le passage du pont, sous le premier arc de triomphe, l'évêque d'Alger avertit que l'on mettait le pied sur le sol de la célèbre Hippone ; et l'on fit une première vénération solennelle des saintes Reliques. Puis, lentement, au chant des cantiques, et au milieu des vivats de la foule émerveillée, la procession reprit sa marche, déroulant ses longs replis sur la route qui contourne la colline, et gravissant les pentes qui acheminent vers Hippone. Ce fut alors un spectacle d'une magnificence inoubliable, et d'une incomparable beauté : ici, les plaines fertiles, avec, à l'arrière-plan, les montagnes couvertes de forêts, emblèmes de la fécondité et de la richesse de l'âme du Héros de ces fêtes ; là, la mer immense, avec ses flots d'azur et ses tempêtes, image de l'étendue de son génie, et, aussi, des troubles qui, aux jours de l'adolescence, agitèrent son cœur ; sur les têtes, le ciel transparent et immense, tel que fut son esprit, dont la subtilité pénétrante ne recula devant aucune profondeur ; et, partout, des groupes innombrables, où, à travers les branches des oliviers et parmi les lauriers-roses, les bonnets grecs et les riches turbans se mêlaient aux couleurs claires des costumes européens !

Arrivée à mi-coteau, la procession se range en amphithéâtre, autour de l'autel, où commence aussitôt la célébration des saints Mystères. L'archevêque de Bordeaux, le futur cardinal Donnet, dans une allocution entraînante, unit, au souvenir d'Augustin, le souvenir de la France : en termes vibrants de patriotisme, il exalte l'Armée, et célèbre sa bravoure qui vient d'enrichir, de vastes et riches contrées, l'antique domaine nationnal ; il chante, avec émotion, la gloire de l'évêque d'Hippone, qui va grandir encore ; et, après lui, chacun des évêques, prenant successivement la Châsse, l'élève sur la foule inclinée et bénit solennellement la France et l'Algérie. Oh! sans doute, alors, le ciel était ouvert, et, de leurs trônes glorieux, les Cyprien, les Optat, les Eugène, les Fulgence, les Alype, les Evode, les Possidius joignaient, du haut de la Patrie, leurs mains accoutumées à protéger, et bénissaient le peuple, avec Augustin et les évêques français.

Devant les saintes Reliques, après le départ des Prélats qui regagnaient Alger pour y passer les fêtes de la Toussaint, le clergé de la paroisse de Bône chanta, vers deux heures, l'office des vêpres. Puis, aux harmonieuses invocations des litanies de la Ste Vierge, la procession reprit, en bel ordre, le chemin de la ville, rapportant dans l'église paroissiale la Châsse, qui y fut déposée au-dessus de l'autel.

Elle y est encore ; mais elle n'y est qu'en dépôt, car elle est destinée à Hippone. Or, pour recevoir et abriter un pareil trésor, ce n'est point assez, même en l'entourant de colonnes et le recouvrant d'une coupole, de l'autel de marbre qu'on avait élevé à l'occasion des fêtes de la translation des Reliques. Il fallait à la gloire du grand docteur un temple magnifique, digne de lui, digne de sa sainte mère, l'admirable Monique, dont on avait du reste la légitime ambition de ramener, au moins en partie, les pieux restes à Hippone. Dès 1845, Mgr Dupuch fit, en ce sens, un premier appel à la charité catholique. Ses successeurs, infatigablement, travaillèrent à la réalisation du même but. Puis, plus qu'aucun autre peut-être, le Primat actuel d'Afrique, Mgr Combes, s'y dépensa sans mesure, une fois élevé au siège épiscopal de Constantine et d'Hippone. Et aujourd'hui, au sommet de la riante colline, dans un site ravisssant où la nature a imprimé tout le charme de sa puissance, aujourd'hui, enfin, se dresse, majestueuse et souriante, la blanche Basilique (Fig. 16), dont l'achèvement prochain sera l'heureux couronnement de tant et de si pieux efforts.

Le nouvel évêque de Constantine et d'Hippone, Mgr Gazaniol, qui est plein de vénération et d'amour pour saint Augustin, et qui, fièrement et vaillamment, marche sur ses traces, travaille, en effet, avec la foi dont Dieu assure qu'elle soulève les montagnes, à mener à bien l'œuvre chrétienne et nationale dont les évêques d'Afrique ont poursuivi, depuis 1845, le généreux accomplissement. Grâce à son zèle éclairé, le monument est bien près maintenant d'être achevé : il n'y a guère plus qu'à exécuter quelques travaux de détail, pour parfaire la réalisation du plan superbe dressé par M. l'abbé Pougnet, le pieux et savant architecte de Saint-Vincent-de-Paul, à Marseille, de la Primatiale de Carthage, et de la Cathédrale de Tunis. Déjà même, l'on voit, — avec quelle allégresse ! cela se devine —, poindre l'aurore de la grande et mémorable journée où, entourée d'évêques et acclamée par tout un peuple, Sa Grandeur procèdera à la consécration solennelle de la Basilique d'Hippone et à la translation définitive des Reliques de saint Augustin. Puisse, bientôt, sur la terre française d'Afrique, luire ce jour de bénédiction !

# CHAPITRE IV

CONSTANTINE. — PHILIPPEVILLE. — BISKRA.

———

L'ÉTAPE encore est longue, de Bône à CONSTANTINE. On part à 3 h. 30 de l'après-midi pour n'arriver qu'à minuit : huit heures et demie de chemin de fer, pour un trajet de deux cents et quelques kilomètres, avec demi-heure de halte au maigre buffet de Guelma, — le temps de dîner. Mais quelle joie quand, aux approches de la place, on en voit scintiller les premiers feux, sur la hauteur ; et combien pittoresque est, dans la nuit, cette première vision de la ville, ensommeillée dans son nid d'aigle ! On oublie alors les fatigues de la route ; et, alerte, on se glisse, en un omnibus d'hôtel, pour escalader, d'un galop rapide, les rampes qui conduisent là-haut, au cœur de la cité. A la voir ainsi perchée sur les cimes, avec, autour d'elle, les abîmes béants qui lui servent de fossés d'enceinte, on comprend combien difficile dut en être la conquête, et quels prodiges d'héroïsme nos soldats durent faire pour réussir à déloger les Arabes d'une pareille forteresse géante (Fig. 17).

C'est en effet l'une des pages les plus tragiques et les plus émouvantes de nos guerres d'Afrique, que celle de la prise de Constantine. On était en 1836, et les cinq premières années de la lutte, quelque brillantes qu'elles eussent été pour nos armes, étaient presque perdues cependant pour la conquête. Nous avions sans doute exploré et reconnu les lieux ; mais nous ne les possédions pas : à part Alger, Oran, Bougie et Bône, nous n'avions, en Afrique, aucun établissement solide. Le général Bugeaud s'était encore, il est vrai, pendant l'été de 1836, couvert de gloire, en prenant Tlemcen et en culbutant l'infanterie d'Abd-el-Kader ; mais il n'était pas, à cette époque, chargé du commandement général de l'armée d'Afrique. D'ailleurs, il ne faisait que « visiter » l'Algérie : il se montrait hostile, en principe, à l'occupation ; et il cherchait simplement à contrôler son opinion, par une expérience personnelle. C'est alors qu'intervint le maréchal Clauzel.

Chargé du commandement général des troupes, après le départ de Bugeaud, et animé du désir de faire de grandes choses, il rêva d'étendre notre domination au territoire entier de la régence, d'occuper les villes importantes, d'y placer des garnisons et d'établir, au centre de chaque province, des camps retranchés d'où pourraient sortir, à chaque tentative de rébellion, des colonnes mobiles. Il répétait surtout à satiété que Constantine et Tlemcen nous étaient nécessaires : Constantine, pour empêcher qu'on ne vînt, de Tunis, nous susciter des difficultés ; et Tlemcen, pour nous défendre du côté du Maroc. Or, nous avions, depuis longtemps, un pied à Tlemcen, où les Coloughis, nos alliés, occupaient le Mechouar. Mais, gouvernée par un Bey, Constantine était restée jusque-là hors de notre atteinte : aucune troupe française n'avait encore essayé d'y pénétrer. Ce fut donc de ce côté que le maréchal Clauzel porta tout son effort, avec une telle confiance dans le succès de l'entreprise, avec un tel oubli des précautions les plus élémentaires, qu'il parut frappé d'aveuglement. La responsabilité de l'expédition pèse, tout entière, sur lui. Le ministère, en effet, n'ordonnait rien : il s'en rapportait à sa connaissance des lieux et des choses; et il le laissait juge absolu de ce qu'il était possible de faire, avec les troupes et les moyens d'attaque dont il disposait. Le maréchal alla ainsi, de gaieté de cœur, sur la foi de quelques intrigants, au-devant d'un désastre, dont l'une des moindres conséquences fut de compromettre sa vieille renommée militaire. Son premier tort fut de croire qu'il ne rencontrerait aucune résistance, et qu'il serait accueilli comme un libérateur. Mais il commit une faute plus grande encore, en s'aventurant à la légère sur un terrain inconnu, sans se renseigner sur les ressources de la défense, et sur ses facilités.

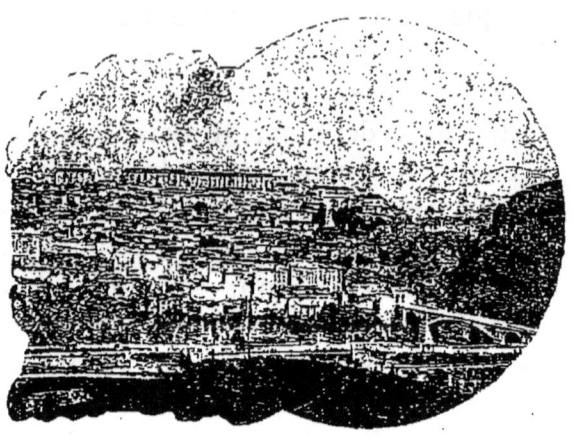

Fig. 17. — Constantine.

La première illusion, hélas! fut de courte durée. Personne ne se présenta, sur la route, pour se rallier à la France ; et, à Constantine, aucune démonstration ne se fit en notre faveur. Au contraire, chaque fois qu'on approcha de la place, on fut reçu à coups de fusil et de canon. En abordant, avec des pièces de campagne et sans artillerie de siège, une position si forte et si vigoureusement défendue, on s'était donc singulièrement mépris. On crut pourtant réparer cette erreur en faisant sauter les portes de la ville. Mais, en un clin d'œil, tous les engins que le génie avait apportés furent balayés, et les assaillants écrasés par la mitraille. Pour comble de malheur, les approvisionnements faisaient défaut, et les troupes se voyaient menacées de mourir de faim. Il fallut donc, à peine arrivés, repartir, et repartir dans les conditions les plus désastreuses, en laissant, derrière soi, aux mains de l'ennemi, des voitures d'intendance, des prolonges d'artillerie, des conducteurs de convoi, des malades et des blessés, qui furent impitoyablement, sauvagement, massacrés. Enivrés par le succès, plus de six mille Arabes serraient de près l'arrière-garde, sur laquelle ils dirigeaient des charges furieuses. Sans le génie et le sang-froid de Changarnier, dont le bataillon couvrait la retraite, de plus grands malheurs fussent arrivés. De son côté, il est vrai, le maréchal Clauzel retrouva, dans ces circonstances critiques, ses qualités d'homme de guerre, son calme, sa présence d'esprit, sa fermeté; mais, devant l'opinion publique, jamais il ne put se relever de la faute qu'il avait commise.

On ne pouvait, cependant, laisser l'armée française sous le coup de ce désastre. L'année suivante (1837), une nouvelle expédition fut donc décidée, dont on commença par préparer soigneusement le plan, en prenant toutes les précautions nécessaires. Après avoir choisi, pour la commander, un officier de grand mérite, le général de Damrémont, on lui envoya plus de chevaux, plus de munitions de guerre, plus de vivres et plus d'artillerie, qu'il n'en demandait; on lui adjoignit ensuite le général Valée, qui passait pour le meilleur artilleur de l'Europe, et qui comptait seize campagnes et vingt et un sièges, dans ses états de service ; enfin, le second fils du roi Louis-Philippe, le duc de Nemours, qui avait fait partie de la première expédition, voulut payer, encore une fois, de sa personne, et conduire au feu la 1re brigade de la nouvelle armée.

Dans un livre excellent, et qui restera (1), Camille Rousset a fait un récit émouvant du second siège de Constantine. Il y fait assister aux délibérations des généraux; il y peint les inquiétudes des uns, la confiance des autres, l'énergie déployée par tous pour épargner à la France l'humiliation d'une nouvelle défaite. Rarement plus de difficultés furent en effet surmontées avec plus de ténacité et de vaillance. A coup sûr, la supériorité de l'armement et la science militaire promettaient aux assiégeants de grands avantages. Mais à quoi auraient servi, en vérité, ces emplacements si bien choisis et ces batteries d'un tir puissant, si d'intrépides soldats n'eussent pas été décidés d'avance à aller, sous le feu de la place, relever

---

(1) *Les commencements d'une conquête ; la conquête de l'Algérie.* — 2 vol., Paris, Plon. 1887.

les pièces, au fond des ravins où les entraîneraient les terres détrempées par la pluie ? Et, d'autre part, sans le dévouement héroïque des hommes qui, à cette altitude (1), et par de froides nuits d'octobre, travaillaient dans l'eau jusqu'à la ceinture, comment aurait-on pu hisser des canons que quarante chevaux ne parvenaient pas à ébranler ?...

Ce n'était pas tout, cependant ; car, après ce rude labeur, restaient encore les périls de l'assaut. Des centaines d'hommes sont là, qui savent très bien qu'on leur demande le sacrifice de leurs vies, qui sentent que tout le poids de l'action pèse sur eux, et qui voient clairement que, s'ils échouent, leur échec sera de nouveau le signal de la retraite, c'est-à-dire de la déroute. Eh bien ! ces braves sont prêts : ils envisagent la mort avec calme ; et, en leur nom à tous, Lamoricière peut répondre crânement que, quand bien même les trois quarts d'entre eux seraient tués, l'autre quart pénétrera dans la place, et qu'il saura s'y maintenir. Et l'héroïque promesse fut fidèlement tenue !

Fig. 18. — Biskra. Campement d'arabes.

Au matin du 13 octobre 1837, le général Valée prépara l'assaut. Les troupes étaient divisées en trois colonnes ; la première, sous les ordres de Lamoricière ; les deux autres, sous ceux des colonels Combes et Corbin. A sept heures, au signal donné par le duc de Nemours, la première colonne s'élance, vaillante et indomptable, contre les

---

(1) L'altitude moyenne de Constantine est d'environ 700 mètres.

obstacles qu'elle est résolue à briser. Tout-à-coup, sous une voûte dont on essaie d'enfoncer la porte, un dépôt de poudre fait explosion. Une centaine d'hommes tombent brûlés vifs, mutilés, méconnaissables. Lamoricière lui-même est atteint, aveuglé et blessé. Mais, du moins, en volant en éclats, cette porte ouvre-t-elle une trouée, par où, frémissantes, se précipitent aussitôt les deux autres colonnes. Sur une montagne de débris, à travers des murs écroulés, à la hauteur des toits d'où part un feu roulant, ils sont là, ces braves, qui, lentement, mais intrépidement, s'avancent. A chaque pas, en gagnant du terrain, ils travaillent à assurer la victoire. Les canonniers arabes sont tués sur leurs pièces; la caserne des janissaires, les maisons, les boutiques sont emportées, l'une après l'autre, dans une série de combats désespérés, corps à corps. Pendant ce temps, là-haut, dans la Kasbah, les réfugiés arabes cherchent à fuir, au moyen de cordages; ils s'y accrochent, éperdus, en grappes humaines. Mais, sous le poids des corps, les liens se brisent; et, dans l'abîme, roulent pêle-mêle, pour y mourir de la plus atroce agonie, des monceaux d'êtres défigurés...

Au soir de cette mémorable journée, Constantine tout entière appartenait à la France, dont le drapeau flottait, victorieux, sur la Kasbah et les hauteurs.

Le général Rulhières fut nommé commandant supérieur de Constantine. Pendant onze ans, nos troupes eurent à lutter contre les colonnes du Bey, qui, délogé de sa capitale et réfugié dans l'Aurès, ne cessait de les inquiéter. Ce ne fut qu'au mois de juin 1848 qu'il fit enfin sa soumission. Deux ans plus tard, il mourait; et, avec lui, s'éteignaient les derniers vestiges de l'opposition en armes.

Lorsqu'on visite aujourd'hui Constantine, on ne peut se défendre d'une profonde émotion, au souvenir des héroïques combats qu'exigea sa conquête : à chaque détour de chemin, au coin de chaque rue, sur chaque place, on croit revoir passer les héros, qui, le front serein et la chanson du troupier aux lèvres, s'entrainaient à la mort; on revit, heure par heure, cette lutte de géants, qui est bien l'une des pages les plus glorieuses de notre glorieuse histoire. Le temps cependant, et la présence bienfaisante du vainqueur ont fait disparaître, à peu près partout, les traces sinistres d'un siège tragique entre tous. Mais, là-bas, aux flancs de la ville, elle demeure toujours ouverte, entre les rochers à pic, la brèche immense et incomblable ; et il n'est pas besoin d'un grand effort d'imagination pour reconstituer, dans toute sa navrante horreur, la scène des Arabes de la Kasbah tourbillonnant pêle-mêle dans l'abîme.....

Par une rampe assez douce, ménagée le long d'un viaduc d'une hardiesse extrême, on accède, de la gare, à la Place Nemours, appelée aussi Place « de la Brèche », qui forme comme le cœur de la ville et qui en est la partie en effet la plus animée. Là se trouvent le Théâtre, et le Marché couvert, près duquel s'ouvrent les ruelles en colimaçon qui conduisent au quartier arabe, cramponné lui-même aux flancs de la montagne. A gauche, se profile le petit boulevard de l'ouest qui descend jusqu'au faubourg S. Jean ; à droite, partent les rues montantes qui vont se se ramifiant dans les quartiers de la ville supérieure, rue de France, place du Palais, place Négrier, etc.

En longeant la rue de France, on ne tarde pas à arriver à la Cathédrale, qu'on est tenté, au premier aspect, de prendre pour une mosquée. C'en est une en effet, et d'un style très original ; mais que la consécration de l'Eglise a purifiée de son

FIG. 19. — Le marché, à Biskra.

contact séculaire avec l'erreur musulmane. Divisée en cinq travées, elle a les parois de la dernière basse-nef, à droite, incrustées de fort jolies mosaïques anciennes, qui peuvent rivaliser, pour la perfection du travail, avec les plus beaux spécimens du même art, à Ravenne. La chaire aussi, qui n'est rien autre chose que le minhar mahométan transformé, est fort curieuse, comme ouvrage de marqueterie. En somme, église très intéressante, d'un beau caractère, et où l'on aime tout particulièrement à prier Dieu pour que, un jour, il daigne faire descendre, abondante et victorieuse, sa lumière dans l'âme enténébrée des pauvres Musulmans !

Tout près de la cathédrale, dans une rue voisine, se trouve, coquet en son cadre moderne, le Palais épiscopal, auquel fait face une belle maison mauresque, dont la colonnade du cloître, le jardin intérieur, et les mosaïques, font un des plus élégants édifices arabes de Constantine. Plus loin, à mi-côte, ce sont les vastes bâtiments occupés par le Lycée national. Au-delà, c'est la Kasbah ; et, presque vis-à-vis, de l'autre côté de l'abîme profond ouvert dans l'énorme crevasse des rochers, c'est le quadrilatère de l'Hôpital civil. Avec cela, quelques artères tout particulièrement pittoresques, la Rue des cordonniers, par exemple ; et, partout, vu le mélange des races, un fourmillement de costumes qui réjouit les yeux d'un spectacle toujours varié et nouveau. Mais pourquoi, quand vient le soir, les rues d'un chef-lieu de 50.000 habitants sont-elles donc, en vérité, si pauvrement, si chétivement, éclairées ? Point d'électricité ; à peine du gaz ; presque partout des reverbères au pétrole ! Cela fait pitié à voir, et n'est point digne d'une ville comme Constantine.

Moins archaïque, puisqu'elle ne date que d'avant-hier, mais d'un aspect agréable et vivant, est la petite sous-préfecture PHILLIPPEVILLE, dont les maisons s'étagent au bord de la mer. Désireux de créer un facile débouché au commerce de l'intérieur, le maréchal Valée fonda là, en 1833, le Fort-de-France, qui devint le noyau de la cité actuelle. Celle-ci, enserrée entre les murs crénelés de son rempart, se développe, sur un assez large périmètre dans lequel se coupent, à angle droit, de belles rues, et s'ouvrent quelques jolies places, notamment, celle de la Marine, qu'on prendrait volontiers pour un coin du Luxembourg ou du parc Monceau, tant la société qui y fréquente a d'élégance, et tant la belle nature y est prodigue de ses dons les plus enchanteurs.

A l'extrémité opposée du département, et à l'entrée du désert, c'est BISKRA qui attire, quelque interminable que paraisse la longue journée que, depuis Constantine, il

Fig. 20. — BISKRA. Chameaux au repos.

faut se résigner à consacrer au voyage. Mais voici : ce qu'on va chercher, et ce qu'on espère rencontrer, à Philippeville, on peut également bien, à quelques variantes près, le trouver à Bougie, à Bône, ou à Oran. A Biskra, au contraire, on est bien sûr de n'avoir que Biskra, c'est-à-dire, la ville-type, unique en son genre, d'une originalité intense, et pleine du charme enveloppant de la solitude prochaine.

Biskra a la forme d'un rectangle à peu près parfait : près des deux tiers de sa surface sont occupés par le Fort Saint-Germain et ses dépendances, y compris le « Moulin-du-Caïd », dont la pittoresque construction se détache, en saillie, sur l'un des côtés du Fort, presque en face de la gare. On a donc ici, dès l'arrivée, l'impression, sinon d'une place de guerre, du moins d'un poste fortifié et d'un lieu de défense. Biskra est, en effet, une sorte de sentinelle avancée, destinée à tenir en respect les tribus nomades des enfants du désert, et à protéger le pays contre les surprises de leurs révoltes. Perdue là comme une oasis, elle en a les eaux abondantes et les frais ombrages. Ses rues étroites et rectilignes viennent s'amorcer à une grande artère centrale, la Rue Berthe, qui la traverse de part en part. Au centre de son développement, elle longe un parc dont les ramures des arbres sont impénétrables aux rayons solaires, et au milieu duquel, gracieuse en sa modeste allure, se dresse l'église paroissiale. Le parc de Biskra est l'un des lieux préférés de la population locale. Outre qu'il y règne une fraîcheur délicieuse, on y est à l'abri des reverbérations obsédantes du soleil, et on y trouve un rare assemblage d'arbres exotiques, depuis le palmier et le carroubier, jusqu'au gommier et à la cassie aux houpettes d'or. Mais le reste de la petite ville ne laisse pas aussi d'avoir un charme très-particulier : ses maisons à arcades, construites en briques séchées au grand air, et revêtues d'un enduit à la chaux ; son pittoresque hôtel de ville, aux teintes roses et blanches, à la colonnade svelte, et au dôme central accosté de pavillons ; son marché surtout, avec, au milieu, une halle couverte, agrémentée d'une cour intérieure, tout a un caractère étrange, qui fournit sans cesse à la curiosité toujours en éveil de l'Européen un nouvel aliment.

Puis, il y a ici la rencontre perpétuelle de l'Arabe, non plus de l'Arabe à demi-noyé dans notre civilisation et qui à moitié s'y plie, comme dans les rues de Constantine ou de Tunis, mais de l'Arabe arabisant, qui a gardé encore inentamées les mœurs et les habitudes du désert. En vingt endroits, on le frôle, ici, isolé ; là, en groupe ; tantôt voletant, comme un papillon blanc, sous les arcades ; tantôt curieux et rêveur, l'œil absorbé par la lecture du Coran; plus souvent, immobile, en quelque campement hâtif (Fig. 18), près d'un mur démantelé, avec ses chevaux, ses ânons, ses dromadaires, qui bientôt, en longue file, vont reprendre le chemin des sables.

Au surplus, le « Marché » (Fig. 19) de Biskra suffirait, tout seul, à défrayer l'attention pendant des heures. Il s'anime, au matin, tandis que, déjà, la vie circule et que la presse se fait grande dans les rues: ainsi le veut le soleil féroce qui, bientôt, couchera ses victimes roulées en paquet dans les burnous, le long des murs, en travers des portes, sur les nattes du cahvadji. Maintenant, toute la population indigène grouille, nombreuse et encapuchonnée. Le but de sa course est unique ; et ce but est précisément le marché. Ignorants de nos préoccupations complexes, ils y viennent, acheteurs et vendeurs, parce que, en somme, il faut vivre, et que, de si peu qu'on vive, encore est-il besoin de ce minimum. Ils vont donc sans hâte, comme leurs bourriquets, qui, trottant menu, portent la tête basse, en quête du chardon de leur déjeûner; comme leurs grands chameaux, qui balancent leur tête fouinarde emmanchée d'un long cou, et qui, tous les trois pas, s'arrêtent pour brouter une herbe rare et maigre. Les vêtements sont lents et mesurés de ces hommes, dont les bras restent toujours à demi emprisonnés dans le burnous, costume par excellence de fainéant. Les discours sont brefs de ces gens amateurs de silence, dédaigneux de la peine, indifférents et sobres, au point de donner parfois l'illusion du fossile. Et cependant, le marché est animé, car bêtes et gens s'y pressent en foule; et l'espace qu'il occupe est peu étendu. Il est curieux aussi par son emplacement, par son agencement, par les types qu'on y rencontre, les horribles gueux sur lesquels on marche, les industries diverses qui s'y exercent, et le pêle-mêle des marchandises entassées qui s'y vendent.

La place du marché est rectangulaire; et, sur chacun de ses côtés, s'élève une bande de maisons aux toits plats et carrés. Dans un coin, un minaret bien blanc découpe l'arête de ses angles sur le bleu foncé du ciel, et dépasse l'alignement des bâtisses; derrière, un haut palmier décharné lui fait une ombrelle de palmes qui couronnent sa tête et retombent en gerbe. Le minaret est très blanc, le ciel très bleu, et le palmier très vert; et c'est fort joli de voir ces couleurs vives les unes sur les autres, parce qu'il fait un grand et magnifique soleil. Les combinaisons harmoniques et douces dans les teintes, qu'on a coutume de rechercher, font ici défaut ; mais l'œil s'offense moins de la crudité des couleurs, qu'il ne jouit de leur éblouissant éclat, de leur irradiante et irrésistible gaîté, de la vie intense dont cette lumière chaude et transparente anime tout ce qu'elle baigne de ses rayons.

A chaque angle de la place débouche une ruelle, mais si étroite, que l'aire paraît sans issue ; et, dans ces ruelles, sont aussi des boutiques, c'est-à-dire, des soupentes obscures, où se tient accroupi le marchand, sur la planche unique de son étalage, fumant silencieusement, et immobile, une éternelle cigarette, entre un panier de dattes et une pyramide d'oranges. Ce singulier marchand ne prône point sa marchandise ; il se garde d'attirer le client par d'imprudentes paroles, qui risqueraient de lui causer un dérangement : non pas qu'il aurait à quitter sa position préférée, et si incommode pour des jambes de chrétien; mais parce qu'il lui faudrait remuer les bras, pour manœuvrer les plateaux de la balance placée à ses côtés ; or, c'est là une opération bien pénible par l'accablante chaleur qu'il fait. Il est visible d'ailleurs que le brave musulman, assis en magot entre les deux denrées qui composent tout son débit, hésite entre le désir de gagner quelque argent et celui de garder le repos. Notez que le même homme est merveilleusement découplé, qu'il cache sous son burnous lâche des muscles à toute épreuve, et que, s'il ne se sent aucun enthousiasme pour porter aujourd'hui une simple poignée de dattes à bras tendu, il sera capable demain de trotter, six heures durant, sur un cheval, pour un profit deux fois moindre. A défaut de cheval, il fera la même course à pied, nu-pieds, à l'ombre ou sous le soleil du désert, peu importe, et il traversera les oueds débordés et rapides, avec de l'eau jusqu'à la poitrine et un poids de cent kilogs sur les épaules.

Auprès de cet épicier, est l'échoppe d'un cordonnier, dont les produits de la fabrication pendent au bout de ficelles : une demi-douzaine de babouches jaunes et rouges. Un autre commerçant, son voisin, s'est tout-à-fait endormi, la tête sur le dernier morceau de viande de son étalage. Il sommeille profondément, car un client, alléché par ce spectacle, lui frappe sur l'épaule, sans le réveiller, ou sans qu'il daigne s'en apercevoir. Et, discrètement, sans plus insister, l'acheteur repart, pour s'adresser à un autre marchand, d'humeur plus débonnaire et de meilleure volonté.

Les Arabes, au contraire, qui tiennent boutique sur la place même du marché, paraissent plus disposés à vendre. Ils ne connaissent pas, eux, le luxe d'une boutique, où demeurer ainsi tout le jour. Ils ont apporté de loin leurs provisions, sur le dos écorché des ânes, et ils tiennent à s'en défaire. Au milieu de la place s'élève un portique carré, comme ceux qui ornent la plupart des maisons mauresques : il forme une cour intérieure, à ciel ouvert ; et, dans cette cour, comme sous le portique et aux alentours, sont distribuées en petits tas les marchandises les plus diverses, un marchand étant assis sur ses talons derrière chaque tas. Il y a là des oranges montées en obélisque, des dattes longues et dorées dans des couffes, et des dattes écrasées comme une pâte dans des outres, en forme de jambon ; l'on débite ces dernières par tranches. Il y a aussi des grappes de piment aux gousses rouges et recourbées ; des feuilles séchées et vertes du henné, qui fera les ongles bruns aux femmes ; des écorces de grenade, en forme de feuilles jaunes, pour préparer les peaux ; des fromages au relent de bouc ; de petits pains blancs et ronds, saupoudrés de grains d'anis ; des poignards, dans des gaines de cuivre ; des lézards empaillés ; de l'essence de rose, au parfum fade et pénétrant, enfermée dans de petits tubes de verre ; que sais-je encore ? jusques à un fourneau sur lequel on voit bouillir, dans deux grands pots transparents, des choses brunes et jaunes, qui sont des fèves et du maïs. On en a plein la main pour un caroube ; et des faméliques se pressent pour en acheter. Puis, à travers cette foule grouillante, dans tous les coins, gisent des pauvres hideux, qui étalent sans vergogne leur misère, et auxquels aucun pauvre d'aucun pays ne saurait être comparé. Beaucoup d'entr'eux sont aveugles, car la lumière est éblouissante, le sable du désert brûlant, et la fraîcheur de la nuit pernicieuse. Des plaies, d'horribles plaies, se montrent au travers des haillons qui ne servent qu'à rendre leur nudité plus affreuse encore. Affalés dans un coin, ils ne font pas même un mouvement pour chasser la mouche impudente et sordide que leur misère attire...

Plus loin, c'est la rue où se débite le cahva, et d'où monte un bruit de foire, détestable à entendre. Plus loin encore, ainsi qu'un troupeau ensommeillé, c'est un campement de chameaux au repos (Fig. 20).

Et ainsi Biskra, pleine d'originalité et de contrastes, laisse dans la mémoire le souvenir d'une de ces visions étranges, presque irréelles, que l'imagination parfois se plaît à construire de toutes pièces, sans se douter que cela, cependant, peut exister quelque part, et existe en effet.

## CHAPITRE V

AVANT ET APRÈS LA CONQUÊTE — LE VIEIL ALGER

ANS remonter aux temps antiques — au déluge —, ni vouloir esquisser la physionomie des premiers habitants de l'Algérie et rappeler le souvenir des Phéniciens, des Romains, des Vandales et des Musulmans, du moyen-âge, il sera intéressant de remarquer que, sous la domination turque, ALGER fut, pendant trois siècles (1514-1827), la métropole de la piraterie, le rendez-vous de tous les forbans, la patrie cosmopolite des aventuriers sans scrupule, et la terreur des nations civilisées, qu'elle bravait avec l'audace d'une impunité inouïe. Cette longue impunité est, aujourd'hui, l'étonnement de l'histoire. Les Etats Européens s'estimaient heureux, alors, de faire leur paix avec le Dey et d'obtenir, même par des sacrifices d'argent et de dignité, une sécurité relative pour leur marine; encore suffisait-il, pour amener une rupture, d'un changement de Dey, d'un caprice des reïs, ou des plus futiles prétextes : l'habitude aidant, on dévorait tous les outrages. Que si pourtant, parfois, l'indignation était trop forte, on essayait d'une répression énergique. Mais cela n'avait jamais réussi : l'Espagne y avait échoué, au XVIIIe siècle; et, au commencement du XIXe, en 1816, puis en 1824, l'Angleterre elle-

même, malgré un bombardement en règle, avait dû piteusement se retirer, sans avoir obtenu satisfaction.

Dès 1802, Bonaparte, qu'inquiétait justement la proximité de si dangereux voisins, avait parlé de jeter une armée sur la côte d'Afrique. En 1808, il y envoya le commandant Boutin, en mission de reconnaissance ; et, il faut le reconnaître, une expédition contre Alger aurait été moins périlleuse et plus féconde en résultats que la déplorable guerre d'Espagne. Mais Napoléon avait d'autres desseins : jusqu'en 1830, les plans et les mémoires dressés par Boutin restèrent dans les cartons du dépôt de la guerre.

Pendant ce temps, le Dey Hussein avait succédé, en 1818, comme chef de la Régence, à Ali Khodja. A l'imitation de son prédécesseur, il fixa sa résidence dans la haute Kasbah, d'où son artillerie dominait la ville. C'était un homme ignorant, et imbu de préjugés ; mais il connaissait ses turbulents sujets, et la façon de les conduire ; et, à défaut de savoir, il possédait le savoir-faire, qui souvent rend plus de services dans la pratique de la vie. Aucun Dey, en effet, ne fut jamais si parfaitement obéi au-dedans. Mais, parce qu'il se faisait illusion sur sa force et croyait pouvoir braver impunément les puissances de l'Europe, sa politique étrangère fut moins heureuse : cette erreur causa sa perte.

Depuis 1816, les relations entre la France et la Régence, momentanément interrompues sous l'empire, s'étaient renouées : après l'avènement de Hussein, l'entente ne fut toutefois jamais bien cordiale. Ce dernier, qui avait de gros intérêts dans la créance relative aux fournitures de blé faites jadis au Directoire par deux juifs algériens, réclama, à plusieurs reprises, au gouvernement, les deux millions et demi que la France devait encore ; mais, sans obtenir satisfaction immédiate. Or, comme il n'entendait rien aux formes compliquées de la justice française, il s'irrita peu à peu de ces lenteurs, se crut victime d'une intrigue ourdie contre lui par le consul de France à Alger, Deval, et finit par envoyer une dernière réclamation, plus pressante que les autres. Il ne reçut encore aucune réponse, et ce silence lui parut un outrage. Aussi, dans son audience solennelle du 27 avril 1827, le consul s'étant présenté devant lui, au Pavillon de la Kasbah (Fig. 20), il l'interpella avec une vivacité extrême. Deval, qui s'exprimait bien en arabe, répliqua sur le même ton. Furieux, le Dey frappa, alors, le consul de France, de son éventail, et le chassa aussitôt de sa présence. Un consul plus prudent et plus digne n'aurait pas provoqué une pareille scène. Mais, après tout, Deval représentait la France : il fallait donc une réparation.

Elle eût été non-seulement prompte, mais immédiate, si l'on eût écouté les conseils éclairés de Clermont-Tonnerre, ministre de la guerre. Il avait étudié les dossiers réunis par Boutin ; il s'était renseigné auprès des officiers de marine, et des agents du consulat ; et il affirmait qu'une

Fig. 21. — Alger. La haute Kasbah.

répression vigoureuse assurerait le succès de la campagne. Mais son avis ne réunit pas tous les suffrages. D'autres, plus nombreux, soutenaient qu'on devait se borner à exiger du Dey une satisfaction de forme. Et, comme leur opinion prévalut, une division navale fut envoyée devant Alger, sous les ordres du capitaine Colet. Celui-ci demanda que l'oukil-el-hardj vînt, à son bord, présenter les excuses du Dey, et que le pavillon français fût arboré, et salué de cent coups de canon. Mais Hussein prétendit que c'était le Dey d'Alger, et non le roi de France, qui avait à se plaindre ; d'une façon absolue, il refusa cette satisfaction, qui était bien en effet toute de forme ; et il se montra décidé à rendre hostilité pour hostilité.

L'état de guerre fut alors déclaré (15 juin 1827). Quelques jours plus tard, les comptoirs français de l'est, qu'on avait pris la sage précaution d'évacuer, étaient pillés et détruits. Il devenait donc manifeste qu'on n'aurait raison du mauvais vouloir du Dey que par la force des armes. Mais quelques-uns encore persistaient à n'en point tomber d'accord. A les entendre, une simple croisière dans la Méditerranée suffirait pour ramener bientôt Hussein à de meilleurs sentiments ; et, sous l'empire de cette pusillanimité louvoyante, qui est le pire ennemi de toute autorité solide et sérieuse, on eut la naïveté de tenter encore un nouvel essai de conciliation avec le rusé renard qui, bien abrité derrière les murs crénelés de la Kasbah, et protégé par une artillerie formidable, continuait à se rire de la France et à la narguer. Après quelques pourparlers inutiles, le contre-amiral La Bretonnière, montant le vaisseau *la Provence*, vint faire, auprès du Dey, une tentative suprême. Hussein se contenta de lui répondre : « J'ai de la poudre, et des canons ! » Et, quelques minutes plus tard, le vaisseau-amiral, bien qu'il appareillât sous pavillon parlementaire, était lui-même canonné par les forts.

Cet acte de sauvagerie, bien digne de l'héritier des forbans qui, depuis trois siècles, avaient fait d'Alger le plus insigne repaire du brigandage, dessilla enfin les yeux des moins clairvoyants. En dépit des hésitations de l'opinion publique, qui, mal informée, ne comprenait pas la nécessité d'une expédition ; malgré les représentations de l'Angleterre, impérieuse et toujours empressée à intervenir quand elle entrevoit, chez ses voisins, quelque gloire prochaine ou quelque succès probable ; à l'encontre même des officiers généraux de la marine, qui, sans avoir pu étudier la question sur place, la tranchaient, imperturbablement, à distance, avec leurs idées préconçues et déclaraient le succès impossible, l'expédition d'Afrique, de 1830, fut décidée.

Clermont-Tonnerre avait proposé, en 1827, de débarquer une armée à Sidi-Ferruch, petite presqu'île située à 24 kil., à l'est d'Alger, afin de pouvoir prendre à revers les défenses de la ville. Ce projet sourit de nouveau, en 1830, au ministre d'Haussez, après avoir pris conseil des capitaines de frégate qui venaient de servir sur la croisière. L'amiral Duperré fut chargé du commandement de la flotte, composée de 103 bâtiments, et divisée en escadre de bataille, escadre de débarquement, et escadre de réserve, sans parler des 347 navires de commerce nolisés par l'Etat pour le transport du matériel, des chevaux et des vivres; et le ministre de la guerre, Bourmont, prit, avec la haute direction de l'entreprise, la conduite de l'armée qui s'élevait à 37.000 hommes. On quitta Toulon, le 25 mai 1830; et, après une halte assez longue à Palma, à cause du vent contraire, le 14 juin, la flotte mouillait à Sidi-Ferruch, sans avoir eu à tirer un seul coup de canon. Le débarquement s'effectua aussitôt, sans aucune peine, car les Algériens attendaient l'attaque du côté de l'est, et l'agha Ibrahim, gendre du Dey Hussein, avait déjà établi son camp à la Maison-Carrée, au sud-ouest d'Alger, vers l'embouchure de l'Harrach.

A peine à terre, sans perdre une minute, tant officiers et soldats sont tous impatients de combattre et de venger l'injure faite à la France, nos troupes se forment en bataille et marchent en avant, à la rencontre de l'ennemi. Elles éteignent et enlèvent, en un clin d'œil, trois batteries construites par les Arabes un peu en arrière de la presqu'île; mais l'ennemi ne se présente pas. Trois, quatre, cinq jours s'écoulent dans l'attente. On apprend

FIG. 22. — Alger, en 1830.

enfin qu'Ibrahim avait, de la Maison-Carrée, porté ses forces à Staouéli, à sept kilomètres seulement de Sidi-Ferruch. On y vole, le 19 au matin ; et, aussitôt, le combat s'engage. Le premier choc est terrible : avec une incroyable ardeur, la cavalerie turque assaille toutes les lignes françaises ; la lutte est, pendant plusieurs heures, acharnée. Mais notre armée avait l'avantage de la tactique et de la discipline. Entraînées par Bourmont, nos colonnes, que soutient une artillerie brillamment dirigée, culbutent les forces ennemies, les poursuivent, les harcellent, et finissent, vers midi, par occuper, triomphantes, le camp de Staouéli. Si, à ce moment, le général en chef avait eu, à défaut d'un peu plus d'audace, un peu de flair, il aurait donné l'ordre de marcher sur Alger : le soir même, la ville était prise ; et il eût, du même coup, gagné du temps et ménagé un sang précieux. Mais il ignorait ce qui s'y passait. Il n'apprit que plus tard que, à l'arrivée des fuyards, le plus absolu désarroi avait régné parmi les habitants et qu'une consternation accablée avait fait place, dans toutes les âmes, à la jactance avec laquelle, la veille, on parlait des succès retentissants de l'armée turque, pour le lendemain. Ce fut un malheur.

Pendant en effet que nous nous abandonnions à une inaction déplorable, nous bornant à occuper platoniquement les positions conquises, les Algériens, un moment découragés, reprenaient toute leur assurance : promptement, ils mettaient en état le Fort l'Empereur, qui défendait la ville au sud-ouest ; des émissaires étaient envoyés, dans toutes les directions, pour rallier les Arabes ; et les ulémas prêchaient la guerre sainte. La situation aurait pu, très-vite, devenir critique. Par bonheur, la partie du convoi qui portait les chevaux de notre grosse artillerie était arrivée, dans cet intervalle ; on avait achevé le débarquement du matériel ; le génie, de son côté, avait ouvert une route praticable, depuis Sidi-Ferruch ; et, le 29 juin, avant le jour, l'armée française commença, sur toute la ligne, un mouvement offensif. On put installer les batteries qui devaient servir au siège du Fort l'Empereur, et, par cette démonstration opportune, ajouter au trouble et à l'effroi de la population d'Alger, dont notre flotte, pendant ce temps, commençait à canonner les remparts (Fig. 22). Enfin, le 4 juillet, à quatre heures du matin, la tranchée fut décidément ouverte contre le fort; et, subitement démasquées, les batteries françaises l'écrasèrent de leurs feux.

Fig. 23. — Alger, en 1898.

La garnison se défendit avec la plus grande vigueur; mais la lutte des deux artilleries était par trop inégale. Au bout de quelques heures, les Turcs avaient leurs embrasures démolies, leurs pièces démontées, et leurs canonniers hors de combat. Par bandes, les fuyards s'échappaient dans la direction de la Kasbah, et, déjà, l'ordre était donné de battre en brèche, quand, soudain, une formidable explosion se fit entendre. Le Khaznadji, qui espérait ensevelir sous les décombres une partie de l'armée française, venait de faire mettre le feu aux poudres. Heureusement, quelques hommes seulement furent atteints. On les relève; on occupe, sans retard, les ruines; et l'artillerie s'y installe, prête à foudroyer, à son tour, la Kasbah (Fig. 21).

Il était clair en effet que, le Fort l'Empereur, une fois pris, Alger ne pouvait plus tenir bien longtemps. Mais Hussein, aussi fier dans l'adversité qu'aux jours de sa puissance, n'était rien moins que décidé à céder; il envoya donc aux commandants des forts l'ordre de résister jusqu'au bout, et d'imiter ensuite le Khaznadji; et il déclara que, plutôt de se soumettre, il ferait sauter la ville, avec la Kasbah. Ce sinistre projet ne faisait point l'affaire des habitants. Affolée de peur, la population ne voulait plus, au contraire, qu'on parlât de résistance; et il se produisit alors ce qui arrive presque toujours dans ces heures de crise et d'apeurement : les défections allèrent s'augmentant, dans les rangs de la milice ; et il se rencontra un émissaire pour proposer à Bourmont de lui apporter la tête du Dey, en gage de réconciliation. Hussein, qui ne manquait pas plus de clairvoyance que d'énergie, estima alors qu'il était temps de négocier : sans plus d'hésitation ni de bravades, il offrit de donner toutes les satisfactions qu'il s'était hautainement refusé à fournir à la France, depuis 1827, et de payer les frais de guerre. Mais c'était là que Bourmont l'attendait : déclinant donc les propositions du Dey, sans même s'attarder à les discuter, il exigea, purement et simplement, la remise immédiate d'Alger, avec ses forts. Lorsque Brascewitz, le vieil interprète chargé de faire connaître la teneur de l'ultimatum, en donna publiquement lecture, dans ce même Pavillon où Hussein, naguère, avait frappé le Consul de son éventail, les officiers turcs l'accueillirent par des hurlements de rage, et tous les sabres sortirent de leurs fourreaux. Mais Hussein avait pris son parti. Le lendemain (5 juillet 1830), il signait la capitulation, dont voici les articles saillants du texte définitif :

*Le fort de la Kasbah, tous les autres forts qui dépendent d'Alger, et le port de cette ville seront remis aux troupes françaises, ce matin, à dix heures.*

*Le général en chef s'engage envers Son Altesse, le Dey d'Alger, à lui laisser la liberté et la possession de ses richesses personnelles.*

*Le Dey sera libre de se retirer dans le lieu qu'il fixera ; et, tant qu'il restera à Alger, ils y seront, lui et sa famille, sous la protection du général en chef. Une garde garantira la sûreté de sa personne et de sa famille.*

*Le général en chef assure à tous les soldats de la milice les mêmes avantages et la même protection.*

*L'exercice de la religion mahométane restera libre. La liberté des habitants de toutes les classes, leur religion, leurs propriétés, leur commerce et leur industrie ne rece-*

vront *aucune atteinte. Le général en chef en prend l'engagement sur l'honneur ;* etc., etc.

Au camp devant Alger, *le 5 juillet 1830.*

Nous pouvons, à trois quarts de siècle bientôt de distance, relire, avec une légitime fierté, ce texte qui nous rappelle, en même temps qu'une des plus mémorables victoires de notre héroïque Armée, la noble et généreuse attitude du vainqueur vis-à-vis de l'ennemi terrassé. Traiter avec plus de courtoisie et d'égards un vaincu qui naguère s'était montré plus particulièrement incorrect et superbe, c'était prendre sur lui deux fois une revanche; en procédant de la sorte, le maréchal Bourmont ne fit qu'ajouter une auréole de plus à son front déjà couvert de lauriers. Qu'importe, après cela, que, dans la précipitation d'une rédaction urgente et hâtive, le général en chef ait indiqué des clauses comme les deux dernières, qu'il était en effet bien difficile de pouvoir observer à la lettre? La capitulation faisant plus que le nécessaire, Bourmont était certes en droit de ne point s'embarrasser de tant et de si spécieux engagements : par générosité, il ne le fit point, et les contemporains l'en blâmèrent; mais nous, nous ne pouvons que l'en louer, et, avec nous, l'impartiale Histoire.

Et, le lendemain, sous les feux d'un radieux soleil aussi beau que celui d'Austerlitz ou d'Iéna, dans la grande ville Algérienne qui tour à tour avait bravé Charles-Quint et Louis XIV, nos troupes, par la Porte-Neuve, entraient triomphantes, drapeaux déployés, au roulement des tambours et aux sonneries des fanfares. Devenu français, le vieil Alger allait bientôt faire place à une ville moderne (Fig. 32), qui compte parmi les plus enchanteresses.

# CHAPITRE VI

### ALGER MODERNE.

OIT qu'on arrive à ALGER par le paquebot de Marseille, soit qu'on y entre en serpentant le long des circuits décrits par la voie ferrée, la séduction est la même, également immédiate, et pareillement durable. Voir, du bateau qui se hâte au rivage, la ville d'Alger, dans la buée empourprée dont la baignent les premières vapeurs du matin ; ou la contempler, le soir, rutilante, sous le ciel pavé de clous d'or, dans le cordon de lumière qui l'étreint de toutes parts, des quais du port à la ville, et de la ville aux hauteurs perdues de la Kasbah, c'est tout un, en dépit de la diversité respective des spectacles, parce que, sous l'un comme l'autre aspect, on reste semblablement ravi.

Le réseau du chemin de fer de Constantine à Alger, est exploité par la Compagnie de l'Est-Algérien. Sans être bien merveilleux, le matériel y est pourtant moins mauvais que sur la ligne Bône-Guelma ; à défaut du confortable, on y trouve à peu près le nécessaire : et, avec quelques faciles améliorations, l'application, par exemple, du frein Westinghouse aux wagons, et un peu d'accélération dans l'allure des trains, cela ferait un ensemble très passable.

A Sétif, où, vers onze heures du matin, la C$^{ie}$ veut bien nous octroyer vingt-cinq minutes pour déjeûner, il y a, aux alentours de la gare, une animation extraordinaire : c'est le jour du « marché aux chevaux ». Sur le bourdonnement sourd de la foule, se détachent et percent les cris des maquignons. D'ailleurs, l'élément indigène domine. L'œil se perd dans le fourmillement des burnous arabes, que ponctuent, de distance en distance d'assez rares costumes européens. Parmi les chevaux se trouvent quelques admirables bêtes, aux formes sveltes et élégantes, portant haut la tête, l'œil ardent, et qui semblent n'attendre qu'un signe pour s'élancer, impatientes, dans l'espace ; puis, comme pour conserver au tableau sa vraie couleur locale, çà et là, pointent quelques chameaux, qui ont l'air de toiser leurs voisins du haut de leur encolure, et qui, tranquilles et passifs, au milieu du bruit de la Kermesse, se sont laissé docilement ficeler, par un lien banal, les deux jambes gauches, pour donner à leur maître tout loisir de s'attarder sans inquiétude au cabaret voisin.

Et, de nouveau, le train s'élance, avec lenteur, à travers des plaines immenses, couvertes, saturées d'une riche moisson d'épis, telle qu'en durent porter autrefois les campagnes riveraines du Nil, au temps du patriarche Joseph, pendant les sept mémorables années de providentielle abondance. Puis, aux champs dorés, succèdent, à perte de vue, les prairies et les pâturages, où, familièrement et côte à côte, vaches et chameaux, chèvres et brebis, tondent insouciants l'herbe fraîche, en attendant que sonne l'heure du retour au gourbi lointain. On n'aperçoit, en effet, dans ces vastes plaines, qui paraîtraient mornes et terriblement désertes sans la présence des troupeaux, presque aucune habitation. De temps à autre seulement, émerge, semblable de loin à un amoncellement de pierres tel qu'on en rencontre sur la crête des hautes montagnes, une sorte de muraille, d'un mètre et demi à deux mètres d'élévation, qu'on prendrait d'abord pour un fragment de rempart en ruines, si, au passage du train, quelques têtes d'Arabes ne se montraient aux interstices et ne révélaient la présence du gourbi, au loqueteux toit de chaume. Et après les plaines fertiles et fécondes, voici, maintenant, les plaines incultes et désolées. En raison de la déclivité très prononcée du sol, la voie y décrit d'interminables méandres ; et, comme le train chemine à peu près dans le désert, on se croirait volontiers transporté ici, d'un coup de baguette, dans les plaines solitaires de la Roumélie, où, jadis, poussant aux dernières limites du possible l'exploitation friponne, le juif Hirsch exécuta les invraisemblables travaux en spirale de la ligne d'Andrinople à Constantinople, l'une des plus gigantesques fumisteries accomplies dans la seconde moitié de ce siècle. (1)

On arrive ainsi à Bordj-Bou-Arreridj, qui, flanqué d'une minuscule Kasbah, se dresse, gracieux et coquet, en dépit de son air menaçant, sur la hauteur d'un mamelon. Au-delà, en même temps qu'elle s'élargit, la vallée reprend un peu de végétation ; et l'on rencontre, à mi-côte, dix, vingt,

Fig 24.— Rampes du boulevard pour accéder du port à la ville.

trente autres oasis, semblables à Bordj-Bou-Arreridj, avec, au pied de la colline, des plantations d'eucalyptus, qui font, à tous ces hameaux ou villages, à Bouira notamment, une riante enceinte de verdure.

Mais quelle misère, le soir venu, dans presque toutes les gares, où, parfois trop longuement, nous faisons halte ! Deux mauvais quinquets y composent encore, comme en Turquie, tout l'éclairage : et l'on s'appelle, on se cherche, on se bouscule, sur la chaussée, faute d'y *voir* pour s'y conduire. Mais, dans la population indigène, façonnée à

(1) Cf. notre volume : *Aux rives du Bosphore*, page 189 sq.

cet état de choses par l'accoutumance, cela n'a l'air d'étonner personne. Seul, l'étranger de passage est choqué d'un manque aussi absolu d'organisation ; et, quand cet étranger est un Français, il se demande, avec une sorte de serrement de cœur, s'il est bien vrai qu'il voyage ici sur une terre française !

Ce n'est qu'aux approches d'Alger que le frôlement de la civilisation et du progrès commence enfin à se faire sentir. A partir de la Maison-Carrée, on a en effet comme l'impression du contact de la vie des faubourgs. La nuance s'accentue ensuite, à Hussein-Dey et à l'Agha, où les villas de plaisance ont mêlé abondamment, à la laborieuse population locale, une population aristocratique et élégante. Et, ainsi, la transition est favorablement ménagée, entre la solitude de tout-à-l'heure, et la vie bruyante, fiévreuse, toute moderne, qui, là-bas, déborde, à Alger, dans les rues et sur les boulevards. Du reste, à peine a-t-on dépassé la station d'Hussein-Dey, qu'apparaît, pour le plaisir des yeux, dans l'éclat étincelant de sa parure du soir, la ville enchanteresse. Ce n'est d'abord qu'une lueur étrange, large tache rouge, qui monte, vague et flottante, avec des ondulations d'or et de pourpre, au bout de l'horizon. Mais, bientôt, la lueur se précise, pour faire place à un immense fourmillement de lumières, tel que l'offrirait, à distance, la vue d'un palais gigantesque, princièrement illuminé. Et, à mesure qu'on avance, en longeant, près des flots cadencés s'endormant dans le silence de la nuit, la courbe gracieuse de la baie d'Alger, peu-à-peu les lignes se détachent, les arêtes se dessinent, les contours prennent plus de vigueur : d'innombrables cordons de feu, distincts maintenant les uns des autres, se ramifient, avec la plus capricieuse fantaisie, s'entrecoupent, se superposent ; et, la vision devenant plus nette, de minute en minute, on a bientôt devant soi, dans sa totale et superbe magnificence, l'étourdissante féerie du spectacle. On s'en baigne les yeux à satiété, tandis que, dans la mémoire, s'en fixe à jamais le vivant souvenir ; et l'on voudrait, alors, que le train, dont on déplorait tantôt la trop nonchalante allure, relentît encore sa marche, afin de ménager de plus longs et plus heureux loisirs, pour contempler sans fin cette grisante apparition.....

A Alger, comme dans tout centre important, l'animation est extrême, à l'arrivée des trains du soir : là, comme partout, c'est, dans la cour de la gare, le piaffement des chevaux, impatients de leur immobilité, l'appel des cochers d'hôtels, le va-et-vient des facteurs qui transportent les bagages, l'encombrement des curieux qui obstruent la circulation, le brouhaha des voyageurs, cherchant une issue pour gagner le large, et jouant des coudes pour se frayer un passage. Après les minutes d'inévitable attente, voici enfin les omnibus et les voitures de place qui s'ébranlent et qui, en longue file, en décrivant une courbe, s'engagent sur les rampes douces (Fig. 24) à l'aide desquelles, par une progression continue, on accède enfin au plateau central d'Alger, c'est-à-dire, au vaste rectangle, de surface à peu près plane, qui sépare du port et des quartiers supérieurs le milieu de la ville, et que limitent, à l'est, les bâtiments de l'Ecole des Lettres, et, à l'ouest, ceux du Lycée. Le Square de la République, où l'on arrive tout d'abord, peut être regardé comme le cœur même de la ville. Entouré d'une belle grille, coupé par de larges et nombreuses allées, et planté d'arbres magnifiques, c'est moins un Square, qu'un Jardin public. Au centre, se dresse un élégant kiosque, où l'excellent Orchestre municipal donne périodiquement des concerts du soir fort appréciés. Ces soirs-là, le « Tout Alger » dilettante s'y trouve complet, au rendez-vous ; et, si l'on éprouve un rare plaisir

Fig. 25. — Caserne d'artillerie, au bas du port (ancienne fortification turque).

à entendre les œuvres des maîtres brillamment exécutées par les artistes (1), on n'est pas moins charmé de voir le recueillement de bon goût avec lequel le public en écoute, comme religieusement, la savante interprétation ; cela console du manque de tact dont on est témoin, en France, dans tant de villes, où les concerts similaires sont un simple prétexte à « se rencontrer », et où, les conversations bruyantes prenant le pas sur l'art, la réunion se transforme déplorablement en un champ de foire !!...

De l'esplanade qui longe le square, du côté de la rade, on a, sur la mer, sur la baie arrondie, et sur le port, une vue admirable : tout cela est vivant d'une vie enfiévrée ; ici, au premier plan, c'est la gare d'Alger, avec ses trains en partance, et l'animation du service des marchandises ; là, ce sont les barques de plaisance, qui se balancent, coquettes, jetant à qui mieux mieux leurs invites aux amateurs d'excursions ; plus loin, ce sont les bateaux marchands à la carrure massive, et les grands paquebots, élégants dans leur majesté ; et, là-bas, c'est, sous la protection des sentinelles vigilantes, l'ancienne fortification turque, occupée aujourd'hui par une caserne d'artillerie (FIG. 25). On s'attarde là, le jour, le regard dirigé vers l'immensité, où il se perd, en essayant un inventaire des villas et des communes d'alentour ; et l'on s'y oublie non moins volontiers, le soir, à la fraîcheur, quand s'allument, dans la rade, les feux multicolores des signaux, ou que, sans bruit, sur les vagues apaisées, glissent, semblables à des vers luisants, les bateaux qui rentrent au port.

---

(1) J'entendis là, un soir, l'ouverture du *Vaisseau fantôme*, et la *Symphonie* en ut mineur, deux maîtresses œuvres, marquées l'une et l'autre au coin du génie. Je me répétais à moi-même, après avoir écouté la première, que, décidément, Wagner est bien grand. Mais combien grand aussi me parut Beethoven, quand, après l'audition des pages si colorées et si savamment fouillées du *Vaisseau fantôme*, j'entendis, empreints d'un calme admirable et pleins d'une sérénité olympienne, les merveilleux développements de la *Symphonie !* Et quelle puissance aussi, quelle ampleur, quelles finesses surtout, dans cette orchestration, bien qu'elle ne vise pas, comme celle de Wagner, aux grands effets de sonorité !

Vous faites quelques pas, au hasard, et, partout, surtout dès que le soleil incline à l'horizon, vous apercevez des groupes de promeneurs. La ville entière semble se répandre dans les rues, sur les places, et le long des boulevards, à l'heure du coucher du soleil. Et partout aussi se faufilent, âpres au gain, malgré la modicité du salaire, les petits cireurs ambulants (FIG. 26) qui briguent à l'envi l'honneur de nettoyer votre chaussure : ils ont la mine si éveillée, le verbe si caressant, le geste si humble, qu'on a grand peine à ne pas céder à leurs avances. C'est une des mille petites industries qui fleurissent, à Alger. Mais celle-là *va* toujours : la poussière, quand le temps est sec ; la boue, dès qu'il pleut, assurent toujours à ces gracieux industriels en herbe une clientèle nombreuse et empressée.

FIG. 26. — Cireur ambulant.

Au sortir du Square de la République et de la petite Place adjacente de même nom, s'ouvre, à droite, tuyautée de deux longues lignes d'arcades, la plus grande et la plus animée des rues d'Alger, la Rue Bab-Azzoun, artère centrale, qui va déboucher sur la curieuse Place du Gouvernement. Il y a quelques années, on y voyait encore plusieurs vieux monuments, marchés couverts et casernes, qui rappelaient le souvenir de la longue domination des Turcs. Aujourd'hui, tout y est moderne et d'un goût irréprochable. Là, se trouvent les plus beaux magasins de la ville, assaillis d'acheteurs à toute heure du jour et du soir. Sans être aussi larges que sembleraient le vouloir les exigences de la circulation, les trottoirs ont néanmoins une superficie suffisante pour qu'on y chemine sans cohue. D'autre part, grâce aux arcades au cintre élevé, on y est, pendant la forte chaleur du jour, tout ensemble baigné de lumière et préservé cependant des rayons ardents du soleil ; puis, le soir, l'éclairage y est si intelligemment et si magnifiquement distribué qu'on y goûte toute la griserie de la lumière : on n'imagine rien de plus joli que cette interminable enfilade de galeries, qui scintillent de feux, et en inondent la foule aux flots pressés.

Presque à l'extrémité de cette royale artère, à gauche, un passage transversal conduit, en quelques pas, par le plan incliné d'un escalier, à la Place de Chartres, dont le niveau est déjà sensiblement surélevé. A peine y parvient-on, qu'on se croit immédiatement transporté sous une autre latitude, tant l'aspect tranche, à tous égards, sur ce qu'on vient de voir, à quelques pas de là, dans la rue Bab-Azzoun. Tout-à-l'heure, c'était la Rue européenne, avec toute sa correction et toutes ses élégances. Maintenant, c'est la Place africaine, avec son exotisme et son laisser-aller. Là aussi, il y a des arcades,

Fig. 27. — Palais archiépiscopal.

mais encombrées de marchandises débordant sur les dalles ; il y a foule, mais une foule bariolée, bourdonnante, qui flâne plutôt qu'elle n'agit ; puis, sur la Place elle-même, tout autour de la fontaine centrale, il y a comme un campement de baraques et d'étalages, où, jusque vers midi, s'empilent des monceaux de légumes, de fruits et de fleurs. Au second plan de chacun de ces magasins postiches, se tiennent les marchands de toute nationalité, de toute langue, de toute religion, français et maltais, italiens et grecs, mahométans et juifs, protestants et catholiques, dans l'extrême diversité des costumes et la variété non moins grande des attitudes, qui tous rivalisent de zèle et de talent, pour achalander leur « maison », et séduire l'acheteur. Et l'acheteur se presse, divers et ondoyant lui-même, autour des étalages, caressant du regard les fruits et les fleurs, marchandant, discutant, et luttant de diplomatie avec les fournisseurs. Auber eût trouvé là de jolis thèmes pour écrire un second « Chœur du marché », tant les conversations y sont vives, les interpellations sonores, et les répliques originales. Il y eût glané, notamment, un très joli motif à faire entendre, en sourdine, au milieu des *tutti* du chœur : celui des cuisinières qui, le marché fait, se rejoignent, comme d'instinct, pour aller, par petits groupes, se redire à mi-voix, sous les arcades, quelques bonnes petites histoires de leurs maîtres : elles sont très friandes de ces sortes de racontars, les indulgentes commères ; et, faire le marché consiste, pour elles, infiniment moins à s'approvisionner chez les marchands, qu'à *rencontrer* la cuisinière d'en face, pour échanger avec elle les nouvelles les plus fraîches, et les plus piquantes.

Fig. 28. — Palais du Gouverneur.

La Place Malakoff, où l'on aboutit un peu plus loin, se distingue, au contraire, par ses monuments. Il y en a trois, également curieux, qui occupent une moitié de son modeste périmètre, et qui, dès qu'on arrive, provoquent aussitôt l'attention et se partagent l'intérêt. C'est, d'abord, la Cathédrale S. Philippe, avec son bel escalier qui lui sert de socle, son portique aux voussures enchâssées de riches mosaïques, ses deux tours, sa coupole aérienne au-dessus du transsept ; et, à l'intérieur, ses brillantes verrières, sa voûte ponctuée d'arabesques, et ses colonnes de marbre précieux : édifice original, où s'harmonisent heureusement le style roman et l'architecture arabe, et qui est admirablement à sa place sous ce ciel lumineux. Puis, en face, dans la blancheur laiteuse de sa robe de marbre, voici le Palais archiépiscopal (Fig. 27), dont les dimensions sont assez restreintes, mais qui a un cachet oriental d'une élégance suprême. Enfin, à un autre coin de la Place, et sur la même ligne que la Cathédrale, c'est, plus coquet encore, et dans le plus parfait style mauresque, le Palais de ville (1) du Gouverneur (Fig. 28) : les restaurations qu'y a faites le Génie militaire, dirigées avec intelligence, loin de rien enlever à sa beauté première, y ont mis plutôt une grâce achevée.

Si, alors, par une des rues transversales, on redescend vers le Boulevard de la République qui domine le port, on accède, presque immédiatement, à l'une des places les plus vastes et les plus intéressantes d'Alger, la Place du Gouvernement (Fig. 29). C'est, en effet, avec le Square de la République, le grand centre de la cité, celui où aboutissent les principales artères et où, par vingt ruelles tortueuses, la haute ville déverse sans cesse le flot de sa population. A l'angle nord-est se dresse, avec son gracieux minaret, la Mosquée de la Pêcherie, intéressante à voir pendant le jour, plus pittoresque encore peut-être, le soir, et surtout au clair de lune, quand, sous la lumière crue des réverbères, ou sous les rayons paisibles de l'astre des nuits, miroite sa masse blanchâtre et imposante. C'est là que, deux fois par semaine, accourt en foule la population, lorsque, après la chaleur d'une journée torride, la musique d'un régiment de zouaves vient, à la fraîcheur, donner un concert, et éveiller, au son de ses brillantes fanfares, les échos voisins de la Mosquée endormie.

Par un labyrinthe de rues étroites, on gagne, au delà, l'extrémité ouest de la ville, laquelle, en réalité, se termine à la Place Bab-el-Oued, où se trouvent le Lycée, le Jardin

---

(1) Je dis : le Palais de *ville*, parce que le Gouverneur a, en dehors d'Alger, dans le cadre verdoyant et pittoresque de Mustapha Supérieur, la magnifique résidence du « Palais d'*Été* ».

Marengo, aux assises superposées, et le grand Arsenal d'artillerie. Poursuivre plus avant, dans le faubourg, ce serait s'acheminer vers Saint-Eugène et entreprendre une exploration *extra muros*. Arrivé là, on tourne donc bride pour regagner la Place du Gouvernement, et commencer la visite des quartiers qui s'étagent aux flancs de la colline, jusques à la Kasbah. Ces

Fig. 29. — Place du Gouvernement.

quartiers sont de deux sortes : les uns, ouverts depuis la conquête et construits à neuf de toutes pièces, ont franchement l'aspect moderne; les autres, au contraire, qui ont échappé jusqu'ici à la pioche des démolisseurs, ont conservé intacte la physionomie d'une ville arabe. Les premiers se composent d'une foule de rues montantes, mais larges, bien pavées, bordées de maisons élégantes, et agrémentées çà et là d'une double rangée d'arbres vigoureux qui en font d'agréables boulevards : là aussi circule la vie en abondance, une vie plus mêlée, pour ainsi dire, que celle qui anime la Rue Bab-Azzoun, parce que la proximité des ruelles arabes y jette constamment des flots d'indigènes, mais d'autant plus curieuse, parce que le coup d'œil y est plus pittoresque; à ce point de vue, la Rue Randon (Fig. 30), par exemple, est extrêmement intéressante à sillonner. Que si, en flânant, on s'aventure dans une des ruelles latérales, on a aussitôt l'impression de l'exotisme le plus complet. Là, plus, ou presque plus, d'Européens; mais, l'élément arabe, dans tout l'épanouissement de ses traditions et de ses usages. Outre qu'elles sont droites, en général, comme des échelles, et qu'il faut un jarret de fer pour en tenter l'accès, ces ruelles, qui se coupent, se croisent, s'entrelacent, avec des voûtes, des impasses, des cours, des escaliers (Fig. 31), forment le plus parfait dédale qu'il soit possible d'imaginer. Accroupi sur le palier de sa porte ou étendu nonchalemment en un coin de son taudis, l'Arabe regarde passer, indifférent, l'étranger qu'attire l'odeur des parfums sauvages. Peut-être ne serait-ce qu'à demi prudent de se risquer là, le soir; mais, pendant le jour, on y circule avec une sûreté absolue : la police n'est pas loin, d'ailleurs, qui demeure vigilante, et qui réprime, d'une façon exemplaire, les moindres atteintes portées à la tranquillité publique.

Si l'on veut cependant avoir, plus vive encore, plus intense et plus complète, l'impression définitive du *quartier arabe*, c'est tout au haut de la ville qu'il faut se hisser, dans le voisinage de la Kasbah. C'est en effet une véritable escalade à tenter, et point du tout banale, surtout si l'on l'essaie, en prenant le Jardin Marengo pour point de départ. Les premiers travaux d'approche se font alors à travers les allées sablées qui séparent les corbeilles de fleurs et le gazon des parterres ; on arrive ensuite à un long escalier, aux derniers degrés duquel on s'engage, entre des murs d'abord (1), puis entre de chétives masures et d'invraisemblables échoppes, dans une série de ruelles qui, tous les dix pas, font soudain un angle et prennent une orientation nouvelle. Peu-à-peu, l'on arrive ainsi au cœur de la place, où grouille, enhaillonnée, la foule la plus bigarrée, la plus remuante, et, si j'ose dire, la plus « sensationnelle », qui se puisse voir. Elle respecte, sans doute, l'étranger ; mais il est clair que tous les yeux sont braqués sur lui, qu'ils épient ses pas et contrôlent ses démarches, et que, s'il s'avisait de commettre la moindre indiscrétion, mille bras se lèveraient pour lui faire aussitôt expier son

---

(1) C'est au dernier tournant de cette rampe que se trouve la fameuse Mosquée d'Abd-er-Rahman-et-Tçalbi, dont l'accès est permis aux Européens, trois fois par semaine, et qui est curieuse à ce double point de vue qu'elle est l'un des plus anciens édifices religieux d'Alger, et que, pavée de tombeaux de Musulmans illustres, elle offre tout l'intérêt d'une sorte de nécropole historique.

audace. On traverse donc, d'un pas rapide, et en affectant un calme indifférent qu'on est loin d'avoir, les groupes innombrables d'indigènes qui, là-haut, semblent être si bien *chez eux*; et, vite, on dévale, par n'importe quelle issue, aux quartiers inférieurs, où la sécurité du moins regagne tout ce que peut perdre la couleur locale.

Parmi les autres « curiosités », ou « attractions » d'Alger, il y a lieu de signaler la « Grande Mosquée », qui est le plus ancien monument religieux de la ville, et la « Porte d'Isly », au-delà de laquelle s'épanouit, avec une prospérité chaque jour croissante, l'ancien faubourg, actuellement commune, de Mustapha. La Grande Mosquée est située tout près de la Place du Gouvernement et de la Mosquée de la Pêcherie. Construite vers la fin du $X^e$ siècle, elle se développe sur un espace, relativement considérable, de deux mille mètres carrés. Sa principale façade est remarquable par une galerie d'arcades gracieuses, reposant sur des colonnes de marbre blanc, et encadrant, au centre, une fontaine décorative, distincte, on le devine, de l'inévitable fontaine aux ablutions, qui se trouve à un angle de la cour. Quant à la Porte d'Isly, percée au travers de l'enceinte bastionnée dont nous entourâmes Alger, au surlendemain de la conquête, elle donne, par l'épaisseur de ses murailles, une idée assez juste des travaux de circonvallation qui furent faits alors pour protéger la ville, que les vieux remparts turcs étaient désormais impuissants à défendre.

FIG. 30. — La rue Randon.

Il s'agissait, à cette époque, de rendre la place imprenable; et c'est pourquoi on l'enserra dans une cotte de mailles. Mais on comptait sans sa prospérité prochaine.

Bientôt vint un jour où, riche de sève et incapable d'abriter toute sa population, Alger moderne fit craquer la rude cotte d'armes, et, par-delà les remparts, laissa se répandre sa vie surabondante. La Porte d'Isly est donc destinée à disparaître, comme l'enceinte bastionnée elle-même, déjà profondément entamée. Il n'est pas jusqu'aux forts, qui furent construits aux alentours de 1840,

Fig. 31. — Une rue de la ville haute.

dont la destinée, aujourd'hui, ne semble précaire. Ils avaient pour but d'éloigner l'ennemi de la place, en cas de siège ; et, à cette date, ils étaient là, en effet, comme autant de sentinelles avancées, qui en défendaient l'approche. Mais, à mesure que la grande ville s'extravase au dehors et que, autour d'eux, elle éparpille ses maisons ouvrières et ses villas de plaisance, il est bien évident qu'ils sont de moins en moins en situation de remplir le but pour lequel ils ont été construits : encore un quart de siècle, et, du train dont on marche, chacune de ces forteresses d'*avant-garde* sera devenue une citadelle *intérieure*, ou quelque chose d'équivalent.

De ce phénomène consolant d'expansion, l'on peut, entre plusieurs autres, fournir deux explications, qui paraîtront décisives. La première, c'est que, sous la domination française, Alger a pris, en retrouvant une sécurité inconnue depuis des siècles, un développement commercial extraordinaire : on s'en rend compte, en voyant l'extrême animation de son port, l'activité de ses magasins, et la fièvre de ses rues. La seconde, c'est que, ville d'*affaires* Alger est, de surcroît, la ville attrayante par excellence. Pendant l'été, la chaleur, quelque torride qu'elle soit, à

certains jours, y est sans cesse tempérée par la brise de
mer; au surplus, la fraîcheur délicieuse des soirées y fait
vite oublier les quelques heures d'ardeurs tropicales. Et,
quand vient, en nos climats, la mauvaise saison, la clé-
mence du ciel jointe à la magnificence du site en fait, pour
une innombrable clientèle de malades, de gens frileux, ou,
plus simplement, de dilettantes et de riches désœuvrés, la
*station hibernale*, dont on caresse l'idéale vision dans ses
rêves. Aussi, dès la fin de novembre, quelques semaines
seulement après la mélancolique envolée des hirondelles,
on y accourt, par joyeux essaims, planter sa tente : c'est
moins loin que le Caire; et les Anglais, moins nombreux,
y ont le verbe moins haut. Et puis, Alger, la ville enchanteresse et hospitalière, n'est-ce donc pas toujours la douce
France?...

## CHAPITRE VII

#### EXCURSIONS AUTOUR D'ALGER

OUR explorer, d'une façon un peu complète, la zone Algérienne proprement dite, il faudrait, non pas seulement une série de jours, ni même quelques semaines, mais des mois. L'intérêt de ce voyage serait extrême. Malheureusement, ils sont rares, les privilégiés du sort, qui jouissent de semblables loisirs. Talonné par ses occupations, le pauvre touriste, qui a pu cependant se ménager quelques vacances, est contraint d'aller au plus pressé, et de choisir : ce choix, du moins, il le fait dans l'excellent ; et j'en vais fournir la preuve. Un jour, par exemple, c'est, aux portes de la ville, à Saint-Eugène, qu'il dirige ses pas ; le lendemain, allongeant l'enjambée, il pousse une pointe jusqu'à Staouéli ; puis, si peu qu'il dispose de quarante-huit heures de liberté, il s'envole jusqu'à Fort-National, pour y prendre, par une échappée rapide, une vision au moins de la Kabylie. Il n'a point, certes, tout vu ; mais il a vu pourtant assez, pour se faire une idée exacte du pays, et pouvoir en parler en connaissance de cause.

L'excursion à Saint-Eugène et au sanctuaire vénéré de Notre-Dame d'Afrique est une simple promenade, mais d'un charme intense, et dont le délicieux souvenir jamais plus ne s'efface. Le tram à vapeur, où l'on s'engouffre, sur la place Bab-el-Oued, suit la route poudreuse et accidentée, ouverte entre les pentes du Sahel, en côtoyant la baie, et dépose le voyageur vers le milieu de la petite ville de Saint-Eugène. Là, pédestrement, on s'achemine vers le sommet de la colline où s'élève, à droite, le Petit Séminaire Notre-Dame-Saint-Louis ; à gauche, et séparée de lui par le large ravin de la Vallée-des-consuls, la Basilique Notre-Dame d'Afrique. Il est rare que, chemin faisant, on ne soit point accosté par un des mille petits marchands de couffes (FIG. 32), qui pullulent, à Alger comme à Tunis, et qui, les cheveux courts, le regard éveillé et intelligent, la physionomie avenante, et, sur leurs lèvres, le gracieux sourire de leurs douze ans, se chargent allègrement de vous servir de guide, si déjà vous n'êtes devenu leur client, en les allégeant d'un de leurs paniers. Avec eux, ou sans eux, vous accédez ainsi au jardinet qui s'ouvre derrière la grille d'honneur du Petit Séminaire. Au discret coup de cloche que vous donnez, en pénétrant, accourt le concierge, qui, fort obséquieusement, vous fait les honneurs de la maison, vous en montre les salles et les cours (1), et vous conduit sur la terrasse célèbre où fut jouée, jadis, la fameuse *Marseillaise* qui, si promptement, traversa la mer, et, si bruyamment, fit son tour de France. Puis, pour pousser jusqu'au bout la courtoisie, à travers les allées ombreuses du parc, le même personnage vous accompagne jusqu'à la route qui conduit, sur la hauteur, au sanctuaire de la Vierge, dont, du doigt, il vous indique exactement la direction.

Et vous voilà cheminant, sous la ramure des palmiers

---

(1) Mgr Dusserre, le regretté Archevêque d'Alger, mort il y a quelques mois, préférait, au somptueux Palais archiépiscopal de la Place Malakoff (Voir, ci-dessus, page 150), la résidence, plus modeste, mais plus intime, et, en un certain sens, plus vivante, du Petit Séminaire, où il avait ses appartements. Le digne et excellent Prélat aimait en effet à vivre dans le voisinage journalier des élèves, qu'il traitait comme ses fils, et qu'il appelait ses *chers enfants* : on eût dit que, au contact du « feu dévorant » de cette ardente jeunesse, comme parle Bossuet, il ne s'apercevait plus de la fuite des ans, et qu'il sentait moins vive l'atteinte des infirmités de l'âge. Aussi, sa fin si rapide a-t-elle laissé, à Saint-Eugène, un vide douloureux et profond.

et des eucalyptus, vers la Basilique riante, où trône, maternellement douce, l'image de Celle, dont, tout autour, des milliers d'ex-voto rappellent éloquemment les insignes faveurs, et disent bien haut la gloire du pèlerinage. Il ne date pourtant que d'hier ; et ses débuts ne laissent pas d'offrir d'assez frappantes analogies avec ceux d'une Œuvre catholique, admirable entre toutes, celle de la Propagation de la Foi. De même, en effet, que celle-ci a eu, pour première et irrécusable fondatrice, la grande Lyonnaise Pauline-Marie Jaricot, l'idéale martyre de la cause ouvrière (1); ainsi, le culte de Notre-Dame, aux rives africaines, a eu, pour premières promotrices, deux humbles filles, Agarithe Berger et Anna Cinquin, qui, de leurs mains pieuses et filiales, déposèrent, au pied d'un olivier, dans le ravin de la Vallée-des-Consuls, une petite statue de la Vierge, devant laquelle, à leur suite, on prit la sainte habitude de venir dévotement prier. A son arrivée à Alger, Mgr Pavy comprit, tout de suite, que, à l'exemple de son Maître, il ne devait rien détruire, mais achever ce qui existait déjà, et faire effort pour le perfectionner. Il donna donc, au pèlerinage naissant et déjà riche de promesses, ses encouragements et son approbation.

Fig. 32.
Marchand de couffes.

(1) Je voudrais avoir cent voix pour crier, ici, que Pauline Jaricot est bien vraiment la *seule Fondatrice authentique* de l'Œuvre de la Propagation de la Foi. On ne voit point, en effet, sans une profonde tristesse, les Membres du Conseil central de la Propagation de la Foi, tant à Paris qu'à Lyon, s'obstiner à disputer ce titre à l'admirable fille, et, sans plus de modestie que de raison, se l'arroger. On s'étonne, à bon droit, en voyant des hommes, d'ailleurs éminents par leur piété comme par leur dévouement et leur zèle, ne pas s'aviser qu'ils travailleraient beaucoup plus utilement à leur propre gloire, s'ils s'avouaient qu'ils ne sont que les simples continuateurs de l'Œuvre inventée, entreprise, et « lancée » par Pauline Jaricot. Il y a,

Puis, comme il le voyait grandir et rayonner, chaque jour davantage, sur l'un des contreforts du Bou-Zaréa, la montagne voisine, il fit élever, dans l'été de 1857, une chapelle (1), dont il confia la garde à douze Pères Prémontrés. Mais ce modeste sanctuaire n'était, pour ainsi parler, que la « pierre d'attente » de la Basilique future. Mgr Pavy confia la construction de cette dernière à l'architecte diocésain, M. Fromageau ; et, sans perdre de temps, le 2 février 1858, à la clarté symbolique des cierges de la Chandeleur, il en posa solennellement la première pierre. Le plan est celui d'une croix latine (Fig. 33). Au-dessus de l'abside, s'élève un clocher carré à deux étages, en forme de minaret ; puis, adjacents au clocher, se développent, en spirale, des murs demi-sphériques, couronnés de demi-coupoles, alternés par des clochetons, dominés enfin par un dôme, qu'une colonnade décore, à mi-hauteur, et que termine une croix. A la naissance du toit, court une frise décorée de sujets multicolores sur carreaux vernissés, dont l'effet est fort joli. A l'intérieur, le regard est attiré, dès l'entrée, par l'inscription monumentale qui se détache en relief, au fond de l'abside, sur la blancheur des murs :

Notre-Dame d'Afrique<br>Priez pour nous et pour les Musulmans

Le transept est figuré par le chœur et les deux absides latérales. Le maître-autel, au centre du sanctuaire, est

---

de ce chef, une confusion pénible, douloureuse même, qui ne peut pas cependant indéfiniment persister. Et, comme il importa, en tout temps, de rendre à César ce qui appartient à César et à Dieu ce qui appartient à Dieu, on doit souhaiter qu'une prompte et définitive décision de l'Autorité ecclésiastique intervienne, pour faire, là-dessus, la pleine lumière, et replacer, par conséquent, sur son piédestal, la vaillante et généreuse Fondatrice, que jamais de pareilles mains n'auraient dû, ce semble, chercher à en faire descendre. — Cf., sur cette question : J. Maurin, *Cœur d'apôtre et de mère*, 1 vol. in-8°, illustré. 1897. Lyon, librairie E. Vitte.

(1) La Chapelle provisoire fut construite, comme la Basilique elle-même, dans le style roman : on y voit le tombeau d'Agarithe Berger. Dès le premier jour, le courant populaire se dirigea vers l'humble édifice ; et, depuis lors, chaque paroisse d'Alger y conduit processionnellement les enfants de la première communion, pour les consacrer à la sainte Vierge.

dominé par la coupole ; et, à l'arrière du tabernacle, se dresse, les bras tendus vers le peuple, la Vierge noire, aux pieds de laquelle se lisent, inscrits sur le socle, ces deux mots : AFRORUM DOMINA. Tout autour, accrochée aux parois des murailles de la nef, c'est une prodigieuse tapisserie d'*ex voto*, où se confondent les béquilles, les épées, les plaques commémoratives, les bateaux liliputiens, et, en nombre incalculable, suspendues à leur ruban rouge, les croix des braves : on voit donc là, écrite, année par année, et ligne par ligne, la touchante et réaliste histoire de la reconnaissance des obligés de Notre-Dame. Aussi, ne faut-il point s'étonner que, à toute heure du jour, des légions de pèlerins viennent s'édifier à la relire, et solliciter, à leur tour, les faveurs de la bienfaisante « Souveraine des Africains ». Du haut de la colline qui surplombe le port et la rade, Marie, en effet, attire à elle des multitudes de cœurs affligés ; des mères chrétiennes, qui veulent recommander leurs fils à la Mère incomparablement bonne ; des marins, à l'âme intrépide, qui se souviennent de l' « Etoile de la mer ». Une longue inscription rappelle enfin, que, commencé par Mgr Louis-Antoine Pavy, évêque d'Alger, le beau sanctuaire a été achevé, et consacré, le 2 juillet 1872, par Mgr Lavigerie, premier archevêque d'Alger, et que la Vierge noire a été solennellement couronnée, le 30 avril 1876, par Pie IX, qui, l'année précédente, avait daigné ériger la Chapelle en Basilique mineure. C'est dans son enceinte que, le 20 juin 1879, le même Prélat bénissait les épées des six jeunes et généreux

FIG. 33.— Basilique Notre-Dame d'Afrique.

volontaires qui devaient former la première phalange des « Auxiliaires armés », ou « Frères du Sahara », destinés à accompagner, dans leur difficile mission de l'Afrique équatoriale, les Pères Blancs, chargés, d'autre part, de la garde et du service du Sanctuaire.

Au sortir de la Basilique, on a, sous les yeux, le panorama le plus enchanteur : à droite, la grande ville, aux quartiers gracieusement superposés; au bas, Saint-Eugène, dominé par son cimetière ; au-delà, développant à perte de vue les replis ondoyants de sa robe bleue, la Méditerranée : et, pour éclairer ce merveilleux paysage, un ciel d'une lumière intense, d'une infinie profondeur.

Sur la terrasse voisine, encadré entre une rangée de statues, se trouve, en face de l'entrée de la Basilique, un cénotaphe, au bas duquel s'entrelacent, sculptées sur la pierre granitique, une croix et une ancre, avec cette inscription :

A

LA MÉMOIRE

DE CEUX

QUI ONT PÉRI SUR LA MER

ET ONT ÉTÉ ENSEVELIS

DANS SES FLOTS

Chaque dimanche, le clergé de la Basilique vient là, accompagné du peuple chrétien, prier pour ces pauvres oubliés : S. S. Pie IX a d'ailleurs accordé une indulgence plénière à tous les fidèles qui prennent part à cette pieuse manifestation; et le cardinal Lavigerie a attaché lui-même une indulgence de cent jours à la récitation d'un *Pater* et d'un *Ave* « pour les marins qui ont péri, ou qui se trouvent en péril de mort ». On a donc, là-haut, sur la terrasse dans la Chapelle provisoire, dans la Basilique, partout, une évocation de souvenirs singulièrement suggestifs. On sent, avec le cœur, que du fond de sa tour d'ivoire, Notre-Dame est vraiment là, comme une divine guetteuse, qui protège, bénit et réconforte; et lorsque, par les pentes abruptes du ravin, l'on redescend vers la mer, vingt fois, instinctivement, on se retourne encore vers le miraculeux Sanctuaire, pour dire un adieu, qui n'est jamais le dernier, à Celle qui en est la Reine bien-aimée et qui y prodigue si magnifiquement ses bienfaits.

L'excursion à STAOUÉLI présente un très captivant mélange de souvenirs religieux et de souvenirs de gloire. C'est tout près de là, en effet, à Sidi-Ferruch, que la France, indignée de l'insulte faite à son Consul par le Dey Hussein, vint, nous l'avons vu, les armes à la main, lui en demender réparation. Sur la porte monumentale du nouveau fort de Sidi-Ferruch, une inscription, dominée par des trophées, rappelle, dans son énergique concision, la mémoire et le but de l'expédition de 1830 : ICI, dit le texte,

> ICI, LE XIV JUIN MDCCCXXX
> PAR ORDRE DU ROI CHARLES X,
> SOUS LE COM. DU G. DE BOURMONT,
> L'ARMÉE FRANÇAISE VINT ARBORER SES DRAPEAUX,
> RENDRE LA LIBERTÉ AUX MERS,
> DONNER L'ALGÉRIE A LA FRANCE.

Mais c'est là tout l'intérêt de Sidi-Ferruch. A Staouéli, au contraire, les Trappistes ont ajouté des pages brillantes à l'héroïque page qu'avaient déjà, à l'encre rouge, écrite nos soldats. On peut s'y rendre, prosaïquement, par la voiture publique qui, chaque jour, fait le service d'Alger à la Trappe. Mais la course n'a tout son charme qu'à la condition d'être faite, à loisir et au gré de la fantaisie, avec une

FIG. 34. — Village kabyle.

voiture particulière : on prend alors, selon l'humeur du moment, par le plus long ou par le plus court; on brûle les étapes, ou l'on fait halte aux villages intermédiaires ; et, à Staouéli même, on flâne ou l'on se hâte, dans la visite du couvent : malgré les apparences contraires, c'est donc tout bénéfice.

La colonie agricole de Staouéli fut fondée par les P. Trappistes, en vertu d'un arrêté du 11 juillet 1843 ; par conséquent, treize ans après la bataille sanglante qui avait frayé à nos troupes la route d'Alger. Le plateau qu'elle occupe, à quelques kilomètres de la mer, était, de temps immémorial, fréquenté par les bergers arabes, à cause de ses sources et de sa belle végétation. Le commandant Boutin, qui l'avait exploré en 1808, et qui les y avait trouvés campés, l'avait appelé le « Plateau des tentes ». Les Pères, après en avoir pris possession, y construisirent l'Abbaye, bâtisse trapue et sans recherche d'élégance, où tout est réduit au plus strict nécessaire, et qui peut abriter jusqu'à cent cinquante religieux. Ils vivent là de leur vie d'abnégation, de travail et de prière, fermés aux bruits et agitations du dehors, lisant à livre ouvert le grand livre de la nature, c'est-à-dire, de l'œuvre de Dieu, et dirigeant, d'une main à la fois douce et ferme, toute une colonie d'ouvriers essaimés dans les dépendances du monastère. Elles forment en effet comme un hameau, tant elles se ramifient nombreuses, ici, avec la ferme au matériel immense ; là, avec le moulin à farine ; plus loin, avec les ateliers, et les écuries des troupeaux. Tout autour, à perte de vue, s'étendent les terrains d'exploitation, vignobles, vergers, prairies, champs de blé, et autres cultures, où chacun a sa tâche marquée qu'il exécute avec la ponctualité la plus admirable : aux ordres venus d'en haut et toujours respectés, tous les bras se meuvent, sans cris, sans discussions, sans murmures ; c'est l'activité fiévreuse, dans la plus parfaite obéissance. Aussi, dans cette aimable république, dont le Révérendissime Père Abbé est le président, la paix règne-t-elle, féconde autant que suave : on en a partout l'impression pénétrante ; et l'on envie le bonheur de toutes ces âmes dociles, qui semblent ignorer nos âpres compétitions et planer, sereines et joyeuses, au-dessus de nos misères.

A Staouéli, comme partout où il en existe, la Trappe
est la Providence du pays : son action rayonne sur tout
le voisinage. A l'exemple des Pères, les colons de toute
cette zone font effort pour obtenir de la terre son maximum
de fécondité et aboutir à de brillantes récoltes. Dans la
région de l'est, au contraire, dès qu'on a dépassé Tizi-
ouzou et Fort-National, il y a comme un changement à
vue dans le décor. Plus de culture, ou si peu; plus d'entraînement au travail; plus de préocupation du lendemain : c'est à quelques rares exceptions près, la vie au
jour le jour, immobilisée extérieurement dans l'indiffé-
rence, avec l'unique souci de réussir à ne point mourir de
faim; mais, d'autant plus inquiétante que, si les mains
restent inertes, les imaginations, en revanche, chevauchent
sans cesse, et que, dans des tribus qui n'ont pas encore
oublié leurs défaites, il y a toujours, comme l'étincelle qui
couve sous la cendre, un foyer latent d'insurrection. La
Kabylie, sous ce rapport, est extrêmement curieuse au
moins à entrevoir. Avec ses hautes montagnes, ses torrents,
ses vallées qui s'enchevêtrent, et ses inombrables villages
perchés sur chaque promontoire, le pays se prête extraor-
dinairement à des combats de guérillas, et entretient,
comme fatalement, parmi les tribus qui l'habitent, le sentiment de l'opposition et de la résistance. En 1848, alors
que l'Algérie pouvait être considérée comme domptée, la
montagneuse région du Tell échappait encore, avec la
zone lointaine du Sahara, à la conquête. Vingt fois con-
traintes de faire leur soumission, les tribus kabyles vingt
fois se révoltèrent. Et aujourd'hui encore, malgré l'imposante citadelle et les bastions de *Fort-National*, qui commande le respect, on sent très bien qu'il faudra du temps,
beaucoup de temps, avant de pouvoir compter sur la fidé-
lité absolue des peuplades indigènes du voisinage. Là, si
l'on excepte deux ou trois bourgs de la tribu des Beni-
Yenni, Hal-en-Hassen et Taourit-Minoun, par exemple,
dont la population totale atteint presque 7.000 habitants,
tous les villages kabyles se ressemblent (Fig. 34); et, qui
en a vu et visité un, les connaît tous. Uniformément

accrochés à une crête qu'ils couronnent, ils y ont eté piqués manifestement avec des préocupations belliqueuses, pour permettre aux habitants d'avoir toujours l'œil au guet et d'observer ce qui se passe sur chaque versant. On y accède par de vrais sentiers de chèvres, pratiqués dans le roc vif. Au bas, croissent les arbres fruitiers, et pousse, en toute liberté, la vigne aux grappes vermeilles. L'aspect de ces villages, aperçus à distance, ne manque donc point de pitttoresque : campés fièrement sur les pics, ils dressent, au-dessus d'une oasis de verdure, le massif de pierres de leurs habitations. Celles-ci, d'ailleurs, semblent toutes construites sur un même type ; grandes ou petites, selon les ressources du propriétaire, mais généralement surbaissées, sous leur toit de tuiles rouges, enfumées, malpropres, avec leurs fenêtres étroites et leur unique porte, et présentant presque toutes la même disposition intérieure, les mêmes habitudes dans l'ameublement. Ajoutez à cela, dans chaque village, deux indispensables monuments publics : l'hôtel-de-ville (djema), où trône l'iman, et la mosquée, au minaret carré ; et vous aurez à peu près la physionomie complète d'un village kabyle. Il y donc là une note à part ; et cela aussi vaut la peine d'être vu.

## CHAPITRE VIII

DANS LA PROVINCE D'ALGER. — BLIDA. — LA GOUATE.

---

PRÈS Constantine, Alger ; après Alger, Oran : ce sont les trois étapes réglementaires et consacrées d'un voyage en Algérie, quand on commence ce voyage par une exploration en Tunisie. Mais, pour fournir ces étapes, il n'est pas défendu, et il est même recommandé, de prendre le chemin de l'école, c'est-à-dire, de battre les buissons, à droite, à gauche, un peu dans tous les sens, afin d'élargir le cadre du parcours et de permettre de faire, avec le pays, une moins imparfaite connaissance. Ces courses en tirailleur sont, du reste, pleines de charme et, parfois, d'imprévu : elles font paraître moins longue une route qui l'est, en maint cas, démesurément ; et, en permettant au touriste de pénétrer plus avant dans notre colonie, elles lui ménagent certaines découvertes, dont la visite exclusive des grandes cités ne lui eût peut-être jamais offert la bonne fortune.

C'est vers BLIDA que, au sortir d'Alger, je me dirigeai tout d'abord. Nous avions fait une douzaine de kilomètres hors de la ville, lorsque, après la Maison-Carrée, nous pénétrâmes dans la plaine féconde de la Mitidja, qu'entoure, ainsi qu'une ceinture, un vaste amphithéâtre de hautes montagnes : ici, la culture est en grand honneur ;

ce ne sont que vergers, métairies, villages, dont l'air de prospérité et de bien-être réjouit agréablement les yeux. Plus loin, à Bou-Farik, s'éveille, en la mémoire, au seul appel de ce nom, tout un essaim d'héroïques souvenirs. Ils ont été fixés, dans un émouvant récit, par M. de Castellane, à qui j'emprunte cette page, qu'on croirait détachée d'une sublime épopée guerrière : « Le 11 avril 1841, dit-il, la correspondance d'Alger partit de Bou-Farik, sous l'escorte d'un brigadier et de quatre chasseurs d'Afrique. Le sergent Blandan (1), seize hommes d'infanterie du 26e régiment de ligne, rejoignant leur corps, et le sous-aide Ducrot faisaient route avec eux. Ils cheminaient tranquillement, sans avoir aperçu un Arabe, quand, tout à coup, du ravin qui précède Beni-Mered, trois cents cavaliers s'élancèrent sur la petite troupe. Le chef courut au sergent, et lui cria de se rendre. Un coup de fusil fut sa réponse ; et, se formant en carré, nos hommes firent tête à l'ennemi. Les balles les couchaient à terre un à un ; les survivants se serraient, sans perdre courage. « Défendez-vous jusqu'à la mort ! » s'écria le sergent, en recevant un coup de feu ; « Face à l'ennemi ! » Et il tomba, aux pieds de ses compagnons. De vingt-trois hommes, il en restait encore cinq, couvrant de leurs corps le dépôt qui leur était confié, quand un bruit de chevaux, lancés au grand galop, réveilla leur ardeur. Bientôt, d'une nuée de poussière, sortirent des cavaliers qui, se précipitant sur les Arabes, les mirent en fuite. C'étaient Jean de Breteuil et ses chasseurs. A Bou-Farik, il faisait conduire les chevaux à l'abreuvoir, lorsqu'on entendit la fusillade. Aussitôt, ne laissant à ses hommes que le temps de prendre leurs sabres, M. de Breteuil partit, à fond de train, suivi de ses chasseurs montés au hasard. Le premier, il se jeta dans la bagarre ; et, grâce à sa rapide énergie, il sauva ces martyrs de l'honneur militaire. Aussi, le sauveur fut-il compris dans la récompense glorieuse : la même Ordon-

---

(1) Le nom du courageux sergent a été donné, ces dernières années, à une rue de Lyon, dans la zone du quartier Saint-Vincent.

nance nomma membres de la Légion d'honneur M. de Breteuil et les cinq compagnons de Blandan. »

A travers des forêts d'orangers, vrai jardin d'Armide où les arbres ploient sous le poids des fruits d'or, on atteint bientôt Blida, surnommée à juste titre Blida-*la-Mandarine*. La ville actuelle date seulement de ce siècle. Elle fut construite, de toutes pièces, sur l'emplacement qu'elle occupe aujourd'hui, après le tremblement de terre qui détruisit de fond en comble, le 2 mars 1825 (1), l'ancienne Blida, bâtie par les Turcs, au XVIe siècle, à deux kilomètres de Blida contemporaine. Hormis les indigènes qui, là, comme partout en Algérie, y abondent, la ville n'a donc à peu près rien d'arabe : c'est une cité moderne, avec des rues droites et larges, de grandes places, de vastes casernes, des portes, et, pour ménager

Fig. 35. — Blida. Marabout du Bois sacré.

cependant à travers tout cela un peu de couleur locale, des allées d'orangers et des forêts de palmiers. Blida est en effet le pays de cocagne de l'orange, de la mandarine, du citron, qu'elle expédie, chaque année, par monceaux de caisses, à tous les marchés de France et de Navarre, où ils sont au moins aussi appréciés que les produits similaires qui nous viennent de l'Espagne : aussi, les orangeries de la ville sont-elles une des principales curiosités du pays. Le Jardin Bizot, qu'on croirait avoir été dessiné par Le Nôtre, en est une seconde, avec sa riche pépinière adjacente de palmiers. Mais en voici une troisième, dès qu'on

(1) Détail curieux : Blida a été de nouveau saccagée par un tremblement de terre, en 1867, le même mois et le même jour qu'en 1825 (2 mars).

sort de Blida : c'est le Jardin des Oliviers ; puis, au-delà, le célèbre Bois sacré, planté, lui, d'oliviers séculaires, et qui abrite, sous la ramure paisible de ses arbres, le tombeau de Sidi-Yakoub (Fig. 35). Cet illustre inconnu fut l'un des premiers habitants de Blida, à l'époque de la fondation, vers 1535 : ses restes reposent sous une élégante koubba, formée d'un cube en maçonnerie, terminée en coupole, avec, à l'avant, une sorte de niche, destinée à recevoir des cierges, sinon même les offrandes des « croyants ».

Plus loin, ce sont les Gorges célèbres de la Chiffa, qui attirent, à leur tour. Leur nom est fameux dans nos annales militaires. Mais à défaut des glorieux souvenirs de la conquête, il y aurait ici plus de pittoresque qu'il n'est besoin pour séduire cent fois le visiteur. La nature y a semé, à pleines mains, la magnificence de ses chefs-d'œuvre. Tantôt on chemine sous des tunnels, ou dans des tranchées ; tantôt, on côtoie un torrent, au courant terrible ; tantôt enfin, le site s'élargit, et l'on a, sous les yeux, l'ensemble du panorama ; mais, ici ou là, l'impression est également grandiose, et l'on admire pareillement la main toute-puissante du Créateur. Ces gorges sont, d'emblée, les plus belles de l'Algérie, après celles de Palestro, à l'est d'Alger, et celles de Chabet-el-Akra, sur la route de Constantine à Bougie.

Un petit chemin de fer des familles conduit, de Blida à Berroughaia, en quelques heures. Là, si l'on n'est point trop réfractaire à la locomotion en diligence, on se décide à faire, par la vallée du Chélif, l'excursion pittoresque de LA GOUATE. E. Fromentin a donné, de cette vallée, une description brillante, dans un livre (1) où abondent les belles pages et dont la publication n'a pas nui à la réputation de l'artiste : « Cette vallée, dit-il, ou plutôt, cette plaine inégale et caillouteuse, coupée de monticules et ravinée par le Chélif, est à coup sûr un des pays les plus surprenants qu'on puisse voir. Je n'en connais pas de plus

---

(1) E. FROMENTIN, *Un été dans le Sahara.*

singulièrement construit, de plus fortement caractérisé ;
et, même après Boghari (1), c'est un spectacle à ne jamais
oublier. Imaginez un pays tout de terre et de pierres
vives, battu par des vents arides et brûlé jusqu'aux entrailles ; une terre marneuse, polie comme de la terre à poterie, presque luisante à l'œil, tant elle est nue, et qui semble, tant elle est sèche, avoir subi l'action du feu sans la moindre trace de culture, sans une herbe, sans

Fig. 36. — La Gouate. Vue générale.

un chardon ; des collines horizontales qu'on dirait aplaties
avec la main, ou découpées par une fantaisie étrange en
dentelures aiguës, formant crochet, comme des cornes
tranchantes ou des fers de faux ; au centre, d'étroites vallées, aussi propres, aussi nues, qu'une aire à battre le
grain ; quelquefois, un *morne* (2) bizarre, encore plus
désolé, si c'est possible, avec un bloc informe posé sans
adhérence au sommet, comme un aérolithe tombé là sur
un amas de silex en fusion ; et, tout cela, d'un bout à
l'autre, aussi loin que la vue peut s'étendre, ni rouge, ni
tout-à-fait jaune, ni bistré, mais exactement couleur peau
de lion. Quant au Chélif, qui, quarante lieues plus avant
dans l'ouest, devient un beau fleuve pacifique et bienfaisant, ici, c'est un ruisseau tortueux, encaissé, dont l'hiver
fait un torrent, et que les premières ardeurs de l'été épui-

(1) Boghari est une commune d'environ 3.000 habitants, à l'entrée
même de la vallée. Le « spectacle » auquel E. Fromentin fait allusion
est celui qu'offre, comme dans les villes du sud, l'animation de la
petite cité, chaque soir, grâce aux concerts des musiciens nègres et
autres réjouissances locales.

(2) Ce nom vient des Antilles, où il est employé pour désigner les
petites montagnes.

sent jusqu'à la dernière goutte. Il s'est creusé, dans la marne molle, un lit boueux qui ressemble à une tranchée; et, même au moment des plus fortes crues, il traverse, sans l'arroser, cette vallée misérable et dévorée de soif. Ses bords taillés à pic sont aussi arides que le reste : à peine y voit-on, accrochés à l'intérieur du lit et marquant le niveau des grandes eaux, quelques rares pieds de lauriers roses, poudreux, fangeux, salis, et qui expirent de chaleur au fond de cette étroite ornière, incendiée par le soleil plongeant du milieu du jour. »

Après la vallée du Chélif, on avance, moins sur une route que sur une piste, à travers le désert, en un pays de plateaux, de ravins, de sources, de puits, où, d'espace en espace, on trouve tantôt un hameau, tantôt un simple caravansérail ; et l'on arrive enfin, harrassé de fatigue, après trois jours de trajet, à La Gouate, l'une des perles du désert pour l'originalité et le pittoresque. Longtemps, elle se défendit contre la conquête : ce ne fut qu'en 1852, après un assaut terrible, qu'elle se rendit au général Pélissier. Bâtie sur deux amphithéâtres qui se font face, avec, dans les interstices des habitations, des jardins, des vergers, et des bosquets de palmiers, elle est entourée d'une enceinte où, par cinq portes, on se glisse dans ses vieilles rues et sur ses places. Un des voyageurs qui ont le mieux dépeint les pays qu'ils ont vus, Th. Gautier, le brillant auteur de *Tra los montes*, a laissé, quelque part, de La Gouate (FIG. 36), cette description vivante et colorée : « De chaque côté, dit-il, de la voie accidentée comme un lit de torrent à sec, s'élèvent des maisons, les unes en saillie, les autres en retraite ; celles-ci surplombant, celles-là se penchant en arrière et se terminant par un angle carré, sous un ciel d'un bleu intense, calciné de chaleur. Grands murs blancs, petites fenêtres noires semblables à des judas, portes basses et mystérieuses, tout un côté dans le soleil, tout un autre dans l'ombre : voilà le décor. Au premier coup d'œil, la rue paraît déserte : à l'exception d'un chien pelé, qui fuit sur les pierres brûlantes comme sur le sol d'un four, et d'une petite fille hâve se dépêchant de rentrer, quelque paquet au bras, on n'y distingue aucun être vivant. Mais, suivez, quand votre regard sera moins ébloui par la vive lumière, la tranche d'ombre bleue découpée au bas de la muraille, à droite, vous y verrez bientôt une foule de philosophes pratiques, allongés l'un à côté de l'autre, dans des poses flasques, exténuées, semblables à des cadavres enveloppés de leur suaire, qui dorment, rêvent, ou font le kief, protégés par la même bandelette bleuâtre. Lorsque le soleil gagnera du terrain, vous les verrez se lever, chancelants de somnolence, étirer leurs membres, cambrer leur poitrine avec un effort désespéré, secouer leurs draperies pour se donner de l'air, et, traînant leurs savates, aller s'établir autre part, jusqu'à ce que vienne la nuit, apportant une fraîcheur relative. »

Telle est bien en effet l'impression qu'on éprouve, à La Gouate, où l'on est, comme « torréfié » par une chaleur accablante, et où l'on se demande s'il est, en réalité, possible d'y vivre. On y vit, cependant, mais en s'entourant de précautions de toutes sortes. Grâce à elles, nos soldats casernés au Fort Bouscarin, ou à la Tour Morand, supportent assez vaillamment les étreintes de ce climat de feu, qui amollirait, si l'on ne prenait des mesures préventives, les plus robustes organismes, et finirait par les briser. Ils ont, pour l'exercice et les manœuvres, un horaire différent de celui auquel leurs camarades se plient dans les zones plus tempérées ; la plus sévère vigilance préside au choix de leur nourriture, et à l'usage de la boisson ; l'on n'exige d'eux enfin que la somme de travail qu'ils peuvent raisonnablement fournir ; moyen-

Fig. 37.— La Gouate. Cavaliers spahis.

nant quoi, ils résistent à la fatigue et sont toujours prêts à défendre le drapeau de la France. C'est dans ce cadre à souhait, sous la lumière intense, qu'il faut voir évoluer, avec leur brillant costume, nos régiments de Spahis (Fig. 37) : nulle part, mieux qu'à La Gouate, la cavalerie légère ne semble parfaitement à sa place, soit qu'elle chevauche sous les palmiers, soit qu'elle marche, en longue file, sur la route de l'oasis voisine, où fruits et céréales poussent à l'envi, avec la plus merveilleuse fécondité; elle anime et embellit le paysage; et à la voir défiler, si généreuse, si crânement insouciante de tout, excepté du devoir, on aime à saluer, en elle, l'image de la France, qui passe !

# CHAPITRE IX

### ORAN, ET L'ORANAIS

ans la Province d'Oran, comme dans celles d'Alger et de Constantine, nous allons continuer à faire l'école buissonnière. A droite, à gauche, un peu partout, il est bon de s'éloigner parfois de la grande route, si peu qu'on ait la curiosité de connaître moins imparfaitement le pays.

C'est au Merdja, à 243 kilomètres d'Alger, qu'on pénètre dans l'Oranais, entre les roches grises de hautes collines, au bas desquelles se profilent les tranchées des pittoresques ravins qui abondent dans la zône du Chélif. Bientôt on arrive à Relizane, petite ville dont l'unique importance relève de ses voies de bifurcation et de son marché hebdomadaire. Prenant alors la direction nord-ouest, on monte, pendant près de trois heures, pour atteindre, après avoir traversé la riche « Vallée des Jardins », la place plus importante de MOSTAGANEM. Chemin faisant, on a tout loisir d'admirer la nature du sol qui, fertile en contrastes, ménage, à côté des abîmes, la vue gracieuse des bois d'oliviers, des forêts de pins et de tuyas, et des vergers les plus plantureux.

A un kilomètre de la mer, sur une côte qui porte encore les traces de terribles bouleversements, se dresse, coupée en deux par le ravin au fond duquel l'Aïn Sefra roule en serpentant ses eaux furieuses, la ville fortifiée de Mostaganem. Moins de dix ans après sa conquête par le général Desmichels (1833), le Gouvernement français la faisait entourer d'un mur d'enceinte crénelé, au travers duquel le libre accès de la cité était ménagé par cinq portes. Celle de *Maskara* (Fig. 38) est, de toutes, la plus intéressante. Elle introduit dans Mostaganem par le sud, et l'on prend tout de suite plaisir à visiter une ville qui, bien que modeste comme chiffre de population (1), a fort bon air. Elle doit à ses rues, à ses places, et à quelques monuments, sa physionomie distinguée. Voulus ou accidentels, les contrastes en effet y abondent : ici, c'est la « Rue des jardins », dont le nom dit assez le genre de caractère; là, l' « Avenue du 1$^{er}$ de Ligne », avec ses opulentes plantations d'arbres et son allure de boulevard; plus loin, c'est l'enfilade des arcades de la « Rue de la République ». Puis, ce sont les Places, notamment, la « Place des cigognes », ouverte sur le terrain d'une ancienne forteresse turque et de ses dépendances, et, surtout, la « Place de la République », dont deux des faces parallèles sont dessinées par les arcades de belles maisons modernes, tandis que, sur les deux autres côtés, la cathédrale et le palais des postes et télégraphes étendent respectivement leurs lignes imposantes. Viennent enfin, pour compléter le panorama, quelques édifices isolés, les uns religieux, comme la Mosquée, qu'on croirait accrochée aux remparts qui dominent l'Aïn Sefra; les autres, civils, comme le coquet hôtel de la sous-préfecture, ou la mystérieuse et sévère « Maison du Caïd » (Fig. 39); d'autres, militaires, comme, dans le quartier de Matmore, à l'orient de Mostaganem, la grande caserne d'infanterie, l'hôpital, et le beau Fort de l'est. A l'extrémité opposée, et par-delà le mur d'enceinte, s'essaiment les habitations du quartier de la « Marine », où s'accusent, en une vigoureuse saillie, les Magasins du port et les bâtiments de la Douane. C'est la zône de l'avenir. Au temps de la domination romaine, il y avait là le port de Murustaga. D'affreux tremblements

---

(1) Mostaganem n'a guère plus de 15.000 habitants.

de terre le détruisirent de fond en comble, vers 265 après J.-C., et laissèrent sur le sol les traces éternelles des convulsions qu'ils lui firent subir. Depuis, aucune tentative ne fut faite, même au temps des Turcs, pour en doter à nouveau Mostaganem. Mais, aujourd'hui, outre qu'il existe une jetée puissante de plus de cent mètres, et que l'on doit pro-

FIG. 38.— MOSTAGANEM. La Porte de Maskara.

longer encore, il y a un « projet » de port, qui sera prochainement exécuté. Et ainsi, grâce, d'une part, au cours pittoresque de l'Aïn Sefra; de l'autre, au fourmillement des maisons blanches qui, aux alentours de la ville (FIG. 40), se détachent sur le fond vert des cactus, Mostaganem, avec ses jolies rues, ses places animées, et sa population panachée de Français, d'Arabes, et de militaires, forme un ensemble à souhait pour se délasser, pendant quelques heures : si rapide qu'en soit la vision, elle prépare bien, et agréablement, à la visite de la capitale même de la province.

Encore une étape, et nous y touchons.

FIG. 39.— MOSTAGANEM. Maison du Caïd.

Il faut en effet, pour n'avoir point trop à revenir sur ses pas, faire halte à Perrégaux, — lorsqu'on va de Relizane à Oran, — si l'on est curieux de pousser une pointe dans le centre de l'Oranais. Il y a là, à Maskara, un but d'exploration tout indiqué, et vers lequel tout sollicite : les souvenirs militaires, comme le charme de la région et la situation pittoresque de cette petite place forte. C'est à Maskara, l'on s'en souvient, qu'Abd-el-Kader, reconnu par les Arabes « émir des croyants », avait établi le centre de sa puissance. Pendant neuf ans (1832-1841), il s'y appuya pour paralyser l'œuvre de notre conquête, fuyant dans le désert à l'approche de nos colonnes, et réapparaissant dès que nos troupes s'étaient retirées. Ce ne fut qu'à la fin de mai 1841 que le maréchal Bugeaud prit définitivement la ville et y établit un camp retranché. Maskara, comme nombre d'autres places algériennes, est construite sur deux mamelons, que sépare un « oued », coulant au fond d'un ravin. Enserrée entre d'énormes remparts, elle ressemblerait plutôt à une citadelle immense qu'à une ville, si, à ses pieds, ne s'étalait la verdoyante terrasse du Chareb-er-Rih, et si les luxueuses plantations de son vaste Jardin public ne lui faisaient, au-dedans, avec les arbres des places et des avenues, une brillante couronne de verdure. Assise à l'entrée de la plaine féconde de l'Eghris, dans un climat enchanteur, elle fait un grand commerce de vins, d'huiles et de céréales. De là, un air d'aisance et de bien-être qui, s'il s'accuse assez peu dans les vieilles constructions arabes, s'affirme à tous les yeux dans la partie moderne de la ville. Lorsque, en outre, par la Porte Bab-Ali (Fig. 41), l'on gagne les faubourgs et la campagne, on est frappé de voir combien la nature y est admirablement prodigue de ses dons. Et l'on s'applaudit, tant ici les horizons sont larges et le sol merveilleusement fécond, de s'être imposé quelques heures supplémentaires de route et de fatigue, pour voir ce coin de l'Oranais, avant de toucher barre au chef-lieu.

Avouons-le pourtant sans détour. En descendant du train, à Oran, l'on est peut-être encore plus défavorablement impressionné qu'en arrivant à la gare de Constantine : et ce n'est point peu dire. Il serait difficile d'imagi-

ner quelque chose de plus primitif, de plus misérable, et
de plus indigne d'une grande colonie française telle que
l'Algérie, que les gares de ces deux chefs-lieux. Mais, ce
qui achève de déprécier celle d'Oran, c'est que, abstraction faite de son dénument invraisemblable, elle se trouve
si haut perchée et à une telle distance de la ville, qu'on
croit positivement « débarquer » au milieu d'un désert.
Celle de Constantine, rejetée dans le bas de l'agglomération, est du moins orientée encore de telle sorte qu'on
peut « soupçonner » la ville, rien qu'à voir les lumières
qui sont piquées sur la hauteur. Ici, au contraire, on ne
voit rien, hormis la gare, qui n'est rien elle-même ; et l'on
n'entend rien, ex-
cepté les glapisse-
ments des cochers
et des voiturins,
qui, dans l'indé-
cise lumière pro-
jetée par de pâles
quinquets, s'agi-
tent sur leurs siè-
ges pour attirer
l'attention du
voyageur pressé

Fig. 40. — Environs de Mostaganem.

de s'arracher aux demi-ténèbres de cette étrange solitude.

Et l'on s'empile, en hâte, dans les victorias et les omnibus ; et, en immense file, dans un tourbillon de poussière,
on dévale, sur une route en pente, dans la direction
d'Oran, et, pour ainsi parler, à sa découverte. Cela est
long, interminablement long. N'était le plaisir de respirer
librement l'air de la campagne, après plusieurs heures
d'un trajet en chemin de fer, on serait tenté de vouer aux
dieux infernaux les maladroits ingénieurs qui ont eu l'incroyable idée de planter sur ces hauteurs, et à une telle
distance de l'agglomération, la gare d'une grande ville.

Voici cependant, à l'horizon, quelques lumières, humbles
vers luisants qui brillent aux fenêtres des premières maisons des faubourgs supérieurs. Peu-à-peu, la vie com-

mence, vie au grand air, telle qu'elle s'épanouit, le soir, en cet heureux pays, après une brûlante journée d'été. Toute la population est sur les portes, ou dans les rues, avide de humer la fraîcheur de la brise, rieuse et gazouillante comme le sont les races du midi. Au milieu des groupes pressés des promeneurs, les voiturins se fraient lentement un passage jusque vers la grande Place d'Armes, où, par l'étoile des rues qui s'y amorcent, commence la dispersion des voyageurs. La plupart s'éparpillent dans la ville neuve, construite sur la hauteur, et qu'on prendrait facilement pour une ville française; quelques autres, dont je suis, continuent à descendre vers le port : c'est là, dans la ville basse (FIG. 42), que se trouve le Grand Hôtel de Paris, où, par dépêche, j'avais retenu mon appartement. J'inscris ici : « *Grand* Hôtel », par la force de l'habitude; car m'y voilà à cent coudées au-dessous de l'Hôtel de l'Europe, par exemple, où j'habitais, à Alger. Mais, outre qu'Oran n'est pas Alger, il arrive fréquemment, en voyage, qu'on est trompé par le mirage des annonces : sur la foi de l'enseigne, j'avais cru trouver, au *Grand* Hôtel de Paris, une Maison de premier ordre ; elle est à peine de troisième.

La ville basse, qu'on appelle encore la ville « espagnole », en souvenir de la domination de l'Espagne durant trois siècles (1502-1792), a gardé, en dépit des améliorations qu'on a tenté d'y introduire depuis la conquête, un cachet ancien, qui n'est point fait pour déplaire. Elle aboutit à une vaste terrasse d'où l'on domine le Port (FIG. 43), auquel on accède, soit par des « raccourcis », soit par une route qui serpente sur un plan incliné, entre de vieilles maisons de chétive apparence. De la terrasse, on a le panorama à peu près complet de la ville basse, et de ses dépendances : en face, la « Marine »; à l'arrière, la Place de la Poissonnerie, avec sa fontaine blasonnée, et la Rue d'Orléans qui monte, en se redressant, vers les grands boulevards; à droite, la colline escarpée, sur la crête de laquelle sont piquées les premières constructions de la ville neuve ; à gauche, la montagne aride, aux flancs supérieurs de laquelle semble accroché, dominant la mer, le Sanctuaire de la Vierge, bienfaisante gardienne de la ville et providence tutélaire des matelots. Plus près, et sur le même plan, c'est, à mi-côte, avec son large escalier et ses trois arcades, la Cathédrale Saint-Louis (FIG. 44), qu'on pourra bien citer comme une église tenue irréprochable- ment, mais qui aura grand peine à prendre jamais

FIG. 41. MASKARA. Porte Bab-Ali.

rang dans la liste des monuments historiques. Au-dessus, à quelques pas de là, se développent, baignés d'air pur et de lumière, les bâtiments de l'Hôpital militaire, où, de temps à autre, les joyeuses fanfares d'une musique de zouaves viennent jeter une salutaire distraction dans la monotone distri- bution du temps d'une journée de malades. On voit tout cela avec in- térêt ; mais on le voit vite. Et, d'instinct, c'est vers la ville neuve u'on se dirige, comme c'est au milieu d'elle qu'on s'acclimate, car Oran n'est vraiment que là.

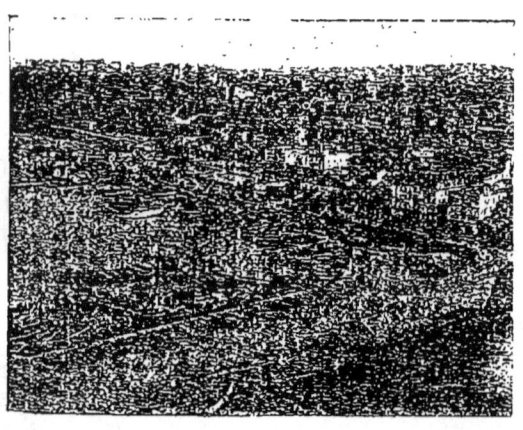

FIG. 42. — ORAN.
La ville basse, ou ville « espagnole ».

Vingt chemins y conduisent, en partant de la ville basse, depuis les escaliers étroits, roides comme des échelles, jusqu'aux larges boulevards jetés sur l'oued Rehhi, sans parler des voies intermédiaires, les unes, modestes rues montantes, les autres, simples escaliers, mais moins primitifs que les précédents, et où la pente est ingénieusement ménagée, à l'aide d'une inclinaison et de nombreux paliers de repos. La fatigue est ici en raison directe du temps que l'on consacre à cette ascension. Fort longue, si l'on suit le boulevard, elle se fait du moins sans trop de lassitude ; inversement, si l'on arrive très-vite, en grimpant par les escaliers, c'est au prix de beaucoup d'efforts : il faut, pour se livrer à ce genre d'exercice, un jarret de fer et des poumons de vingt ans. A Oran, comme à Alger, plus qu'à Alger même, on ne chemine en effet librement qu'à la condition d'avoir le pied, et, pour ainsi dire, l' « entraînement », d'un Alpiniste,

Si l'on a enfilé le boulevard, on trouve, à mi-chemin, à droite, un peu après avoir dépassé le Théâtre, un édifice aux vastes dimensions, dont l'aspect franchement arabe pique la curiosité : c'est la *Mosquée du Pacha*, avec sa belle cour à arcades (FIG. 45), son dôme, et ses pavillons. Sans dater absolument d'hier, sa construction est relativement récente : elle se rattache à l'expulsion des Espagnols, en 1792, car ce fut avec les sommes provenant du rachat des esclaves chrétiens que le pacha turc de l'époque, Baba-Hassen, en fit les frais.

Quelque route d'ailleurs qu'on ait choisie, on aboutit à la Place d'Armes, qui forme le centre de toute l'agglomération Oranaise. Sur un des côtés, à gauche, s'étend, encerclé d'une balustrade de fer, le jardin du Cercle des officiers. L'entrée, naturellement, en est interdite au public. Mais il n'est point défendu de se masser aux alentours, les soirs où, à l'occasion d'une fête, l'une des musiques de régiment donne un concert sur la terrasse du Cercle, tout embrasée du feu des lampes électriques (1). A droite, à

---

(1) Il y avait fête, au Cercle militaire d'Oran, le samedi, 25 septembre 1897, à l'occasion de la réception des nouveaux officiers ; et c'était la musique du 2ᵉ zouaves, qui en faisait les honneurs. Ce soir-là, cette excellente Société donna, sous la direction de son habile chef, M. Marin, un concert extrêmement *select*.

une autre extrémité de la même Place, se dresse un des plus beaux monuments d'Oran, le nouvel Hôtel-de-ville, à l'escalier grandiose accosté de deux beaux lions en bronze, aux riches colonnes en onyx, et aux salles somptueuses. Sur le troisième côté se profilent des rues parallèles, où, dans de sordides chaumières badigeonnées, avec, sur les murs extérieurs, des « mains », peinturlurées en rouge ou en jaune (1), se trouve groupée une partie de la population juive et de la race indigène. Sur le quatrième, au contraire, s'ouvre, déjà prospère et tout frémissant d'avenir, le brillant Boulevard Seguin (FIG. 46), qui est bien en effet le quartier le plus vivant, le plus riche, et le plus intéressant de la capitale de la province. C'est le centre du commerce et des affaires, en même temps que le rendez-vous de toutes les élégan-

FIG. 43. — ORAN.
Le Port, et le Sanctuaire Notre-Dame.

ces : presque un coin de Paris, dans le voisinage des grands boulevards.

Au surplus, puisqu'il s'agit de la ville *neuve*, on pressent assez que, si elle a le droit de s'affirmer déjà comme telle, elle est loin cependant d'être encore totalement achevée. Une foule d'artères y ont été ouvertes, qui, chaque année, se complètent par des constructions nou-

---

(1) La vue de ces singuliers tatouages ne laisse pas d' « intriguer », lorsqu'on les rencontre pour la première fois. On m'en a fourni, sur place, une double explication : au dire de quelques-uns, ces *mains* bizarres seraient peintes, sur les maisons, pour conjurer tout maléfice ; suivant d'autres, elles serviraient plutôt à indiquer les foyers où il y a eu, au cours de l'année, quelque alliance conjugale. Quelle que soit la valeur respective de ces deux hypothèses, il reste évident qu'il n'y a eu, dans aucun cas, alliance avec le bon goût...

velles, rivalisant à l'envi de grâce et de luxe. Pavées en
« bois » (1), et somptueusement éclairées, ce sont de belles
rues modernes, telles qu'on les rêve, et telles qu'on a le
droit de les attendre, dans toute grande ville qui a, à la
tête de son administration, des édiles dont l'esprit est largement ouvert aux aspirations contemporaines et à l'application des perfectionnements et des progrès. Or, sur ces
boulevards et dans ces rues, on trouve, à flâner, à observer, et à fixer ses impressions, le même intérêt, et de même
sorte, que dans les rues et sur les boulevards d'Alger :
c'est, en réduction, la même intensité de vie, le même
mélange de nationalités, et le même agrément du cadre,
sous le même ciel souriant et radieux. La population française, qui entre pour un tiers dans le chiffre total de
l'agglomération, a fait pénétrer et prévaloir partout, à
Oran, les habitudes de tenue, de distinction, d'urbanité,
de bienveillance, qui sont, à ne point nous flatter, un des
apanages de notre race : comme à Alger, on s'y croit
presque encore sur la terre de France ; et c'est seulement
si l'on s'aventure jusque dans l'intérieur du Village nègre,
que, le charme se trouvant soudainement rompu, on doit
s'avouer à soi-même que, décidément, l'Afrique... n'est
pas bien loin.

Le *Village nègre* ! Encore une de ces appellations fantaisistes, qui, sous couleur de gazer la vérité, ne réussissent
qu'à la travestir. Qu'il y ait des nègres, audit Village, des

---

(1) On n'éprouve pas une médiocre satisfaction à voir des municipalités intelligentes, comme celle d'Oran, généraliser l'usage du pavage en bois. C'est une leçon qui finira par porter ses fruits, et dont pourront profiter, bien qu'elles tranchent de haut, nombre d'autres Municipalités, même de plus grandes villes qu'Oran, et plus importantes. N'est-ce pas une honte, par exemple, pour une ville comme Lyon, de n'avoir pas encore un mètre carré de pavage en bois ?... Avec l'énorme circulation des voitures, on y vit, du matin au soir, dans un bruit assourdissant. Mais, telle est la puissance d'inertie de la routine, qu'on n'a même point pu encore, en dépit des protestations et des requêtes, obtenir de l'Administration les deux ou trois cents mètres de macadam que le bon sens, à défaut des vœux du public, exigerait dans la section de rue qui longe, à Bellecour, le Kiosque où se donnent journellement des concerts !

nègres bon teint, aux lèvres plantureusement lippues, et du plus pur noir d'ébène, certes, je ne prétends pas le nier, car j'y en ai frôlé d'absolument authentiques. Mais, qu'on s'autorise de la présence de quelques échantillons de l'espèce, pour baptiser, en bloc, le Village, comme on l'a fait, alors qu'au contraire y pullulent les mulâtres, les basanés, les cuivrés, et autres variétés de la race

Fig. 44. — Oran. Cathédrale Saint-Louis.

jaune, c'est, on l'avouera, une tout autre affaire. Il y a donc ici, à ne tenir compte que de la coloration exacte de la grande majorité des indigènes, une première entorse donnée à la vérité de l'histoire. Mais en voici une seconde, en ce sens qu'on a oublié d'attribuer, à ce Village *sui generis*, le vrai vocable qui semble devoir seul lui appartenir. Au lieu de « Village nègre », c'est « Village des *tatoués* », qu'on aurait dû l'appeler. Vous imagineriez en effet difficilement un plus parfait assemblage de gens plus diversement et plus sauvagement bariolés. Aux mains, aux bras, au cou, au visage, et ailleurs — car leur costume est parfois rudimentaire, — on voit, dirai-je dessinés, ou simplement indiqués? je ne sais, les croquis, images, et représentations

Fig. 45.

Oran.

Cour de la Mosquée du Pacha.

les plus curieux, les plus inventivement fantaisistes : c'est un défilé de tous les signes du zodiaque, de toutes les figures géométriques, et de toutes les figures... qui ne le sont pas ; c'est tout l'art des impressionnistes des tribus du désert, transporté, et comme condensé, sur les membres des indigènes adossés, mur mitoyen, à l'élégante population d'une grande ville. Mais comme, pour s'accuser avec quelque relief, le moindre tatouage a besoin d'un fond relativement clair, il demeure bien démontré que cette multitude de Tatoués, qui composent la grande majorité du Village nègre, n'est point précisément formée par des noirs.

Il n'y a guère plus d'un demi-siècle qu'on leur a construit leur Village, en un coin, au sud d'Oran. Tout s'y faisant à neuf, on le leur a bâti, à la fois, dans leur « goût », et en tenant compte, très sagement, des exigences de l'hygiène, sous un ciel de feu. Si donc, on n'a guère donné, aux maisons qui le composent, qu'un simple rez-de-chaussée, ces maisons, du moins, on les a tirées au cordeau, en ouvrant de larges et droites artères, où, par surcroît de précaution, l'on a multiplié les fontaines. Cette disposition rend aisée la surveillance de la police, qui a tous ces honnêtes gens sous sa très particulière protection. Car ils ont la main leste, les « nègres » du village. Mais il n'est rien de tel que la vue du képi des sergents de ville pour les maintenir constamment dans une salutaire réserve. On peut donc, sans crainte, leur « rendre visite », c'est-à-dire, traverser leurs rues et jeter, à la dérobée, un coup d'œil de rapide inspection dans leurs gîtes, pendant le jour : le soir venu, au contraire, il serait à tout le moins imprudent de s'y risquer. Ils vivent là, avec leurs habitudes séculaires, juxtaposés à une civilisation qui ne déteint point sur eux, parce qu'en principe ils la dédaignent ; s'abandonnant à leur goût du farniente ; et ne semblant guère sortir de leur somnolence que les jours où quelque fête populaire et foncièrement indigène, une « fantasia » par exemple (FIG. 47), les jette en selle, pour quelques heures, et leur permet de parader : ces jours-là, acteurs et spectateurs sont pareillement en liesse ; le village n'est plus le village, mais, en quelque sorte, une échappée sur le désert. Au surplus, n'est-ce pas encore le désert, sous ce ciel ardent, qu'un village où je ne crois pas me rappeler avoir entrevu un arbre, une fleur, une feuille ? A Oran, dans la ville basse comme dans la ville neuve, on a pris soin de multiplier les plantations : à chaque pas, il se trouve des allées d'arbres, des jardins, des squares. Au village nègre, rien, sinon des maisons et des rues, avec, pour rappeler quelques-uns des brillants souvenirs de notre histoire, les noms de Bugeaud, de Négrier, de Tombouctou, de la Kabylie, etc., attribués à plusieurs de ces dernières.

Il y a, on le voit, bien des « curiosités », à Oran, et de bien des sortes. Encore n'en ai-je dressé qu'une très incomplète nomenclature. Je n'ai rien dit du « Château

Fig. 46. — Oran. Boulevard Seguin.

Neuf », ainsi appelé, j'imagine, par antiphrase, puisque ses trois énormes tours datent, au plus tôt, du xv$^e$ siècle ; ni des « Marchés » couverts, où l'on a toujours quelque chance de prendre une population sur le vif ; ni des grands monuments civils, tels que le Palais-de-Justice et les deux Lycées ; ni des forts qui, essaimés sur les crêtes voisines, commandent l'entrée du port et défendent la place. Mais je n'ai point à faire ici une étude de topographie, que chacun peut trouver facilement ailleurs : je consigne des impressions ; et si, parfois, je touche aux détails purement descriptifs, c'est dans la mesure seulement où leur connaissance peut aider à la pleine expression de ces impressions elles-mêmes.

En quittant la province d'Alger, et avant de gagner Oran, j'avais poussé une reconnaissance jusqu'à Mostaganem et à Maskara. Ma visite au chef-lieu terminée, j'eus une dernière pointe de curiosité; et, dirigeant mes pas vers l'ouest, je m'orientai, avant de reprendre le bateau, vers Sidi-Bel-Abbès et Tlemcen.

La zône que traverse la voie ferrée, après la bifurcation de S$^{te}$ Barbe-du-Tlébat, offre un intérêt médiocre : tantôt, la ligne sepente dans la plaine ; tantôt, entre des vignobles, elle se cramponne à la montagne ; plus souvent, elle s'engage dans des gorges étroites, où l'on n'a plus d'autre horizon que le ciel. Après une soixantaine de kilomètres franchis dans ces conditions, on arrive à l'entrée d'une belle vallée, où la fécondité du sol paraît merveilleuse. Ils le savaient bien, les Beni-Amen, qui, au temps d'Abd-el-Kader, avaient établi là leurs villages et fait, de cette contrée opulente, le centre de leurs ravitaillements. Nos soldats durent s'y prendre à plusieurs fois, avant de les en déloger et de pouvoir occuper le pays d'une façon définitive. Ce ne fut qu'en 1849 que la conquête fut complète. Cette année-là, nous fîmes de SIDI-BEL-ABBÈS un cercle militaire ; et, depuis, rien n'a été négligé pour tirer, de la position exceptionnelle où se trouve cette petite sous-préfecture, tous les avantages qu'elle comporte.

On ne saurait en effet rêver ni un site plus heureux, ni un climat plus salubre, ni un sol plus riche, sans compter que, au point de vue stratégique, la place est dans d'exceptionnelles conditions, pour la défense du pays. Vu à quelque distance, Sidi-Bel-Abbès produit l'impression d'une oasis enchantée (FIG. 48) : c'est, au milieu d'un fouillis de verdure, un groupement harmonieux de lignes blanches, ponctuées des aiguilles des minarets, et égayées par le murmure des sources. Par l'une quelconque des quatre portes symétriques qui percent la vaste muraille bastionnée de l'enceinte, vous pénétrez dans cette masse rectangulaire ; et, devant vous, s'ouvrent, larges et bien aérées, des rues, plantées de platanes, qui, droites comme des *i*, se profilent à perte de vue. D'autres rues coupent les premières, à angle droit, avec une régularité si parfaite que, dans cette agglomération de plus de 20.000 habitants, on n'a guère pu ménager que vers le centre assez d'espace pour doter Sidi-Bel-Abbès d'une *place*, la jolie « Place des Quinconces ». Le Palais de la Sous-Préfecture la sépare de la plus grande et de la plus belle artère de la ville, la « Rue Pradon », laquelle délimite, d'une part, le quartier militaire, avec ses casernes et son hôpital; de l'autre, la ville proprement dite, où, entr'autres monuments, on ne saurait manquer de visiter la Mosquée, et l'Hôtel-de-Ville. La mosquée de Sidi-Bel-Abbès rappelle, en miniature, celle du Sultan Sélim, à Andrinople; on en dirait un tronçon détaché (FIG. 49). Quant à l'Hôtel-de-Ville (FIG. 50), il est si pimpant dans son élégante architecture, si intelligemment distribué, et aménagé de si confortable façon, qu'on se prend à regretter, en le parcourant, qu'il y en ait relativement si peu, en France, qui lui ressemblent. Ajoutons un dernier détail qui ne déparera point le tableau. Dans ce cadre à souhait, les indigènes ont, de surcroît, la bonne fortune

FIG. 47.

ORAN. Fantasia, au Village nègre.

FIG. 48. — SIDI-BEL-ABBÈS. Vue générale.

de posséder une musique d'élite, celle du 1ᵉʳ Régiment de la Légion étrangère. Elle vient, on le sait, pour la virtuosité et la perfection de l'exécution, immédiatement après la musique de la Garde Républicaine. C'est dire le plaisir délicat qu'on goûte à l'entendre interpréter les œuvres des maîtres, quand elle se fait entendre, au kiosque de la Place des Quinconces.

Plus au sud encore, dans l'Oranais, et plus à l'ouest, se trouve TLEMCEN, où je fis ma dernière étape. A quelques variantes près, l'aspect du pays n'est pas ici sensiblement différent de celui qu'on a parcouru d'Oran à Sidi-Bel-Abbès. Ce qu'on doit y noter de plus saillant et de particulièrement caractéristique, c'est la présence des nombreux vestiges qui attestent le passage des Romains, et leur occupation du sol : les ruines d'Altava et de Hadjar-Roum, dans le voisinage de Lamoricière, prouvent qu'il y eut là, au temps des empereurs, en même temps qu'un établissement militaire, une ville d'une importance réelle. Des fouilles savantes y ont été faites, ces dernières années, qui ont mis au jour une foule d'inscriptions précieuses pour en jalonner et en éclairer l'histoire.

Tlemcen s'élève, à une trentaine de kilomètres de Lamoricière, sur un massif de collines boisées, d'un aspect très pittoresque. Fermée, comme toutes les places stratégiques, dans une enceinte de murailles, la ville est entourée, au dedans, d'un long boulevard circulaire, auquel s'amorce, près de la Porte d'Oran, le Grand Boulevard National, et divisée à peu près en deux parties égales, du nord au sud : d'un côté, à l'est, c'est la ville arabe, avec sa physionomie franchement indigène ; de l'autre, à l'ouest, c'est la ville européenne, dont les artères rectilignes et les constructions modernes tranchent sur le dédale des ruelles voisines et sur l'archaïsme de leurs habitations. Ici encore, les Romains avaient établi une de leurs colonies : Tlemcen s'élève sur les ruines de l'ancien Agadir, ou, plus exactement, sur celles de Tagrart, la ville arabe qui remplaça, au XIᵉ siècle, la vieille cité romaine. Il reste, aujourd'hui, dans la ville indigène, quelques débris importants de ces

ruines médiévales : telle est, par exemple, la citadelle du
« Méchouar », qui fut, pendant des siècles, entourée d'une
splendeur qu'on croit encore entrevoir, à l'aspect de sa belle
porte et des deux tours qui flanquent sa muraille crénelée.

Quoi qu'il y ait, presque fatalement, entre toutes les
villes arabes, une frappante ressemblance résultant de
leur implacable uniformité, l'on relève, à Tlemcen, dans
la partie indigène de la cité, quelques curieux contrastes.
Ils proviennent de ce fait, qu'une moitié, à peu près, en
est occupée par les Juifs, pendant que l'autre est peuplée
par les Arabes. Or, si la seconde n'est pas le dernier mot
de la propreté et de l'élégance, vous trouvez du moins,
dans ces maisons basses, formées généralement d'un simple
rez-de-chaussée, quelque chose qui donne l'impression de la vie : ce sont des échoppes de commerçants, et l'on y a la sensation de l'activité et du travail. Dans le quartier juif, au contraire, on n'a que l'impression

Fig. 49. — Sidi-bel-Abbès: Mosquée.

de l'immobilité inerte, et de la mort : ces ruelles semées
de ruines, ces couloirs surbaissés, ces impasses solitaires
forment un assemblage de tanières, plus appropriées à des
fauves qu'à des êtres à face humaine : on n'imagine rien de
plus désolé que ces lieux, ni de plus tristement sordide ;
c'est un ghetto de gueux, où l'on se glisse avec précaution,
et où l'on craindrait de s'attarder. Notez cependant que,
sur cet ensemble indigène, se détachent des constructions
curieuses : tours, pointes de minarets, mosquées, etc.,
d'une architecture originale, et, parfois, de proportions
grandioses. C'est le cas, notamment, pour la Grande Mosquée, *Djama Kebir* (Fig. 51), dont le minaret élancé,
effilé vers sa pointe, et ponctué de mosaïques semble

vouloir percer le ciel. Près d'elle, d'autres mosquées encore attirent le regard. Puis, c'est le Musée, plein de souvenirs militaires ; l'Hôtel de Ville, doublé d'une salle de représentations ; et, pour animer le tout, une populace grouillante, où pullulent les enfants en haillons, et où les chiens vivent librement, par troupeaux, comme dans les rues de Constantinople.

Au sortir de la ville indigène, on est donc tout heureux de se retrouver, dans la ville moderne, en pleine civilisation. Ce n'est pas que les monuments y abondent : seule, la nouvelle église romano-byzantine, avec sa riche chapelle des fonts baptismaux, aurait quelque droit à ce nom; mais, du moins, on voit là des physionomies ouvertes et avenantes ; on y coudoie des gens bien élevés ; et c'est dans des artères et sur des places bien tenues, sinon luxueuses, qu'on chemine. D'ailleurs, tous les dix pas, on rencontre l'uniforme français : le brillant costume des spahis s'y marie à la tenue austère des artilleurs, en se détachant sur le fond gracieux des toilettes claires; et, n'était la vision obsédante des flèches des minarets, on s'y croirait facilement dans quelque joyeuse ville du midi de la France, à l'époque de la canicule.

Les environs de Tlemcen offrent une foule de buts d'excursions. Faute de temps, il faut choisir. Sur la recommandation pressante du propriétaire de l'Hôtel de France, c'est à la Mansourah que je me fis conduire, à trois kilomètres à l'ouest de la ville. Par une route d'une blancheur invraisemblable, entre des koubbas protectrices d'illustres souvenirs, on arrive à une porte haute et profonde, appelée « Porte de l'Armée », au delà de laquelle commence bientôt l'enceinte de la ville forte de Mansourah. Fondée par les Arabes, au commencement du xiv$^e$ siècle, cette cité opulente ne tarda pas, malheureusement pour elle, à être en guerre avec Tlemcen. Mais le sort des armes lui fut moins propice que ne l'avait été la prospérité de son commerce : vaincue par sa voisine, elle fut condamnée à une destruction à peu près totale. A voir les ruines imposantes qui sont encore debout, après cinq siècles écoulés, on devine ce que put être Mansourah, au moment de sa splendeur. Le débris le plus épargné par le temps est le Minaret de la mosquée (Fig. 52), qui se dresse encore superbe, dominant les remparts effondrés, et conservant à peu près intacte, au-dessus de sa porte monumentale, la gracieuse arcature romane de ses doubles fenê‑

Fig. 50. — Sidi-bel-Abbès. Hôtel de Ville.

tres. Quelques centaines d'indigènes ont élu domicile au milieu de ces ruines : ils forment là un petit village arabe, qui dépend de Tlemcen, et dont la présence suffit à enlever à Mansourah une partie de son aspect de nécropole.

Mon retour à Oran s'effectua, d'une traite, car j'étais talonné par l'heure du départ du bateau. Je pris place, un soir, en compagnie d'une trentaine de passagers, sur *Alger*, un vaisseau marchand de la C$^{ie}$ Touache, qui se rendait à Tanger, avec escale préalable à Gibraltar. Le bateau *Alger*, construit dans les chantiers de La Seyne-sur-mer, vers 1865, mesure 65 mètres de long : ce fut, pendant bien des années, l'un des meilleurs marcheurs de la Com‑

Fig. 51. — Tlemcen.
La grande mosquée Djama-Kebir.

pagnie. Malheureusement, il a subi le choc des avaries et des tempêtes ; et il commence à « avoir fait son temps » J'ignorais ces détails, quand je m'installai dans ma cabine; et j'y dormis, la première nuit, du sommeil le plus profond et le plus tranquille. Mais, le lendemain, je fus moins optimiste, quand j'entendis, au cours d'une causerie avec un des hommes de l'équipage, ce dernier me dire : « Notre bateau *ne vaut pas cher :* il est destiné à couler, peut-être à brève échéance. J'y suis, parce que je suis obligé d'y être, pour gagner ma vie. Si j'avais le choix, je n'y resterais pas une heure ! » On comprendra sans peine l'impression que me fit ce peu rassurant dialogue. Par bonheur, le temps était d'un calme parfait, et la mer d'une tranquillité rare. J'en fus quitte pour attendre, avec plus d'impatience, la vue de la côte espagnole...

A *Nemours* d'abord, vers six heures du matin, le lendemain du départ, nous mouillâmes dans la baie, pour décharger une partie de la cargaison ; mais nous n'obtînmes point du capitaine la permission de mettre une chaloupe à la mer, et d'aller visiter la ville. Nous dûmes nous contenter de la voir, du haut du pont, tandis que, répercuté par tous les échos du rivage, nous parvenait le bruit des fusils des soldats, occupés aux exercices du tir. L'après-midi, un peu avant quatre heures, nous arrivâmes en vue de *Mélilla*, le Cayenne de l'Espagne, sur la côte orientale du Maroc ; et nous jetâmes l'ancre, pour procéder au débarquement des marchandises, car l'opération devait prendre, avec la fin de la soirée, une partie de la matinée du lendemain. Pendant que, au grincement des grues, les matelots tiraient des flancs du bateau les sacs de céréales qui, en glissant, venaient s'empiler dans les barques, nous prîmes, sous la conduite du « second », le chemin de Melilla, dont un officier espagnol s'empressa de nous faire les honneurs avec une courtoisie extrême. Placée dans un site charmant, au bord d'une petite baie dont il serait facile, avec un peu d'argent, de faire un port très sûr, la ville a l'aspect sévère d'une place forte. Avec cela, d'une propreté poussée jusqu'à la recherche. Là, enserrées dans une enceinte crénelée, piquée, de loin en loin, de citadelles, se profilent les habitations des détenus et de leurs gardiens. Chaque forçat travaille, sous la surveillance d'un employé du bagne ; et, quand il a donné des gages explicites de repentir et de bonne conduite, il peut, s'il n'a point encouru une condamnation perpétuelle, obtenir une demi-libération, prélude de la délivrance prochaine. C'est moins toutefois contre les galériens espagnols que contre les Marocains, que sont dirigés les forts et autres travaux de défense de Mélilla. Le danger en effet est, ici, non pas au-dedans, mais au dehors. Fainéants, voleurs, et cruels comme des fauves, les Marocains du voisinage ne vivent que de brigandage et de piraterie. Un mois avant notre arrivée, ils avaient encore capturé deux bricks, l'un italien, l'autre portugais, et avaient exigé, pour les relâcher, une rançon énorme. C'est une race ignoble, toujours à l'affût d'un mauvais coup, et que les

Fig. 52.
Tlemcen. Minaret de Mansourah.

Gouvernements devraient s'entendre (1) pour « balayer », en la refoulant à l'intérieur du désert : à ce prix, outre que la côte serait tranquille et qu'on pourrait naviguer en sécurité dans les eaux des Etats Barbaresques, le sol si fertile et si riche de cette contrée pourrait être cultivé, et

---

(1) Malheureusement, ici, comme à Constantinople, la difficulté est beaucoup moins d' « attacher le grelot », que de réussir ensuite, l'opération faite, à s'entendre pour « partager le gâteau ». On devine assez qu'il ne serait point nécessaire de mettre sur pied une invincible Armada, pour avoir raison de ces audacieux malfaiteurs. Ce qu'on voit moins bien, c'est sur quelle base pourrait s'opérer, entre les Etats qui auraient participé à cette œuvre salutaire, le partage de leurs domaines. On ne le voit même pas du tout !

ses terres fécondes cesser d'être en friche. Notre visite achevée, nous prîmes congé de notre aimable cicerone, en échangeant avec lui une franche poignée de mains et en lui adressant « muchas gracias » ; et nous revînmes au bateau, pour l'heure du dîner. Nous étions une demi-douzaine à peine, à la table du capitaine, — un Marseillais plantureux, qui sentait d'une lieue sa Cannebière, et dont les plaisanteries n'indiquaient, pas plus que le langage, une éducation soignée. Mais nous nous estimions encore heureux, par comparaison, d'être, entre nous, dans le « salon » de l'arrière, tant nous paraissait sommaire le régime auquel devaient se plier les Arabes entassés, sur le pont, au travers des caisses et des colis. Le lendemain, les marchandises une fois déchargées, notre bateau reprit sa course pour arriver, le surlendemain, vers cinq heures du matin, en vue de Gibraltar. *Alger* alors stoppa, au large; et nous dûmes attendre les signaux des sémaphores anglais de la côte, pour procéder, selon les règles britanniques, au libre débarquement.

# CHAPITRE X

### COLONIES, ET COLONISATION

ous sommes en Algérie, depuis soixante-huit ans ; et nous n'avons pas encore apporté à cette terre assez de colons ni assez de capitaux pour la mettre en pleine valeur. Certes, des efforts considérables ont été tentés ; et, quand on se rend d'Alger à Oran, en chemin de fer, on traverse des domaines superbes, qui disent la ténacité et l'intelligence de quelques Français. Mais ce n'est rien, auprès de ce que cela pourrait être. Si les Français, d'autre part, n'ont pas émigré en nombre suffisant, notre occupation a apporté cependant, en Algérie, assez de sécurité et ouvert assez de débouchés, pour attirer des Européens moins difficiles et moins heureux que nous : des Espagnols, des Italiens, des Maltais.

Dès les dernières années de l'Empire, la politique Algérienne consista, puisque les Français ne venaient pas en nombre suffisant, à faire des Français avec ceux qui se présentaient, en naturalisant, sur leur demande, les gens qui consentaient à prendre pied sur le sol. En 1870, Crémieux, qui faisait partie du Gouvernement de la Défense nationale, profita des circonstances, qui rendaient les protestations impossibles, pour naturaliser, en bloc, tous les juifs Algériens. Or, les juifs Algériens sont au nombre de soixante mille, sur quatre cent mille Européens, tandis que les juifs français sont au nombre de soixante-dix mille, sur trente-huit millions de chrétiens.

Telle est donc la situation. La population européenne de l'Algérie est composée d'Espagnols, d'Italiens et même de Français. Mais ce n'est pas tout. L'amour de l'uniformité et la passion de la symétrie, qui nous ont fait commettre tant d'amères bêtises, nous ont portés à diviser l'Algérie en trois départements, à y installer des préfets et des sous-préfets, et à couronner cette hiérarchie d'un gouverneur général, dont les attributions sont impossibles à définir. Car, il faut, avant tout, faire attention à ceci : jadis, le gouverneur général était, pour l'Algérie, quelque chose de semblable à ce qu'est le pouvoir exécutif pour la France ; il exerçait la délégation gouvernementale. Aujourd'hui, les affaires Algériennes sont soumises à un système qu'on appelle celui du « rattachement ». Ce système a été appliqué, et supprimé, plusieurs fois. Il consiste à assimiler les départements Algériens aux départements français, pour l'expédition des affaires, et à faire résoudre chaque particularité d'affaires par le ministre compétent.

Actuellement, chacune des affaires Algériennes donne donc lieu à un rapport en quadruple, quintuple, expédition, dont on envoie des exemplaires aux affaires étrangères, à la guerre, à l'intérieur, et à la présidence du Conseil. Il en résulte que, aucun ministre n'étant directement responsable, ne s'occupe directement des affaires Algériennes ; qu'aucun d'eux n'est informé ; qu'aucun d'eux ne prend même la peine de parler des choses d'Algérie à ses collègues, et qu'on arrive à cette invraisemblable bizarrerie : un ministre de l'intérieur déclarant à une Chambre française qu'il n'y a pas de question juive en Algérie, au moment même où l'on est justement en train de piller les boutiques juives à Alger !...

Mais on a trouvé le moyen de faire à cette malheureuse contrée un cadeau pire encore que tous les abus administratifs : on lui a donné des *députés !* On a jeté le ferment électoral, au milieu de cette foule disparate de naturalisés venus de tous les coins que baigne la Méditerranée ; et, aussitôt, les haines se sont mises à éclater avec leur cortège de fraudes, de violences, de mensonges et de vilenies. Tout s'est tourné, en quelque sorte, en âcreté électorale. Et, aujourd'hui, la crise Algérienne, si l'on la ramène à son expression vraie, est une crise *électorale*.

C'est la question électorale qui a fait choir M. Cambon. M. Cambon était un diplomate et un administrateur qui avait pris ses fonctions très au sérieux, qui était resté assez longtemps à la tête de l'Algérie pour la connaître et pour s'y faire connaître. Mais M. Cambon s'est mis à écheniller les listes électorales, à en rayer les noms de ceux qui n'avaient pas le droit d'y figurer ; et une partie de la députation Algérienne s'est donné pour tâche de le culbuter. Il a eu, pour successeur, M. Lépine, qui n'était pas désigné, par son passé, ni par ses aptitudes, pour ce poste, dans lequel il a mal réussi. Le résultat de son apparition sur la terre Algérienne a été de faire nommer quatre antisémites ; et la crise bat, aujourd'hui, son plein.

Voilà, à l'heure où j'écris ces lignes (juillet 1898), la situation exacte de notre grande colonie Algérienne, telle du moins qu'elle est résumée, et présentée, par les organes les plus autorisés de la presse politique (1).

Or, je le demande, était-ce vraiment la peine de faire verser tant de sang, il y aura bientôt trois quarts de siècles, et de dépenser, depuis, tant de millions, pour aboutir à de si piteux résultats ?...

La question mérite d'être, non pas seulement posée, mais méditée ; et j'ose affirmer que, s'il est permis de la généraliser, en jugeant l'ensemble de nos possessions coloniales d'après ce que j'ai vu dans la Tunisie et l'Algérie, il ne faut point hésiter à la trancher dans le sens de l'affirmative. Oui, il est bon, il est excellent même, que nous ayons des colonies, surtout quand il s'agit d'une colonie « à nos portes », comme celle de nos possessions Algériennes; mais à la condition expresse de ne jamais perdre de vue

---

(1) C'est ce qu'expliquait notamment, vers la fin de juin, dans un article plein de mesure et de sagesse, le *Mémorial de la Loire*, un de nos journaux de province les mieux renseignés et les mieux faits.

quelques principes élémentaires, qui relèvent du simple bon sens autant au moins que de la prudence, et que je vais indiquer rapidement.

Le premier, le plus obvie, et pourtant, hélas! le plus méconnu, c'est qu'il faut, quand les circonstances favorisent notre expansion coloniale, ne nous annexer de nouveaux territoires que pour les *coloniser*. Depuis quelques années, nous semblons être singulièrement travaillés par cette ambition des conquêtes extérieures. La raison en est tangible : si l'on nous a jetés ainsi dans la « politique *coloniale* », c'est pour nous distraire de la « question » d'Alsace et de Lorraine. Au prix encore de beaucoup de sang et d'innombrables millions, on nous a fait gagner des pays immenses : le Soudan, le Dahomey, Madagascar, le nord du Siam, et le Tonkin. Mais, en vérité, qu'en a-t-on fait, et qu'en fait-on? Quel profit réel nous est revenu de ces lointaines et meurtrières équipées? Qu'a-t-on même tenté de sérieux pour y établir seulement un commencement d'*organisation coloniale*?...

Le second principe, qui n'est guère qu'un corollaire du premier, c'est qu'il faut, avant tout, débarrasser nos colonies de notre *machinisme* administratif, lequel, déjà désastreux dans son application en France, est absolument mortel pour nos pays de conquêtes. Si l'on veut avoir quelque chance d'y réussir, les deux qualités maîtresses à employer sont : la première, l'intelligence des vrais besoins du pays, et le sens des services réels qu'il est dans sa nature de pouvoir nous rendre; la seconde, l'action, le travail, et l'énergie. Or ces deux qualités foncières ne se pourront jamais affirmer, même faiblement, tant qu'elles seront entravées, dans leur libre et bienfaisant essor, par le réseau compliqué des fils, par l'écheveau embrouillé, de notre administration de France. Ce n'est pas avec des idées préconçues, ni des plans à distance, élaborés les uns et les autres sans une étude suffisante des lieux et des personnes, qu'on légifère jamais utilement sur une œuvre de colonisation. A plus forte raison risquerait-t-on d'étouffer le poussin dans l'œuf, si, avant de se décider à ouvrir des routes, à construire des voies ferrées, à fortifier des frontières, et, pour, tout dire d'un mot, à AGIR, afin de rendre les communications aisées, d'ouvrir des débouchés au commerce, et de faire circuler partout l'abondance avec la vie, on perd, non point seulement des mois, mais des années, de nombreuses années, en de stériles délibérations, renvoyant à plaisir l'étude des projets des sous-commissions aux commissions, des bureaux aux ministres, parce qu'il est reçu, en Francce, qu'aucune solution ne saurait intervenir si elle n'a, au préalable, longuement sommeillé et moisi dans les cartons! Nos colonies ATTENDENT, et le temps presse : mais qu'importe? Périssent les colonies, plutôt que l'aveugle routine ? Et c'est ainsi qu'en effet, solennellement, on les tue!

Il faut nous dire, en troisième lieu, — quoi qu'on ose affirmer, à tout venant, en sens contraire, — que nous avons, autant que peuple du monde, l'esprit colonial, le tact colonial. Le passé est là pour en rendre témoignage, et l'histoire pour dire bien haut ce que nos ancêtres ont su faire : il suffit de rappeler, à cet égard, le Canada et les Indes, qui furent, sous l'administration de l'ancien régime, des pays très prospères, comme ils avaient été d'admirables conquêtes. On nous jette constamment à la tête le merveilleux sens colonisateur des Anglais, et l'on nous l'oppose, dans le but de nous convaincre, sur ce point, d'une écrasante infériorité. Il faudrait pourtant, une bonne fois, s'entendre sur la question. L'écrasante supériorité dont on fait honneur à nos voisins tient sans doute à leurs qualités natives ; mais elle est, plus encore, le résultat des circonstances. Ces qualités natives sont le sens pratique, l'énergie et l'action, c'est-à-dire, celles-là mêmes que nous aurions comme eux, si, *à priori*, il ne nous était défendu de les appliquer, parce que notre administration met tout en œuvre pour en paralyser l'exercice. Et, quant aux circonstances, il est certes assez manifeste qu'elles ont exceptionnellement servi les intérêts de l'Angleterre. Qu'on se rappelle seulement comment elle a acquis les Indes, et le Canada, et, plus récemment, l'Egypte! Qu'on songe à l'incomparable richesse des mines d'or qu'elle a trouvées, et su immédiatement exploiter, dans le sud Africain et en Australie! Qu'on se souvienne, en particulier, qu'elle possède la houille à profusion, et que, avec une habileté extrême, elle a réussi à s'en assurer d'immenses dépôts dans toutes les mers, pour pourvoir partout aux besoins de ses vaisseaux. Il n'est pas bien malaisé, à ce compte, de faire parade de la prospérité de son industrie et de son commerce! Mais, en définitive, la France n'a pas besoin, comme l'Angleterre, d'acheter au dehors ce qui constitue les premiers éléments de la consommation nationale; si nous nous expatrions moins volontiers que nos voisins, c'est justement parce qu'il fait bon vivre chez nous et que nous n'avons pas, à beaucoup près, le même besoin qu'eux d'aller chercher au dehors un bien-être que nous ne trouverions ailleurs qu'après un labeur et des efforts longs et coûteux. Qu'on le remarque bien cependant : même avec ce bien-être que nous assure à peu près, en France, le sol de la patrie, nous ne laisserions pas, pour autant, d'être susceptibles de nous orienter vers les régions lointaines, de travailler à exploiter les richesses des pays neufs, et de montrer au monde que nous avons, nous aussi, l'esprit colonisateur, si, encore un coup, au lieu d'entraver nos énergies et de bâillonner notre initiative, on nous donnait plus libéralement carrière. Sans doute, pour qu'une colonie prospère, il ne suffit pas qu'elle offre un débouché à ceux qui, dans les rangs pressés de notre vieille société, n'ont pas réussi à se tailler une place; il faut qu'elle s'ouvre, au contraire, à ceux dont l'ardeur, l'activité, l'esprit d'entreprise ne sauraient s'accommoder des molles et prosaïques conditions de notre vie moderne. Mais, ces courageux pionniers, jetez-les par milliers sur le sol de nos conquêtes; au lieu de leur lier bras et jambes par toutes sortes de réglementations mérovingiennes, sinon même de taquineries mesquines, dirigez-les, encouragez-les, et faites-leur sentir le bienfait d'une intelligente protection : et, bientôt, vous verrez chacune de nos colonies françaises devenir une féconde pépinière pour la Mère-Patrie!

Voici cependant un quatrième « facteur », sans l'application duquel tous les efforts individuels, toutes les généreuses initiatives, et tous les plus absolus dévouements, même s'ils étaient favorisés par une nouvelle et intelligente orientation de la politique coloniale, risqueraient fort d'être dépensés en pure perte. On ne conquiert en effet une colonie, et l'on ne la fonde, que pour deux buts : d'abord, pour l'exploiter; ensuite, pour la... conserver. Or, la conservation importe autant ici que l'exploitation : elle la prime même, en principe : et tout doit donc lui être subordonné. Mais, comment conserve-t-on une colonie? Est-ce en construisant des forts pour en défendre les frontières contre n'importe quel ennemi, et en casernant, dans les villes, quelques régiments de ligne et de cavalerie, afin de tenir les indigènes en respect! Sans doute; et c'est par là qu'il faut évidemment commencer. Toutefois, ce n'est qu'un côté de la question, et de beaucoup le moins important; car, ce n'est ni à l'aide de quelques citadelles, ni grâce à l'épée des soldats d'un détachement, que l'on conserve, en réalité, une colonie : c'est avec une FLOTTE! A défaut de la réflexion et du raisonnement, qui suffiraient à le prouver, les événements récents de la guerre Hispano-Américaine en fourniraient une démonstration écrasante. Et c'est pourquoi, je le demande : que pourrions-nous bien, demain, faire, contre les Anglais, autre chose que ce qu'ont fait les Espagnols contre les Yankees, si, sur un prétexte quelconque comme ils excellent à en faire surgir, il prenait fantaisie à nos bons voisins d'Outre-Manche d'étendre la main, par exemple, sur l'Algérie ?.., Sommes-nous bien sûrs que nos escadres seraient plus à leur aise pour sortir des rades de Brest et de Toulon, que celle de l'amiral Cervera ne l'a été pour sortir de Santiago ? Pourraient-elles, en bravant des flottes anglaises massées à Gibraltar, se réunir l'une et l'autre plus facilement que l'amiral Camara ne l'a fait avec l'amiral Cervera, impuissant à forcer l'amiral Sampson à le laisser passer?... La réponse, quelque dure qu'elle puisse être pour notre amour-propre national, n'est malheureusement point douteuse. Ne nous y trompons donc pas plus longtemps. La politique coloniale inaugurée par Jules Ferry était une faute, une monstrueuse faute, si l'on n'avait pas, pour la soutenir, une flotte nombreuse et puissante, capable de tenir en échec les flottes anglaises, et si l'on ne rendait disponible, chaque année, plusieurs centaines de millions pour la créer et pour, sans cesse, la rajeunir. Or, cette flotte « nécessaire », nous ne l'avons pas. Les millions, nous les avons eus, à force de les économiser par des conversions : depuis 1883, nous en avons glané près de neuf cents. Mais ils ont disparu dans l'abîme béant, creusé par les trous du budget; ils s'en sont allés dans tous les gaspillages *démocratiques* (1). Quelle flotte n'aurions-nous pas, et de quelle sécurité ne jouiraient pas nos colonies, si, par une perception plus saine et plus patriotique de nos vrais besoins, nous avions consacré ces sommes énormes à consolider notre puissance maritime extérieure ?... La leçon est cruelle : mais elle serait singulièrement salutaire, si nous savions, sans tarder davantage, nous rendre à l'évidence, et travailler à en profiter. Oui, à tout prix, nous devons avoir une grande flotte ; et nous ne nous résoudrons jamais à trop de sacrifices pour la mettre sur pied, le plus promptement possible. Il nous faut, d'abord, des « navires de combat », où l'on sacrifie, une fois pour toutes, la préoccupation du confortable (2) au souci du seul nécessaire, et qui

---

(1) Ils ont passé, notamment, dans la construction de ces innombrables « Palais *scolaires* », qui couvrent aujourd'hui notre territoire, et dont la création n'avait d'autre mobile que de flatter l'orgueil du peuple et de faire pièce à la Religion. Or, il est temps qu'on s'arrête! Nous en avons assez, de ces ruineux Palais démocratiques ; nous en avons même beaucoup trop, pour inonder le Pays de « sans-Dieu », et, par voie de conséquence fatale, de « sans-Patrie! »

(2) Nos *Dubourdieu*, nos *Rigault-de-Genouilly*, nos *Fulton*, etc., qui promènent fièrement notre pavillon sur toutes les mers du globe, ne sont pas, comme on se l'imagine, de vrais « navires de *combat* » Avec un aveuglement qu'on a peine à comprendre, la recherche du confortable a été poussée, dans la marine française, à un degré qui confine à l'aberration. En outre des installations intérieures, les coques elles-mêmes de nos bâtiments de station sont, à quelques exceptions près, *en bois*, c'est-à-dire, dépourvues de cloisons étanches, et, par suite, sans aucune valeur « militaire ». Les ponts, les aména-

soient d'une valeur « militaire » indiscutable. Il nous faut, ensuite, une immense flottille de « croiseurs cuirassés rapides », destinés à compléter la défense mobile, et de « contre-torpilleurs à grande vitesse ». Il nous faut enfin des dépôts de houille, aussi multipliés que possible, pour permettre à nos marins de se ravitailler facilement. Les avertissements dont les Espagnols viennent de faire les frais, après les Chinois (1), sont assez graves pour qu'on songe à y prendre garde : nous serions inexcusables d'attendre, pour en profiter, que la leçon ne nous soit personnellement infligée.....

Je reviens à notre chère colonie Algérienne. La première chose à y faire, c'est donc de l'exploiter : son sol est riche et fécond, ses ressources immenses ; ce qui y fait défaut, ce sont les bras vaillants, qui mettront en valeur les immenses terrains en friche. Qu'on y envoie donc des essaims de travailleurs, et qu'on les y protège ! La seconde, c'est de conjurer énergiquement, et sans retard, ce que je ne crains pas d'appeler le « *grand* péril Algérien ». Quel est-il ? — Dès le début de la conquête, le flot des étrangers qui se sont, ainsi que sur une proie facile, précipités sur notre belle colonie, en y submergeant les Français de race, a constitué, en Algérie, un vrai danger. Mais, on ne saurait

---

gements, les revêtements intérieurs, etc., le sont pareillement. Mettez ces bâtiments aux prises avec les obus de l'artillerie ennemie, et, en un clin d'œil, ils seront fatalement condamnés à « flamber » comme des allumettes, ainsi qu'ont flambé les vaisseaux de l'amiral Cervera ! Ce ne sont donc point de vrais navires de guerre : c'est, tout simplement, de la chair à canon. Or, ce qui stupéfie, c'est qu'on n'a point, en haut lieu, l'air même de s'en douter. On procède, en une si grave affaire, avec le même aveuglement et la même insouciance coupables, que cet Amiral, qui, se rendant, l'autre jour (30 juillet 1898), de Toulon à Paris, avec des documents secrets et d'une capitale importance sur les manœuvres navales de ces derniers temps, descendait, en gare de Marseille, d'un pas léger, — léger comme la conscience de ses responsabilités — pour dîner tranquillement au buffet, et laissait, sans la moindre surveillance, dans le filet de son compartiment, les notes précieuses, à la merci d'un voleur de la fameuse bande d'espionnage !... Est-ce donc ainsi qu'on sert la France ?

(1) Les Chinois, à la bataille de Yalu et au combat de Fou-Tchéou, nous ont donné exactement la même leçon que les Espagnols à Santiago.

trop le redire : le plus grand péril y a été provoqué par l'élément juif, de plus en plus envahisseur ; et, aujourd'hui, la crise est à l'état aigu. Dans un pays neuf, en effet, l'argent est rare : aussi, les populations ont-elles eu recours aux Juifs, natifs et traditionnels détenteurs du capital. Or, si l'on songe que, en Algérie, il n'existe point de taux légal, on comprendra vite de quel avantage disproportionné a pu bénéficier le prêteur, et, à plus forte raison, l'usurier, sur le travailleur : l'accaparement a été rapide, et complet. Maîtres bientôt des travaux publics, maîtres des scrutins électoraux, riches banquiers ou prêteurs à la « petite semaine », les Juifs d'Algérie ont, en quelques années, conquis une si formidable puissance, que le Gouvernement lui-même est devenu, là-bas, la chose du Consistoire d'Israël. Si j'ajoute, d'autre part, que le Juif, qui a complètement pillé l'Arabe, est, pour les Musulmans (1), un objet de répulsion, on devinera aisément quels sentiments accueillirent la nouvelle de l'émancipation juive, en Algérie. Au lendemain de l'année terrible, pendant laquelle les Turcos avaient si héroïquement fait leur devoir, on ne se fût étonné qu'à demi, si le Gouvernement de la Défense Nationale avait accordé quelques récompenses éclatantes à ces Arabes qui, après avoir noblement lutté contre nous, étaient venus non moins noblement nous défendre, à l'heure du danger. Mais on s'étonna tout-à-fait, en voyant que les Juifs seuls avaient acquis toutes les sympathies du gouvernement, et de leur illustre congénère Crémieux, en particulier (2).

Le décret de la Délégation de Tours, naturalisant en masse les Juifs indigènes, n'agréa cependant pas plus aux Juifs qu'aux Français : ceux-ci y virent une injure ; et

---

(1) Pour un Arabe, le Juif n'est pas un homme ; et, quand il en parle, il l'appelle *Alouf ben Alouf*, c'est-à-dire, « porc, fils de porc ! ».
(2) Les Arabes, eux, firent plus que s'étonner : ils se révoltèrent. Nous fûmes obligés de recommencer la guerre, en Afrique ; et, pour assurer le droit de citoyens aux usuriers de l'Algérie, de nouveau, nos pauvres soldats se firent tuer. Chacun a encore présente à la mémoire la fin sinistre et glorieuse de Sidi Mokrani.

ceux-là furent mécontents d'une « faveur » qui, en leur enlevant leurs statuts personnels, obligeait les jeunes gens au service militaire.

Quoi qu'il en soit, l'émancipation des Juifs, d'une part; de l'autre, leur accaparement progressif de la fortune publique et des situations lucratives, voilà quelles furent les deux (1) causes originelles qui, longtemps latentes, ont fini, cette année (1898), par avoir, en Algérie, leur sanglant et inquiétant contre-coup. Ce sont, aujourd'hui des causes connues, tangibles, et dont la récente et éclatante campagne antisémite permet d'apprécier la portée (2). Sacrifiera-t-on encore à l'intérêt d'une race, que jamais les lettres de naturalisation les plus authentiques ne réussiront à rendre française, la tranquillité du pays, et son bonheur; ou bien, aura-t-on enfin le courage de parler net à ces parasites

---

(1) Indiquons-en une troisième, qui n'a pas médiocrement aidé à aggraver le mal : la haine du chrétien, traduisez, du *catholique*. Cette haine est inexpiable; et, pour le dire en passant, les Juifs n'en ont point, malheureusement, le monopole exclusif. C'est ce qu'exprimait, avec sa parfaite connaissance des hommes et sa haute autorité, le grand Pape Léon XIII, au cours d'une audience qu'il daignait accorder, le printemps dernier, à un vicaire général de Grenoble, M. Paillet : « Je le vois de plus en plus, lui disait-il, je suis aimé de la France. Mais, moi aussi, comme je l'aime, cette France ! Comme je la bénis ! Comme je demande à Dieu son relèvement, pour que son drapeau ne tombe jamais entre des mains qui le déshonorent, et pour que cette fille aînée de l'Eglise ne soit point victime des *ennemis qui la menacent*, FRANCS-MAÇONS, JUIFS, OU SOCIALISTES ! »

(2) Le choix du nouveau Gouverneur aura une importance capitale. On peut affirmer, sans exagération, que c'est, pour l'Algérie, presque une question de vie ou de mort. Il faut à notre grande colonie quelqu'un qui la connaisse, qui l'aime, qui plaigne sincèrement les victimes de l'usure juive et de la corruption administrative, et qui sache efficacement les protéger, qui annule courageusement les mesures oppressives, et qui, en un mot, montre, par-derrière lui, une France juste et pacifique, impitoyable pour toutes les concussions. Sinon, après quelques années encore d'un régime étroit et sectaire, l'Algérie, détachée moralement de la France, aura toutes les chances possibles de devenir pour nous un nouveau Cuba. Il faut que nos gouvernants soient aveugles comme ils le sont pour ne point s'apercevoir que l'Angleterre a les yeux sur elle, et qu'elle n'attend, pour s'y établir, qu'une occasion propice. Allons-nous donc, de gaieté de cœur, la lui fournir ?

C'est, du reste, partout la même chose, c'est-à-dire, partout la même incurie et la même imprudence, en ce qui concerne nos colo-

pour qui rien n'existe, en ce monde, hormis l'influence et l'argent ? C'est affaire au Gouvernement de trancher cette question délicate. Mais il y va de l'avenir même de notre colonie Africaine ; et comme, ici ou là, les Juifs se valent tous, il suffira de se souvenir des débats instructifs de l'abominable affaire Dreyfus-Reinach-Zola and C°, pour voir clairement dans quel sens cette capitale question doit être enfin tranchée !

nies. A l'île Maurice, qui s'appelait jadis l'*île de France*, nous laissons les Anglais s'établir dans des proportions inquiétantes, et faire de l'île une station de ravitaillement et de radoub. Ils y ont réuni 5.000 hommes de troupes, bâti d'immenses casernes, et multiplié les travaux de défense. Or, dans quel but, sinon aussi pour étendre, à la première occasion, la main sur Madagascar ? Au surplus, ils ne prennent point même la peine de cacher leurs desseins. Maîtres du canal de Suez, ils n'ont qu'à y couler un ou deux navires pour barrer le passage ; et Maurice devient ainsi véritablement la clef de la mer des Indes.

# TROISIÈME PARTIE

## EN PORTUGAL

# TROISIÈME PARTIE

## EN PORTUGAL

## CHAPITRE PREMIER

### VERS LA FRONTIÈRE PORTUGAISE

AR la brise matinale, dans une barque chargée à satiété, nous nous éloignons sans regret du bateau *Alger*, et, à force de rames, entre les *lightships* aux lanternes multicolores, nous glissons à la rive prochaine de la Pointe d'Europe. Les feux du soleil levant inondent déjà de lumière les flancs hérissés de l'abrupte montagne, aux pieds de laquelle s'étagent les maisons de GIBRALTAR (FIG. 53). Sur la jetée, vont et viennent, cinglés dans leur costume de toile gris-jaune, les factionnaires de l'armée anglaise. Point de douane : par conséquent, simplification des fastidieuses formalités de toute arrivée en pays étranger. Mais, par contre, un interrogatoire en règle, au Bureau de police, dont la vigilante administration tient ses assises, à l'entrée

du port. Il faut décliner là au chef de service ses nom, prénom, et qualités ; déclarer sa nationalité ; dire d'où l'on vient, et où l'on va ; indiquer la durée du séjour que l'on prétend faire : bref, passer humblement sous les fourches caudines de policiers soupçonneux, qui semblent toujours flairer quelque complot. On ne voit pas très-bien de quel droit ces bons Anglais s'autorisent pour exercer ainsi, en ce coin de la *terre d'Espagne*, leur méticuleux contrôle. Mais ils s'y sont à tel point fortifiés, qu'ils sont là absolument chez eux : y étant, ils y restent donc ; et ils le font assez bien sentir. Si rien toutefois, dans vos réponses ou vos allures, n'éveille leurs faciles soupçons, le « Chief of police » daigne vous délivrer un *ticket de circulation* (FIG. 54), de tout point semblable à un ticket de chemin de fer, valable « jusqu'au premier coup de canon du soir » (1), et au dos duquel ont été soigneusement inscrits, en vue du contrôle, le mois et le jour de la distribution : moyennant quoi, vous êtes admis à passer au tourniquet et à pénétrer, par le pont-levis et l'énorme porte du rempart inférieur, dans l'intérieur de Gibraltar.

A l'aube matinale, sur le pont du bateau, la ville m'était apparue imprécise, et pleine de mystère. Le sommet de la montagne était noyé dans la brume : tel on voit souvent, de Luzern, le Pilate encapuchonné de nuages. Quelques flocons gris flottaient, à mi-côte, aux flancs du rocher, coupés par la ramure des arbustes. Au bas, brillaient, comme des vers luisants, les feux du port et les lumières des maisons. Mais tout cela était encore ensommeillé, et aucun bruit ne venait, de là-bas, se mêler à celui du clapotement des vagues. Maintenant, les sonneries militaires, le roulement des tambours, les grondements des forts, tout ce qui accompagne et suit le réveil, domi-

---

(1) Le soir, Gibraltar est très animé jusque vers neuf heures. Mais, entre huit et neuf, tous les magasins se ferment, et la circulation ne tarde pas à diminuer, pour cesser à peu près, une heure plus tard. On n'entend plus guère alors que le pas cadencé des patrouilles, et, dans les guinguettes, les chants avinés des soldats anglais qui, empilés, assoifés, rouges comme des pivoines, se donnent là l'illusion des grandes beuveries des « public houses » de l'île natale.

nent le bruit de la mer. De la caserne, qui occupe deux des côtés de la petite place où l'on accède après avoir dépassé la porte du rempart, sans cesse partent des patrouilles qui vont faire respecter, en ville, le pavillon britanique. Encore une porte à franchir ; et, devant vous s'ouvre,

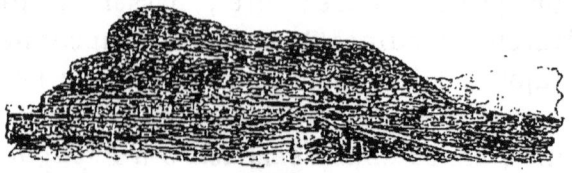

Fig. 53. — Gibraltar. Aspect général.

parallèle à la mer, la grande, l'unique artère de Gibraltar, la seule du moins à qui les Anglais aient donné le nom de « street », *Main Street* : toutes les autres rues qui s'y amorcent ne sont, pour eux, que des « lanes ». C'est la seule d'ailleurs qui offre quelque intérêt ; encore, cet intérêt est-il moins dans les édifices, dont aucun n'a le moindre cachet architectural, que dans la population qu'on y frôle.

Deux éléments, très tranchés de physionomie comme d'habitudes, la composent : les Espagnols, et les Anglais. Les premiers, malgré le contact permanent de leurs voisins, sont, à Gibraltar, ce qu'ils sont partout dans la Péninsule : oublieux de la fuite des heures, intarissablement loquaces, joyeusement expansifs, et plus préoccupés de la mise en scène que soucieux de travailler ; aux portes des maisons et sur la chaussée, par groupes animés, dans leur langue sonore et harmonieuse, ils devisent des faits divers de la veille ou pronostiquent les événements du lendemain ; la tête empanachée d'un ample « sombrero », les hommes, avec leurs poses dramatiques, ont l'air de traiter les affaires de l'Etat, pendant que, dans le groupe voisin, trois ou quatre joyeuses commères, qui parlent toutes à la fois, échangent leurs impressions, l'œil constamment en éveil, et occupées surtout des détails de leur toilette. Avec ce monde picaresque, la colonie anglaise offre le plus parfait contraste. Contraste des soldats, qui, précédés d'un joueur de musette, et, sur la tête, un chapeau de planteur ponctué au milieu d'un large liseré rouge, sillonnent la ville, les jambes nues, protégées par des guêtres montantes :

le masque impassible, raides comme des piquets, ils ont peut-être bien, d'une armée, l'allure martiale, mais non point la majesté, ni surtout la grâce. Contraste aussi des civils, qui vont empressés, les uns, à leurs affaires ; les autres, comme les cyclistes ou les sportsmen, à leurs exercices ou à leurs plaisirs ; tous également gourmés, hautains, et silencieux. Contraste enfin, et tout particulièrement, des miss, qui, taillées en asperges et fagotées à plaisir, trottinent, la tête coiffée d'un chapeau invraisemblable et un « prayer-book » à la main (1), dans la direction du temple. Ce singulier greffage de deux populations aussi dissemblables ménage, à l'étranger qui passe, le coup d'œil le plus curieux, et, parfois, le plus amusant, qui se puisse rencontrer.

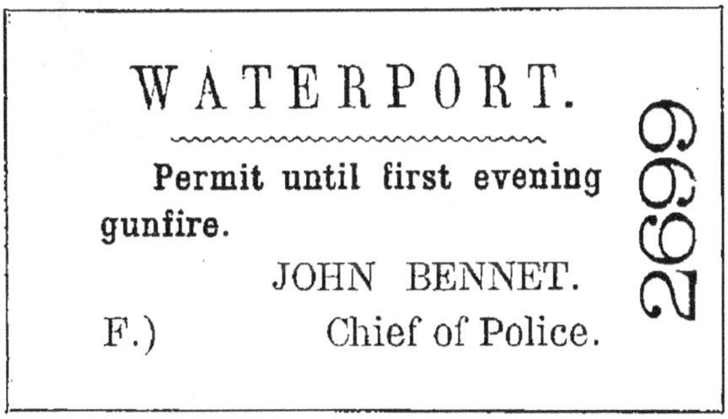

La street en effet n'est jamais vide, pendant le jour ; car, abstraction faite des 6.000 hommes de la garnison permanente, la ville n'enserre pas moins de 20.000 habitants, dans son étroit périmètre. Mais, de temps à autre, elle prend une physionomie encore plus animée : c'est, par exemple, quand on célèbre le jour de naissance de « H. M. the Queen » ; ou encore, quand revient la fête de la Reine Régente. Ces jours-là, tout Gibraltar est dans les rues, et surtout dans Main Street, où défilent, en pompeux équipage, les auto-

Fig. 54. — Laissez-passer.

```
WATERPORT.
Permit until first evening
gunfire.
                JOHN BENNET.
F.)             Chief of Police.
                                    2699
```

---

(1) Dès qu'on pénètre à Gibraltar, on trouve, en face de la caserne, un Kiosque établi par la Société biblique, et entretenu par elle, où se distribuent les tracts et autre menue monnaie de la littérature huguenote. Ces gens-là dépensent, chaque année, des sommes folles à inonder le monde de leurs dangereuses productions. Ils en ouvrent partout des dépôts. A Tunis, dans une rue voisine de la Porte de France, ils ont un *Deposito biblico*, à l'intérieur duquel se détache, en gros caractères, sur une affiche monumentale, cette invite amorçante : *Ascoltate, e l'anima vostra vivera!*

rités civiles et militaires (Fig. 55). La surveillance de la police se fait alors plus étroite. Mais, à voir la libre expansion de la joie populaire, on ne dirait point que la foule ait seulement l'air de s'en douter : les acclamations éclatent spontanées ; et tout se borne à quelques libations plus copieuses.

Gibraltar serait donc bien vite vu, n'étaient, par delà les ruelles affublées de noms anglais, les fortifications qui couvrent tout le rocher et qui ont rendu cette position imprenable. Elle l'est, en effet, de deux manières : en ce sens d'abord qu'elle est aussi absolument protégée que le permet, de nos jours, l'emploi savant de tous les moyens de défense ; puis, à ce point de vue que, au cas où la place risquerait de tomber au pouvoir de l'ennemi, des mines et contre-mines y ont été ménagées en assez grand nombre pour pouvoir permettre de

Fig. 55. — Une fête, à Gibraltar.

la faire sauter, en quelques secondes, et de n'en pas laisser pierre sur pierre. Ce que serait cet effondrement épouvantable, on en a comme le pressentiment, quand, à cinq heures du matin, on est brusquement secoué dans son lit et tiré de son sommeil par la simple décharge d'un canon du fort : de la cave aux combles, tout l'édifice où l'on se trouve a été ébranlé par la commotion voisine ; et l'on a une peine énorme à reprendre, pour un instant, son somme si désagréablement interrompu.

La visite des galeries fortifiées se fait, avec une permission de l'autorité militaire, en compagnie d'un sergent ; et elle se fait à cheval. On monte, lentement, le long des assises du rocher, que les patients travaux des Anglais ont blindé d'une véritable carapace de fer ; on voit, minutieusement distribuées, ces batteries puissantes, qui, pointées par des officiers habiles, suffiraient à tenir en échec les flottes les plus nombreuses (FIG. 56) ; et, si, l'on regrette que l'entrée de la Méditerranée soit aux mains et à la discrétion de nos voisins, on ne peut du moins ne pas rendre hommage à leur intelligente activité, ni à leur esprit militaire. (Cf. *Pièces justificatives*, N° 2).

Tout autre est l'aspect d'ALGECIRAS, en face de Gibraltar, à l'extrémité opposée de la baie, à l'ouest. Un coquet petit vapeur espagnol, *Elvira*, fait constamment la traversée, entre les deux rives ; et la promenade, qui ne demande que vingt-cinq minutes, est charmante. Le retour à Gibraltar, notamment, au coucher du soleil, alors que la Pointe d'Europe est totalement inondée de lumière, ménage la vue d'un spectacle aussi grandiose et aussi intéressant que possible : il faudrait, ne fut-ce que pour s'en procurer le plaisir, ne point manquer de faire l'excursion. Au surplus, et sans offrir rien d'extraordinaire, la visite d'Algeciras même n'est pas à dédaigner. C'est une petite ville très propre, surtout très tranquille, dont les maisons blanches se détachent sur le fond de verdure des collines prochaines, et dont quelques monuments attestent encore la fortune et la splendeur passées. Aujourd'hui, elle est trop vaste pour le chiffre de sa population. De là, trop peu d'animation dans ses rues et sur ses places, devenues trop grandes. Mais, suivez l'une quelconque des principales artères, qui conduisent au parc public ; détaillez, du regard, quelques-unes de ces habitations ; voyez ces balcons, aux grilles ajourées ; remarquez ces patios, aux revêtements de faïences multicolores ; pénétrez au hasard dans quelques-unes de ces cours, et observez ces colonnades, ces arceaux gracieux, ces escaliers superbes : et vous vous convaincrez que, si la ville a perdu de son importance de jadis, elle a conservé cependant de nobles restes de son ancienne prospérité. Derrière ces grilles, sur ces balcons, dans ces patios, vous n'entendez presque, ni n'apercevez, âme qui vive : toute la circulation se réduit à quelques groupes d'enfants qui s'ébattent, en criant, dans la rue; à quelques âniers, qui transportent des marchandises; et à de rarissimes passants.

Survienne toutefois, au milieu de cette sorte d'engourdissement qui semble uniformément sévir, un régiment de ligne qui, par une rue, défile, en regagnant ses quartiers; et, en un clin d'œil, le décor change. A

FIG. 56. — GIBRALTAR. Les batteries anglaises.

la première sonnerie des trompettes qui, avec les tambours, préludent à la marche guerrière, toutes les fenêtres se sont ouvertes, toutes les portes encadrées, tous les balcons remplis de têtes éveillées et curieuses, de costumes mulicolores; tous les cous se sont tendus, dans la direction des pantalons rouges qui passent (1); et les petits enfants eux-mêmes, oubliant instantanément leurs jeux, sont partis, comme une volée d'oiseaux et japillant comme eux, du côté des soldats, pour emboiter le pas à leur suite et leur faire cortège jusques à la caserne. Dès que le régiment a passé, les balcons se vident, les fenêtres se referment, les portes se closent; et Algeciras reprend son aspect de ville morte. Mais, pour quelques minutes, cette nécropole a eu la sensation de la vie: et cela encore, quand l'occasion s'en rencontre, est assez curieux à surprendre.

Un détail cependant dépare ce tableautin, et suffirait à lui enlever les deux tiers de son charme: c'est « l'arrivée »

---

(1) On sait que les soldats espagnols ont à peu près le même costume que celui de nos troupiers des régiments de ligne.

à Algeciras, et les stupides formalités qui l'accompagnent. Qu'il y ait là une douane, nul ne saurait raisonnablement y contredire ; Gibraltar est possession anglaise, tandis qu'Algeciras est en réalité, sur ce point de la côte, le premier port espagnol : il est donc essenssiellement dans l'ordre que les bagages y soient soumis à une inspection. Mais quel rapport peut-il bien y avoir, en vérité, entre la « visite » traditionnelle, et ce « *massage* » qu'opèrent indiscrètement, sur tous les passagers, les préposés de la douane ? N'abusent-ils point de leur droit de contrôle, quand, d'une main dont la propreté est plus que problématique, ils se livrent, sur toute votre personne, à une perquisition minutieuse, pour ne pas dire quelquefois inconvenante, soulevant votre chapeau, retournant vos poches, et vous « fouillant » des pieds à la tête ? Je ne sais ; mais si l'on n'ignore point, à Madrid, les procédés extra-libres des douaniers d'Algeciras ; et si, sous prétexte d'extirper d'aventure quelques cigares, on les laisse impunément pratiquer de pareilles investigations, il faut que la caisse de la fortune publique soit furieusement en détresse, pour en être réduite à escompter de si maigres profits ! En toute hypothèse, la seule perspective de la perquisition des douaniers d'Algeciras suffirait à dégoûter à jamais de mettre pied à terre en un tel lieu. J'ai pratiqué, je crois, toutes les douanes de l'Europe : il y en a d'aimables ; il s'en trouve quelques-unes de sévères ; quelques autres enfin sont franchement désagréables. Mais aucune ne peut, à beaucoup près, être comparée à celle dont je parle : les douaniers d'Algeciras tiennent haut le record pour l'inconvenance, et l'incivilité !

Laissons-les à leur besogne de sondeurs ; et, vite dans le train qui attend, sur la jetée, prenons place pour gagner des villes plus courtoisement hospitalières. La route la plus directe, d'Algeciras à la frontière portugaise, est malheureusement encore bien longue : il faut, d'abord, aller à Sevilla ; puis à Badajoz ; et la lenteur des trains espagnols est proverbiale. Si encore on pouvait normalement fournir chaque étape dans un « vagon *direct* » ! Mais non : à chaque bifurcation, à Bobadilla, à la Roda, etc., il faut changer de voiture et deviner, entre trois ou quatre autres qui stationnent, quel est exactement le train que l'on doit prendre. Et l'on met ainsi douze heures, pour aller d'Algeciras à Sevilla ! Par une coïncidence imprévue, j'y arrivai, le dernier soir de la « Feria » de « S. Miguel ». Sur la place voisine de la gare, il y avait, à la clarté des illuminations, de grandes réjouissances publiques, dont je me donnai le rapide spectacle, du fond du coupé qui m'amenait, sur la « Plazza Pacifico », à l'Hôtel de Paris. Après dîner, je me hâtai de sortir et de me diriger vers la « Sierpes », la féérique et enivrante Sierpes, la plus originale et la plus animée peut-être des rues de nos grandes villes d'Europe ; en tout cas, la plus pittoresquement curieuse, et qui jamais ne me parut plus en beauté que ce soir-là. Quelques courses me suffirent, le lendemain, pour raviver la mémoire des anciens souvenirs : je revis la Giralda, la Cathédrale, le Musée Murillo, etc. Et, vingt-quatre heures plus tard, l'express de Badajoz me déposait, à Elvas, à la frontière du Portugal.

# CHAPITRE II

### AUX RIVES DU TAGE. — LISBÔA

C'est par l'Estrémadure, la plus riche peut-être et la plus gracieuse des huit anciennes provinces (1) du royaume, que le train pénètre en Portugal : à Torre das Vargens, la ligne se soude au tronçon espagnol de Caceres ; et, plus loin, à Abrantes, à la grande artère qui vient de Madrid, Là aussi, elle rejoint le Tage, le fleuve national par excellence, qui, après avoir enjambé, en amont, les arches monumentales du vieux pont romain d'Alcantara, va peu-à-peu, en descendant vers la mer, dégonfler ses eaux majestueuses dans un lit dont l'élargissement progressif aboutira à la baie de LISBÔA (Lisbonne), plus connue sous le nom célèbre de « mer de paille ». Autant les contrées parcourues par le grand fleuve, dans l'Estrémadure espagnole, entre Toledo et Alcantara, et même dans la zône de la frontière portugaise, sont désolées, mornes et pauvres ; autant, lorsqu'on avance vers sa partie maritime, elles deviennent pittoresques, vivantes et fécondes : l'animation et la richesse succèdent alors sin-

---

(1) Ce sont, en allant du midi au nord : l'Argarve, l'Alem-Tejo (outre-Tage), l'Estrémadure, la Basse Beira, la Haute Beiras, le Tras-os-montes, le Douro, et le Minho. Le territoire de ces huit provinces a été partagé entre dix-sept *Districts administratifs*.

gulièrement à la solitude et à la désolation ; le gai et perpétuel printemps, aux tristes et monotones aspects de l'hiver. Au-delà d'Abrantes, le Tage reçoit d'ailleurs le précieux afflux des eaux du Zezere, qui achève de modifier son austère physionomie, en transformant heureusement, en un beau et pacifique fleuve de plaine, une tumultueuse et frémissante rivière de montagne. Toute la zône se ressent aussitôt des généreux bienfaits de son voisinage : ce ne sont partout que collines verdoyantes et plantureuses campagnes. Mais ce qui achève d'imprimer à ses rives un cachet enchanteur, c'est leur variété respective d'aspects, et, pour ainsi parler, l'originalité qui résulte du contraste de leur relief même.

Si, en effet, la rive gauche du Tage reste généralement basse ; si elle tend, à mesure qu'elle incline davantage vers le sud, à se développer en une vaste plaine, la rive droite, au contraire, est dessinée par les plus capricieuses et les plus riantes ondulations : ces collines, qui atteignent parfois, comme à Santarem, la hauteur d'une montagne, font ainsi une bordure merveilleuse aux rives du fleuve, dont elles achèvent d'encadrer magnifiquement l'estuaire ; elles se prolongent, au midi, jusque dans la partie de la province comprise entre le Tage et l'océan Atlantique ; et elles vont, le long des flots verts aux vagues énormes, tomber en falaises à pic, qui y enfoncent, ainsi que des éperons géants, les pointes rocheuses du Cabo, du Roca et du cap Carvoeiro. Dans ce cadre magnifique, le ciel et le sol se montrent, à l'envi, libéralement prodigues de leurs dons les plus rares. Pendant une moitié de l'année, le ciel reste d'un bleu de saphir, sans qu'aucun nuage n'en vienne ternir l'éblouissante pureté ; l'hiver, qui n'a point ici son habituel cortège de neiges, s'écoule sans aucun de ces à-coup désastreux, qui résultent ailleurs des froids soudains et excessifs ; durant l'été enfin, grâce à la brise de mer, l'atmosphère reste généralement tiède, en dépit des ardeurs d'un soleil qui inonde tout de ses rayons. Et le sol, sous l'action de tant d'influences heureuses, rend au centuple les germes des richesses jetées dans ses flancs : ici, dans la glèbe féconde, s'étalent les récoltes dorées des blés et des maïs ; là, aux flancs des coteaux de Carcavellos ou de Termo, s'accrochent, en une luxuriante tapisserie, le pampre vert et les grappes vermeilles des généreux vignobles; plus loin, aux vallons ombreux de Cintra, de Colares, ou de Torres-Vedras, les jardins de roses bordés de haies, de manguiers et de cactus, jettent aux zéphyrs l'enivrante senteur de leurs mille parfums. Voilà, crayonnée à la hâte, cette terre privilégiée de l'Estrémadure !

On ne se lasse point d'en contempler le gracieux paysage, tandis que, aux premières heures du matin, l'express file, à toute vapeur, vers la capitale. A l'inverse toutefois de ce qui a lieu pour d'autres grandes villes dont on a, comme une vue d'ensemble (1), avant d'y arriver, ici, l'on n'aperçoit Lisbôa qu'en y entrant, sinon même, et pour parler plus juste, qu'après y être entré. A peine en a-t-on en effet entrevu les faubourgs : ce n'est qu'au sortir de la « Station centrale (Fig. 57) », lorsqu'on est jeté subitement sur la chaussée de la petite place qui la précède, qu'on en a la soudaine et vivante vision. Mais cette vision est charmante ; et, du premier coup, l'on est conquis ! Voici, à gauche, profilant à perte de vue ses allées d'arbres et les lignes élégantes de ses superbes maisons, l'Avenue princière de la Liberté, *Avenida da Liberdade* (Fig. 58) ; à droite, l'étoile des rues

Fig. 55. — Lisbôa.
« Station centrale » du Rocio.

qui aboutissent à ce grand centre de la capitale, et qui, murmurantes et ensoleillées, donnent aussitôt l'impres-

---

(1) Sans sortir du Portugal, c'est le cas, notamment, pour Porto, dont on a, de Villa-Nova da Gaya, une vue absolument féérique.

sion du contact d'une ville opulente ; en face, et à quelques pas seulement, la Place Don Pedro, aux proportions superbes, à l'animation extrême. Dans la victoria qui m'amène, aux rives mêmes du Tage, à l'Hôtel Central, « Praça das Romulares », je traverse une foule d'élégants et aristocratiques quartiers : et déjà, rien qu'à voir, au passage, ici, tant de beaux édifices ; là, piquées aux flancs de la colline, tant et de si pittoresques constructions, je me convaincs que Lisbôa est vraiment placée dans un site admirable, et que son antique réputation de beauté et de magnificence n'est point surfaite.

Mais tout cela, on le comprend, demande à être vu en détail, et à être fouillé. Or, les courses sont longues, car la ville se développe sur une immense étendue ; et elles sont particulièrement fatigantes, en raison de l'escarpement d'une bonne moitié des rues, lequel nécessite des montées et des descentes perpétuelles. Mais, qu'importe ? L'une des premières qualités du touriste est d'avoir des jarrets de fer : cette résistance des muscles entre, pour un tiers, dans l'agrément et le succès d'un voyage ; et, si elle sert partout, nulle part peut-être elle ne trouve une plus naturelle occasion de s'exercer qu'en Portugal, à Lisbôa, par exemple, et à Porto. Ce n'est pas cependant qu'on manque, ici, de moyens de locomotion : ils pullulent (1). Je ne sais pas si l'on trouverait, en Europe, une seule ville où les applications les plus diverses et les plus ingénieuses de la traction aient été pareillement multipliées : funiculaires, crémaillères, vagons électriques, trams à vapeur, ascenseurs, cars, etc., tout s'y rencontre à souhait et rend, avec les communications plus aisées, l'abord des quartiers élevés plus facile. Mais on ne visite bien une ville qu'à pied ;

---

(1) Disons-le, en passant, après expérience faite : le nombre est prodigieux des gens qui *se porteraient* infiniment mieux si, au lieu d'aller s'immobiliser, un mois durant, dans une station thermale plus ou moins en vogue, ils avaient l'heureuse inspiration de rompre avec la routine de la mode, et qu'ils vinssent, à l'étranger, voir autre chose que l'éternel « convenu », meubler leur mémoire d'une foule de souvenirs intéressants et instructifs, et fortifier leur santé par un *exercice* continuel, qui est plus salutaire que le badigeon de n'importe quelles eaux mirifiques !

si peu donc qu'on ait les poumons sains, l'on n'hésite pas à cheminer pédestrement : du même coup, grâce à l'entraînement de l'*exercice*, on emmagasine des forces pour les travaux prochains du retour; et c'est ainsi double avantage.

L'horrible tremblement de terre de 1755 avait à peu près détruit toute la partie basse de Lisbôa. Deux célèbres architectes, Eugenjo de Carvalho et Ricardo dos Santos, la reconstruisirent entièrement, dans un style élégant, dont l'harmonie et la grandeur s'affirment particulièrement sur la *Praça do Commercio* (Fig. 59). L'impression qu'on éprouve, en débouchant sur cette Place, qui a plus

Fig. 58. — Lisbôa. L'Avenida da Liberdade.

de cent mille mètres carrés de surface, est absolument grandiose. Baignée, du côté du midi, par les eaux du Tage, elle encadre, sur ses trois autres côtés, par des constructions magnifiques, Ministères, Tribunaux, Bourse, Douane, etc., la colossale statue équestre de Dom José I, qui se dresse dans l'axe d'un arc-de-triomphe, et qui est bien l'un des plus beaux monuments de l'Europe. Exécutée par l'éminent sculpteur Machado de Castro, cette œuvre admirable porte, au socle, l'inscription suivante :

JOSEPHO . I .
AVGVSTO . PIO . FELICI . PATRI . PATRIAE
QVOD . REGIIS . JVRIBVS . ADJECTIS . LEGIBVS . EMENDATIS
COMMERCIO . PROPAGATO . ET . BONIS . ARTIBVS . RESTITVTIS
URBEM . FVNDITVS . EVERSAM . TERRAEMOTV . ELEGANTIOREM . RESTAVRAVERIT
ISPICE . ADMINISTRO . EJVS . MARCHIONE . POMBAL . ET . COLLEGIO . NEGOTIATORVM . CVRANTE
S. P. Q . O .
BENEFICIORVM . MEMOR
M . D . CCC . XXV

L'inauguration du monument eut lieu, le 12 octobre 1833, et donna lieu à des fêtes patriotiques, dont le souvenir est resté légendaire. Du pied de la statue, l'on a sous les yeux un panorama d'une rare magnificence : en face, le beau fleuve, aux quais de marbre, large ici comme une mer; à droite et à gauche, les grandes lignes des palais; à l'arrière, surmontée d'une Victoire qui distribue des couronnes, l'immense arc-de-triomphe, par le large arceau duquel s'ouvre une échappée sur la royale artère appelée Rue Augusta. Des torsades de gaz s'enlacent aux blanches colonnes et se prolongent jusqu'aux frises du monument, pour les illuminations des jours de réjouissances publiques. Mais la Place semble toujours en fête, tant la foule s'y presse, à toute heure, tant l'animation y est considérable; foule active aux affaires, élégante, distinguée, au milieu de laquelle le propret costume des gens du peuple ou des paysans d'alentour ne fait point tache (1). L'arc-de-triomphe porte également une inscription, mais très courte, et fort instructive; la voici :

VIRTVTIBVS

MAIORVM

VT . SIT . OMNIBVS . DOCVMENTO. P. P. D.

Au-delà de la « Place du Commerce », s'ouvre, du sud au nord, sur un espace d'environ deux kilomètres carrés, le réseau des rues neuves et aristocratiques, dont le rectangle forme le cœur de la capitale moderne. Larges, tirées au cordeau, et toutes parallèles, ces élégantes artères, où la vie coule à pleins bords, mettent en communication la Place que nous avons visitée avec la seconde des grandes Places de Lisbôa, la *Praça D. Pedro*, dont la physionomie est toute différente (Fig. 60). Ce n'est point cependant que

---

(1) Il n'est point rare, vers le milieu du jour, quand la chaleur est extrême, de trouver des paysans, coiffés du multicolore bonnet de coton, classique parmi eux en Portugal, étendus dans le cône d'ombre formé par la statue de D. José I, et faisant tranquillement la sieste sur les escaliers du piédestal, en attendant une heure plus propice pour regagner sans trop de fatigue le village voisin.

celle-ci manque de monuments : outre sa fontaine, à l'entrée, et sa statue de bronze (1) qui domine une colonne élancée, à l'arrière, elle développe, sur un de ses côtés, la façade imposante du Théâtre Dona Maria (Fig. 61). Et puis, il y a là, un gracieux pavage, que nous retrouverons ailleurs en Portugal, notamment à Porto, où l'ingénieux rapprochement du marbre blanc et du marbre noir forme mille dessins capricieux, dont la mosaïque ménage au regard un plaisir sans cesse renouvelé.

Fig. 59. — Lisbôa. Praça do Commercio.

Mais les palais qui encadrent si majestueusement la Place du Commerce ont fait place maintenant aux maisons particulières ; ce n'est plus l'Etat, avec ses grandes administrations, qui a ici sa résidence ; ce sont les demeures privées des citoyens : les rez-de-chaussée sont livrés au commerce ; et la foule qui y fréquente n'est plus la même, ni n'a plus le même genre de préoccupations, que celle qui se porte à l'entrée des ministères, ou aux portes des tribunaux. Sur les chaussées latérales, courent, en longue file, les tramways qui déversent, à toute heure, dans ce centre, d'innombrables visiteurs. On a donc, là encore, très sensible, l'impression de la vie, mais d'une vie d'une autre sorte.

Si l'on prend alors sur la droite pour explorer la zône

---

(1) Au socle de la colonne qui porte la statue, se détache, gravée, cette courte inscription :

A. D. PEDRO IV
OS PORTVGVEZES
1870

d'alentour, on tombe, après quelques pas, en plein quartier populaire, quelque chose comme nos boulevards extérieurs, à Paris. Les constructions n'y ont plus la même élégance, que ci-devant, ni les magasins la même splendeur. Mais cela encore est animé, très animé même, surtout aux abords du marché. Il faut voir, à ce propos, sinon les halles, qui ressemblent à toutes celles qu'on peut connaître, du moins le Marché aux poissons, dont la physionomie est fort originale (Fig. 62). Les vendeuses, qu'on rencontre d'ailleurs fréquemment dans les rues, ont un costume des plus caractéristiques. Coiffées d'un petit chapeau rond, à bords retroussés, elles croisent, sur leur poitrine, un fichu de couleur, et enroulent assez souvent, autour de leur taille, un châle de laine noire ; les pieds toujours nus, elles glissent, alertes comme des anguilles, entre les acheteurs, en criant leur marchandise : « Sardinha a saltar viva ! » ou bien : « Carapau fresco ! » ou quelque autre appel encore. Et, autour d'elles, s'empressent les cuisinières ; et ce sont, alors, des dialogues ; c'est surtout une mimique, digne d'être fixée au cinématographe.

Fig. 60. — Lisbôa. Praça D. Pedro.

Lisbôa est, sous le rapport religieux, le siège d'un Patriarchat, comme Venezia, en Italie ; et, d'une et d'autre part, le Patriarche est habituellement revêtu de la pourpre cardinalice. Mais si celui de Venezia a une cathédrale qui est l'une des merveilles du monde, celui de Lisbôa est moins bien partagé. Outre que la cathédrale *Santa Maria* (1) est placée ici dans un quartier des plus humbles

---

(1) On l'appelle, plus couramment : « la *Sé* ».

de la partie ancienne de la capitale, et qu'elle n'a pas, comme à Venezia, l'incomparable péristyle de la Piazza San Marco, elle n'offre guère, prise en elle-même, dans ses proportions et dans son architecture, rien qui la recommande, ni qui justifie assez le titre de « Real egreja », qu'elle porte. Le style gothique de la façade, laissée debout par le tremblement de terre, avec quelques chapelles, s'harmonise mal avec le syle français du XVII<sup>e</sup> siècle dans lequel on a cru pouvoir reconstruire les parties mutilées de l'édifice. Avec cela, dans la décoration, trop d'or, trop de clinquant, au préjudice du bon goût. Mais, dans ce cadre, où l'on regrette l'absence d'harmonie, je me hâte d'ajouter, à l'honneur des catholiques portugais, qu'on trouve, pendant les offices, le spectacle constant d'une piété vraie et touchante. Dans quelque église qu'on pénètre, d'ailleurs, à Lisbôa, la population locale répand le même

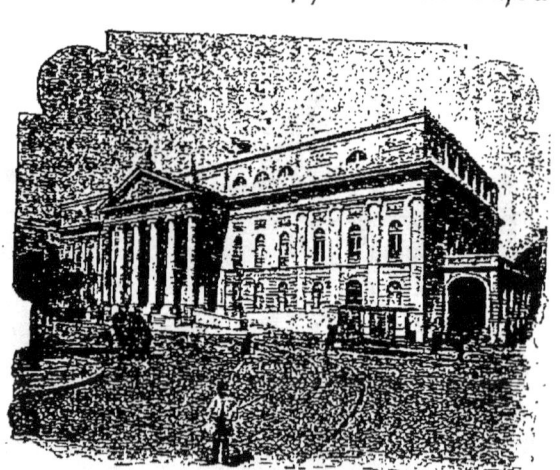

Fig. 61. — Lisbôa. Théâtre Dona Maria.

parfum d'édification : sans ostentation comme sans respect humain, elle affirme partout hautement la profondeur et la sincérité de sa foi ; et, à l'inverse de ce qu'on voit parfois, avec peine, en Italie, par exemple, sa tenue ici et sa correction sont parfaites (1).

Revenons, en passant devant la façade grecque du Théâ-

---

(1) Voici pourtant un détail d'ordre *pratique*, dont on ne paraît pas soupçonner l'importance, dans les pays catholiques, et sur lequel je ne crois point inutile d'attirer de nouveau l'attention. Dans quelque hôtel en effet que vous pénétriez, à l'étranger, votre attention est immédiatement attirée par la vue d'une pancarte, où, très explicitement et tout-à-fait en vedette, se trouve indiqué l'horaire du service religieux, au *temple* voisin. Mais l'heure des messes, soit à la cathé-

tre Dona Maria, à la Praça D. Pedro, et, poursuivant notre promenade vers le nord, gagnons la promenade de la célèbre *Avenida* (Fig. 58). Nous y débouchons immédiatement, après avoir laissé, sur la gauche, la Station centrale, aux baies monumentales en forme de fer à cheval (Fig. 57). Bordée de somptueux hôtels décorés de balcons en fer forgé d'un travail admirable, avec, de ci, de là, quelques grands édifices publics, l'Avenue de la Liberté est essentiellement le quartier neuf de la capitale ; et c'en est aussi le mieux fréquenté et le plus agréable. Au centre, une très belle piste sablée, constamment sillonnée de cavaliers et d'équipages ; le long des maisons, une large chaussée ; enfin, entre les chaussées et la piste, d'immenses trottoirs macadamisés, sur lesquels s'enchâssent, de distance en distance, protégés par l'ombre des grands arbres où piaille une armée de moineaux, des bassins en rocaille, des pelouses, et des jardins où sont entassées les fleurs les plus riantes et les plus rares. L'après-midi, en hiver ; le soir, en été, tout le monde élégant se donne rendez-vous, à l'Avenida : la piste, à l'heure de la promenade, se transforme en « corso », où défilent les plus brillants équipages. On vient là prendre l'air, causer (1), écouter la musique, surtout quand, au Kiosque, prennent place les artistes de l'excellente Musique de la ville, en un mot, *fazer a Avenida*, comme s'expriment les Portugais. Au bas de l'Avenue, et presque à l'entrée, se dresse, monumental, l'obélisque commémoratif de la révolution du 1er décembre 1640, date à laquelle le Portugal fut séparé de l'Espagne et reconquit sa légitime autonomie. Comme souvenir, et comme exécution maté-

---

drale, soit à l'église la plus prochaine, ne figure nulle part ! Est-ce logique ? Et le clergé ne devrait-il pas montrer, avec un peu plus de prévoyance élémentaire, un peu plus de souci de faciliter aux catholiques de passage l'accomplissement de leurs devoirs ?... Ils ne déchoirait point en imitant, sur ce point, l'incessant prosélytisme des ministres protestants : au contraire !

(1) Dans les groupes aristocratiques, la langue couramment parlée n'est ni l'anglais, ni l'allemand, ni même le portugais, mais le *français*. Mon amour-propre national n'a pas été médiocrement flatté d'en faire, *de auditu*, la fréquente constatation, à Lisbôa.

rielle, c'est deux fois une œuvre nationale. La colonne s'élance, majestueuse, avec, à la base du piédestal, deux statues en bronze figurant la Victoire et l'Indépendance ; puis, au-dessus, ponctuée d'une foule de dates glorieuses, cette inscription, éloquente dans son laconisme :

AOS

RESTAURADORES

DE 1640

A l'extrémité nord de l'Avenida, la promenade s'épanouit en une Place, qui porte le nom du Marquis de Pombal, et qui accède elle-même à l'entrée du beau Parc de la Liberté. Pour y atteindre, il faut se résoudre à faire des kilomètres : on confine là à Lisbôa extérieure. Mais voici, sans aller si loin, un autre genre d'attractions : c'est vers le milieu de l'Avenida, à l'ouest, au-delà de la rampe dont un tram électrique facilite opportunément l'accès, le gracieux jardin suspendu, connu sous le nom de Pasceio de S. Pedro d'Alcantara. Ce n'est pas seulement un délicieux parterre de fleurs, qu'on a créé en cet endroit ; c'est encore un parterre de « gloires » portugaises. On y a placé en effet, sur des cippes, les bustes de quatre des plus grands hommes dont puisse se réclamer l'honneur

Fig. 62. — Lisbôa.
Marché aux poissons.

national. Ce sont, près du mur du jardin, ceux de D. Henrique et de Vasco de Gama ; et, à l'avant, ceux de D. Pedro Alvares Cabral, « descobridor do Brazil »

(1500), et de l'immortel Camoens, au bas duquel se lisent ces mots :

IMMORTAL

CANTOR

DAS GLORIAS

DE PORTUGAL

Des terrasses de ce jardin, on a, sur l'Avenida et sur la ville, une vue merveilleuse.

A quelques pas de là, se trouve, dans la ville haute, une église dont l'apparence extérieure est chétive, mais dont l'intérieur est admirable : c'est « S. Roque ». Là, les fresques du plafond le disputent en magnificence au travail achevé des grilles latérales et à la brillante décoration des chapelles ; des toiles de prix tapissent les parois des murs de la nef ; et, à la tribune, un superbe buffet d'orgue (1) complète cette ornementation vraiment artistique. Aussi, est-ce la perle du quartier. Les constructions en effet, n'ont plus, dans cette zône, le cachet d'élégance que nous notions tout-à-l'heure ; les rues, dont le sol bossèle, sont étroites et maussades ; et la population elle-même est d'un négligé, qui contraste étrangement avec la distinction de celle que nous avons frôlée dans la partie inférieure de la capitale. On passe donc assez rapidement.

Mais voici la vraie grande ville qui reparaît, avec tout son charme, quand, à l'extrémité inférieure de ces rues, on débouche sur la Place de Camoens. C'est, ici encore, un des centres de Lisbôa, tant il y a d'artères importantes qui y aboutissent, et, entre toutes, la célèbre « Rue Garrett », belle en dépit de son plan fortement incliné. Au milieu de la Place, trône, dans une apothéose de gloire,

---

(1) En Portugal, comme en Espagne, les organiers ont la coutume de donner aux tuyaux de certains jeux une inclinaison horizontale, contrairement à ce qui se pratique, à peu près partout ailleurs, où les jeux de montre sont placés verticalement. Je ne saurais affirmer si cette disposition est heureuse, au point de vue de l'acoustique ; mais l'effet en est disgracieux, pour la vue : on dirait, non pas des tuyaux d'orgue, mais des bouches à feu !

la colossale statue de bronze du chantre de Vasco de Gama. Le front nu ceint d'un laurier, Comoens ramène sur la poitrine sa main gauche, d'un geste aisé qui lui permet de soutenir naturellement le livre merveilleux où il a raconté les exploits de son héros; il étend le bras droit, et tient à la main une épée dont la pointe repose sur le socle du monument. Un long manteau forme draperie, à l'arrière, et recouvre à moitié de ses plis une cuirasse de chevalier. Autour du piédestal, sont groupés, pour faire cortège au poète, une série d'hommes illustres, que le sculpteur a représentés de grandeur naturelle.

Fig. 63. — Lisbôa. Monument de Camoens, sur la place du même nom.

Ce sont, à l'avant : Fernâo Lopez, et Jeronymo Corte Real; puis, en faisant le tour : Pedro Nunes, Fernâo Lopez de Castanhede, Francisco de Sà de Menezes, Gomes Eanes de Azurara, Vasco Mausinho de Quebedo, Joâo de Barros. A l'arrière du socle, l'inscription :

POR SUBSCRIPSAO

AUXILIADA PELOS PODERESO

INAUGURADO EM 9 DE OUTUBRO

1867

au bas, enfin, cette note : *A parte architectonica executada nas officinas de J. A. Santos;* puis, le nom du sculpteur, *Victor Bastos;* et, au milieu du piédestal :

A

LUIZ DE CAMOËS

avec, dominés par une couronne de laurier, en bronze et une banderolle transversale d'or, ces mots :

A CAMOÈS, OS ESTUDANTES, EM 1880

L'année 1898, en ramenant le quatrième Centenaire de la découverte de la route maritime des Indes, par Vasco de Gama, a procuré à Camoens un renouveau de gloire. « Vaillants guerriers avait-il écrit, au début du 1<sup>er</sup> chant de son merveilleux poème *Les Lusiades*, vous qui, les armes à la main, êtes partis des rives occidentales de la Lusitanie, pour aller franchir les limites de la Tapobrane (1), en sillonant des mers inconnues, et qui, après avoir bravé plus de périls, plus de combats, que ne le faisait prévoir la force humaine, avez fondé, chez des peuplades lointaines, un royaume nouveau que vous avez à jamais illustré,..... je vais, par mes chants, répandre votre gloire de toutes parts, si l'art et le génie me viennent en aide pour accomplir une œuvre aussi grande ». Or, ni l'un ni l'autre ne fit défaut au chantre inspiré. « Sa vie, a dit un de ses plus récents historiens, est comme le poème d'une longue lutte entre la froide réalité des choses et l'ardent idéal des sentiments ; son œuvre reflète l'inspiration de tous les éléments poétiques qui constituent les traditions d'un peuple, et représente, en même temps, le grand fait de la vie historique du xvi<sup>e</sup> siècle, l'alliance de l'Occident avec l'Orient, réalisée par les découvertes des Portugais! Aussi, sa gloire, médiocre d'abord, a-t-elle grandi, à mesure que s'est développée la civilisation moderne. Plus on a reconnu, en Europe, les bienfaits des relations industrielles et commerciales, inaugurées par Vasco de Gama et célébrées par Camoens, plus on a rendu hommage au génie enthousiaste qui s'est fait l'écho de cet heureux et nouvel état de choses. Voilà comment le chantre des *Lusiades* personnifie, pour ainsi dire, la nation portugaise ».

(1) L'île de Ceylan.

C'est elle en effet que Camoens exalte, dans sa sublime épopée, au moins autant que Vasco de Gama ; c'est sa grandiose histoire qu'il célèbre, en la rattachant aux voyages du hardi navigateur, et à ses conquêtes. L'expédition de ce dernier n'est même proprement qu'un cadre, dans lequel le poète national a voulu faire entrer toutes les grandeurs de la Patrie : là est l'unité de l'œuvre ; et, là aussi, se trouve, en partie, dans cette « épopée des enfants de Lusus », l'honneur de Camoens, vrai chantre de la gloire du Portugal. Ni les voyages, ni la captivité, ni l'exil, ni aucune autre épreuve ne purent paralyser sa main vaillante et l'empêcher d'affirmer, par un chef-d'œuvre, son immense amour pour sa Patrie. Comment s'étonner, après cela ?

Si Gama conquiert l'Inde, et Camoens le monde,

comment s'étonner que son nom soit sur toutes les lèvres, et son souvenir au fond de tous les cœurs, dans ce Royaume de Portugal, où la fibre de patriotisme est si délicate, si affinée, si admirablement vivante ?...

Lors des fêtes de 1867, pour l'inauguration de la statue de Camoens, ce fut, du nord au sud du Pays, une magnifique explosion d'enthousiasme. Le sentiment national se donna de nouveau carrière, en 1880, à l'occasion du 3ᵐᵉ Centenaire du Poète. Et voici que, au mois de mai 1898, le 4ᵐᵉ Centenaire de la découverte de Vasco de Gama, en associant le souvenir du chantre à celui de l'inventeur, a donné à l'immortel aède un regain de célébrité. Car ils ont bien été associés, tous

Fig. 64. — Lisbôa.
L'église *da Estrella* (de l'étoile).

deux, dans les imposantes manifestations dont le pacifique Royaume vient de fournir au monde le bienfaisant spectacle : tous deux ont été à l'honneur, inséparables, comme ils l'avaient été à la peine. Et, à ce spectacle, le monde, de loin, s'est intéressé. Quoi de plus juste, d'ailleurs, et de plus rationnel? En s'élançant, sur leurs blanches caravelles, à la découverte des terres inconnues ; en traçant, sur l'Océan immense, de nouvelles routes ; en amenant à notre civilisation des peuples qui en étaient restés séparés par d'infranchissables barrières, ces audacieux révélateurs, de quelque nom qu'on les appelle, Colomb ou Vasco de Gama, Magellan ou J. Cartier, n'ont pas en effet servi seulement leurs patries respectives. Ceux qui sont venus ensuite et qui, comme Camoens, pieusement, ont recueilli la mémoire de leurs hauts faits. pour couler cette matière précieuse dans le moule d'un merveilleux poème, ont aussi, à leur tour, bien mérité de l'humanité. De leur hardiesse à tous, de leur endurance, de leur génie, l'humanité tout entière se réclame donc ; de leurs découvertes et de leurs chefs-d'œuvre, tous les peuples ont bénéficié ; de leur gloire enfin, le monde a le droit de s'enorgueillir. Et voilà pourquoi, malgré les multiples préoccupations de l'heure présente, le monde a sympathisé aux récentes fêtes de Lisbôa. Un immense concours d'étrangers est venu, aux rives du Tages, en donner la preuve explicite, apportant, avec des dons insignes, l'appoint non moins appréciable de leur enthousiasme et de leurs vivats. Pendant plusieurs jours, sous la présidence de L. M. le Roi Don Carlos et la gracieuse Reine Marie-Amélie (1), les réceptions ont succédé aux réceptions, les fêtes aux fêtes :

(1) Le Roi Don Carlos I, fils du Roi Don Luiz I (Maison de Bragance-Saxe-Cobourg-et-Gotha) et de Dona Maria Pia de Savoie (fille du roi d'Italie, Victor-Emmanuel), est né, à Lisbôa, le 28 septembre 1863. Il a épousé, à Lisbôa, le 23 mai 1886, la Princesse Marie-Amélie, née à Twickenham, le 28 septembre 1865 (fille du Comte de Paris, de la Maison Bourbon-Orléans). De ce mariage sont issus deux fils : S. A. R. le Prince Royal Luiz-Filippo, né le 21 mars 1887, Héritier présomptif ; et l'Infant Manuel, Prince de Beira, né le 15 novembre 1889.

cérémonies religieuses (1), visites de navires étrangers, cortège d'hommage et cortèges allégoriques, concours, concerts, courses de taureaux, illuminations, etc., rien n'a manqué de tout ce qui pouvait donner à la joie de tout un peuple un caractère vraiment national. Déjà, à l'automne de 1897, quand je m'arrêtais, respectueusement ému, devant le monument de Camoens, déjà, l'on se préoccupait activement, à Lisbôa, de l'organisation des fêtes prochaines; on en parlait à plaisir, et l'on les imaginait superbes. Mais telle est la puissance d'invention du patriotisme, qu'elles ont dépassé toutes les espérances : la magnificence de la réalité a été incomparablement au-dessus des riantes perspectives du rêve !

De la Place de Camoens, par une série de rues alternativement montantes et descendantes, où se glisse, comme sans effort, un tram électrique, on gagne, sur la hauteur, la vaste esplanade que décore la belle église « da Estrella » (FIG. 64). Ce somptueux monument, construit quelques

---

(1) La Religion a eu sa place — la toute première — dans ces imposantes et mémorables manifestations. A Bélem, aux portes de Lisbôa, dans l'immense église bâtie, au retour de Vasco de Gama, avec le premier argent qu'il rapporta des Indes, un *Te Deum* solennel a été chanté, le dimanche, 22 mai 1898. Quatre merveilleuses colonnes-piliers, puissantes et frêles dans leur altitude ouvragée, soutiennent la voûte. Le chœur est tendu de brocarts rouges, de vieilles soies pâles que raidissent des broderies d'or. Sans nombre, des cierges baignent d'une lueur très douce l'autel d'argent, tandis que, par les grandes portes larges ouvertes, par les fenêtres à vitraux clairs, le soleil se joue librement dans le milieu de l'église. Mitre en tête, suivi de tout son clergé vêtu de splendides ornements, le Patriarche de Lisbôa reçoit, au seuil de la basilique, Leurs Majestés, la Reine-Mère et l'Infant Don Manuel. Au milieu d'une haie de hallebardiers rouges et jaunes, les Souverains traversent l'église encombrée d'uniformes et de toilettes de gala; puis, sous un immense dais de velours et d'or, ils prennent place, tandis que l'orgue et la maîtrise entonnent le *Te Deum*.

Dans la vapeur de l'encens, dans la lumière chaude des cierges et du soleil, le cardinal-archevêque d'Enora monte en chaire : longuement, il retrace la vie d'héroïsme et de grandeur de Vasco de Gama, qui, dans la chapelle de droite, est enseveli, à côté de Camoens...

La maîtrise reprend; et, dans la gloire d'une marche finale, Leurs Majestés partent en daumont à quatre chevaux, répondant aux saluts, aux cris d'enthousiasme du peuple massé aux abords de l'église, et tout le long de la route, jusqu'à Lisbôa.

années après le tremblement de terre, occupe sans conteste le premier rang parmi les édifices religieux de la capitale. Sa robe extérieure de marbre blanc, qui lui donne une étroite parenté avec le dôme de Milano, a pourtant encore moins d'éclat et de richesse que sa décoration intérieure : ce ne sont que marbres précieux, travaux d'art, tombeaux insignes. Un vaste jardin, planté d'arbres vigoureux, complète, à quelques pas du sanctuaire, le gracieux cadre de ce coin de la capitale.

Un peu plus loin, en continuant, vers l'ouest, se trouve le Palais Royal « das Necessitades », qui, s'il est moins remarquable par son architecture que par son admirable situation, ne laisse pas cependant d'intéresser par la richesse de ses collections comme par ses souvenirs. C'est dans ce Palais en effet qu'habita le Roi D. Fernando, l'illustre grand-père de S. M. le Roi Don Carlos. Entouré de jardin enchanteurs, l'édifice est placé dans un site merveilleux, d'où la vue domine le cours du Tage et s'étend jusqu'à son embouchure. Parmi les appartements, il faut signaler surtout la Bibliothèque, qui possède d'inappréciable trésors, et le Cabinet de travail de S. M. la Reine Marie-Amélie, qui, par la grâce exquise de sa décoration et le goût délicat de son ameublement, fait instinctivement songer au Cabinet de travail de la reine de Rou-Roumanie, « Carmen Sylva », à Bukarest.

Cette dernière étape fournie, regagnons, par une des rues descendantes, les quais du Tage, ces légendaires « quais de marbre », pour revenir, au centre de la capitale, à notre point de départ. Chemin faisant, nous traversons une partie des faubourgs, où se trouvent les grands établissements industriels, et où la vie foisonne ; nous longeons, par centaines, de vastes immeubles, dont les façades, revêtues de faïences, bleues, jaunes, roses, vertes, reluisent, étincelantes, aux feux du soleil couchant : nous croisons, tour-à-tour, des escouades d'ouvriers, échappés des usines prochaines, après avoir achevé leur tâche ; des flots de promeneurs, qui vont, à pas lents, respirer, le long du fleuve, la fraîche brise du soir ; et, essaimés çà et là dans la foule, des sergents de ville, qui sont bien les êtres les plus pacifiques et les plus obligeants qu'on puisse trouver, mais dont le disgracieux casque pointu dépare malencontreusement, pour des yeux français, la tenue correcte et sévère. Et, cela encore, est une « vue » de Lisbôa : c'en est même l'une des plus intéressantes. On prend là, sur le vif, la race elle-même sous ses dehors naturels, avec ses goûts et ses habitudes. Sous les allures simples du travailleur, comme sous la réserve discrète du bourgeois, on sent percer le même fonds de fierté native : jamais vous ne verriez, par exemple, un Portugais traîner ou pousser une voiture à bras, dans la rue ; il croirait déchoir. Un domestique même, à Lisbôa et à Porto, se résoudrait difficilement à charger sur son dos un objet volumineux. C'est un rôle qu'on réserve exclusivement aux *gallegos*. Originaires de la Galice, ces laborieux portefaix sont robustes, probes, et toujours prêts à accepter les besognes les plus pénibles ; par leur physionomie d'ailleurs, comme par leurs mœurs, ils rappellent, à s'y méprendre, nos Auvergnats. Aussi se plient-ils aux fonctions les plus diverses. Le gallego est tour-à-tour, et selon que l'exîgent les circonstances, porteur d'eau ou crocheteur, domestique à tout faire ou simple commissionnaire : il s'improvise même pompier, les jours d'incendie ; et un immeuble en flammes n'a pas d'ennemi plus acharné que le gallego, ni plus fertile en ressources.

Mais si la fierté, cette sœur cadette de la distinction, est l'un des traits saillants de la physionomie portugaise, ce n'en est toutefois ni le seul, ni peut-être le plus foncier. Il n'est point nécessaire de faire à Lisbôa, à Coimbra, à Porto, et ailleurs, un très-long séjour, pour se convaincre que, au fond de toutes ces natures, quelque varié qu'en puisse d'abord sembler l'aspect, il y a un instinct universel de droiture et de bonté. Où qu'il aille, l'étranger, le Français surtout, est accueilli, en Portugal, avec bienveillance, et traité comme un ami. Il n'est, pour lui, sorte de prévenances et d'attentions dont on ne s'efforce de multiplier les preuves. Et ainsi, c'est un charme de se laisser vivre, pendant quelques semaines, en un [pays riant et original, où l'on se sent choyé comme un hôte. Un détail, pourtant, qui frappe peut-être encore davantage, celui tout au moins qui s'accuse le plus universellement, c'est le respect et l'amour des Portugais pour la Dynastie régnante. Cela se sent partout. et s'affirme de mille manières. Cette vénération et cette filiale docilité des sujets pour la Royale Maison de Bragance s'expliquent, naturellement, par la sagesse, la justice, et l'esprit de libérale modération qui caractérisent tous les actes de S. M. le Roi Don Carlos I$^{er}$. Mais serai-je téméraire, si j'ajoute que la grâce, la bonté compatissante et l'ingénieuse charité de son Auguste Epouse ont aidé aussi à développer, parmi le peuple, ces beaux sentiments, et à les y maintenir ? En s'asseyant sur le trône de Portugal, S. M. la Reine Marie-Amélie, la pieuse et bienfaisante fille de S. A. R. le Comte de Paris, a même fait quelque chose de plus : Elle a resserré étroitement les liens de vieille sympathie qui unissaient à sa patrie natale sa patrie d'adoption, et, à son peuple fier et généreux, Elle a appris à mieux aimer la France !

# CHAPITRE III

PAR MONTS ET PAR VAUX : BÉLEM ; EVORA ; CINTRA ; BATALHA
THOMAR. — UNE VILLE UNIVERSITAIRE : COIMBRA

ISBÔA n'est pas seulement une capitale enchanteresse : c'est encore une position à souhait pour rayonner aux alentours, et quels alentours ! Bélem, Evora, Cintra, Batalha, Thomar. On ne saurait choisir un plus agréable « centre d'opérations », ni un lieu où, après une visite aux curiosités et attractions voisines, l'on revienne avec un plus absolu plaisir. En variant ainsi les distractions et en diversifiant, pour ainsi parler, les paysages, on enlève, aux excursions multiples que l'on veut faire dans l'intérieur de la capitale, ce qu'elles pourraient avoir d'uniforme et de fatigant, si l'on les poursuivait d'une manière continue.

La visite de BÉLEM est une simple promenade, mais charmante de tout point. On s'y rend, par exemple, dans le tramway à chevaux, en suivant les faubourgs qui, longtemps, profilent, à l'ouest, les lignes de leurs maisons ; et l'on en revient par la petite voie ferrée qui, ingénieusement établie sur la rive gauche du Tage, suit le cours du fleuve. Or, trois choses attirent, à Bélem : la Tour de Bélem ; la basilique et le couvent de Jeronymos ; et le Palais Royal.

La *Tour de Bélem*, entrevue à distance, évoque vaguement le souvenir du « Steen », qu'on voit, à Anvers, sur l'Escaut : c'est la même silhouette imposante, au bord d'un grand fleuve, et dans une situation à peu près analogue. Mais quelles différences ici dans le cadre, le ciel, l'éclairage, et, à mesure qu'on approche, dans la construction elle-même ! Cette Tour, d'un style si riche et si original, autour de laquelle court une enceinte crénelée et bastionnée dont les murs plongent dans les eaux du Tage, se détache, baignée de lumière, sur tout le paysage environnant : sévère et gracieuse à la foi, elle ne rappelle aucun des sanglants et sinistres souvenirs du « Steen » ; et si elle commande l'entrée du fleuve, à Lisbôa, elle a du moins une majesté sereine.

La construction de l'*église* et du *couvent des Jeronymos* se rattache étroitement, et sous divers points de vue, à la grande découverte de la route des Indes, par Vasco de Gama. Outre qu'elle fut entreprise avec les premières ressources que le courageux navigateur en rapportait, elle fut exécutée en effet dans des conditions architecturales, dont le nouveau et magnifique caractère n'était que le contrecoup des expéditions récentes sur le goût artistique des contemporains. L'imagination exaltée par les aventures et les récits des explorateurs, architectes et sculpteurs cessent alors d'imiter servilement, comme le faisaient, à cette date, les Italiens et les Français, les monuments grecs et romains. L'imagination hantée par les descriptions qu'on leur a faites d'animaux bizarres, de fruits aux formes démesurées, d'une flore exotique, ils se créent, en quelques années, un art inconnu, national, plein d'originalité et de hardiesse, où les traditions locales s'allient aux productions de la nature orientale. Une architecture nouvelle, qui traduit d'une façon splendide l'état d'âme de tout un peuple, prend donc alors naissance : c'est un gothique particulier, désigné sous le nom de *gothique de Don Manuel* (1), où l'on met à contribution non-seulement la

---

(1) Cette appellation n'est qu'un acte strict de justice : le Roi D. Manuel (1495-1521) avait été le contemporain de la découverte et de la conquête du Nouveau Monde, et des grands voyages de Vasco de Gama, de Cabral, et d'Albuquerque, qu'il avait encouragés et soutenus.

faune et la flore de la mer, algues, coraux, madrépores, coquillages, mais encore les agrès même des navires, et où l'on trouve, en nouant des cordages, en enroulant des câbles, en suspendant des bouées, d'admirables et imprévus motifs d'ornementation. Or, s'il existe, ailleurs qu'à Bélem, de beaux spécimens de cette architecture régénérée et grandiose, peut-être ne s'en rencontre-t-il cependant nulle part de plus achevé, ni de plus exquis, que l'église des Jeronymos. Quatre artistes de race y dépensèrent leur génie et leurs soins : Boitaca, Luiz et Lourenço Fernandes, et Juan de Castillo, gentilhomme du roi Don Manuel. A l'extérieur (Fig. 65), le portail est une merveille, avec sa triple arcade cintrée (1), ses pinacles chargés de statues et que, surmontent des dais artistiquement fouillés, et son tympan aux riches bas-reliefs, avec, pour couronner le tout, les idéales statues de l'infant D. Henrique. Au dedans, l'on ne sait, dès qu'on y pénètre, ce qu'il faut admirer davantage, du prodigieux esprit d'invention qui se révèle dans la variété et l'ingéniosité des détails, ou bien de l'heureuse audace qui a présidé à la conception de l'ensemble. Autour de piliers géants s'accrochent, pour grimper, en s'y enroulant, jusqu'aux voûtes, jusqu'à la base de la coupole, des arbrisseaux exotiques, aux feuilles dorées. Puis, par-dessus cette forêt de colonnes aussi sveltes que hardies, s'élancent, à une hau-

Fig. 65. — Bélem. Basilique des Jeronymos.

---

(1) On en a vu figurer une « réduction » fort réussie, en 1878, à l'Exposition universelle de Paris.

teur incroyable, les nefs des voûtes, dominant tout cet ensemble marmoréen. Une lumière douce, sorte de demi-jour tamisé par de modestes vitraux anciens, se glisse, discrète, par les baies, et imprime au saint lieu un caractère mystérieux et recueilli, pendant que, au dehors, tout l'édifice resplendit au contraire de blancheur, dans la pleine lumière, et que, sous la chaude caresse du soleil, ce bijou de marbre, ciselé comme une pièce d'orfévrerie, semble respirer et vivre. C'est là, dans une des chapelles, que reposent, à proximité de ceux de Vasco de Gama, les restes entourés d'honneurs du grand Camoens. Ils avaient été déposés d'abord dans l'église Santa Anna, à Lisbôa; mais le tremblement de terre de 1755 détruisit totalement l'église et fit disparaître la tombe sous les décombres. On les rechercha; et l'on ne crut point, après les avoir découverts, pouvoir leur donner un cadre plus beau que celui de la merveille architecturale de Bélem. Au surplus, il faut remarquer, en passant, que, plus que tout autre pays, et dans la sculpture de toutes les époques, le Portugal possède, essaimés un peu partout, une extraordinaire collection de tombeaux et de sarcophages, qui occupent, dans l'art national, une place considérable. Nous en trouvons ici un exemple, à Bélem; nous en rencontrerons d'autres, ailleurs, à Braga, à Coimbra, etc.; mais, ici ou là, il y a, dans le nombre, des œuvres d'une grandeur et d'une beauté incomparables. Attenant à la Basilique, se développe, avec son cloître, ses cours intérieures, et ses préaux, le vaste et non moins admirable couvent des Jeronymos. On y a installé, sous le vocable de *Casa Pia*, qui rappelle le nom de l'auguste fondatrice de cette création bienfaisante, un hospice pour les orphelins, où se trouvent réunis plus de mille enfants, sans préjudice de deux institutions parallèles, pour les aveugles et les sourds-muets. Et ainsi, les pauvres et les malheureux, ceux qu'a, de bonne heure, frappés cruellement l'infortune de ce monde ou desservis le caprice de la nature, sont logés ici, à Bélem, dans un palais dont la splendeur ne messiérait point à un hôte royal! Ce cloître de l'église des Hiéronymites, avec ses arceaux harmonieux, ses nervures délicates, ses baies aux entrelacs savamment ajourés, ses sculptures si finement fouillées qu'on les croirait en filigrane, est en effet, tout simplement, le plus beau qui soit au monde. La fontaine de marbre, du rez-de-chaussée, est aussi un pur chef-d'œuvre. Partout, dans la décoration, c'est la variété la plus prodigieusement inventive, s'alliant à la magnificence la plus inépuisable. On sort donc de là avec l'impression d'une sorte d'éblouissement, navré seulement..... d'en sortir et de ne plus trouver, dans la langue, de termes assez colorés ou d'images assez vives pour qualifier, d'une manière précise et adéquate, tant et de si rares merveilles!

Le *Palais Royal* de Bélem se dresse, à mi-côte, sur les premières inclinaisons de la colline, à quelques cents mètres de l'église des Jeronymos, dominant la Praça da D. Fernando et le cours du Tage.

Fig. 66. — Bélem.
Cloître du Monastère des Jeronymos.

Il n'a pas la structure imposante du Palais d'Ajuda, à Lisbôa, où le feu Roi Don Luiz avait fixé sa résidence. S'il fallait lui chercher une ressemblance, on la trouverait plutôt en le comparant au Palais das Necessidades, sinon même, mieux encore, au Palais de Queluz (1), dont il rappelle la gracieuse et riche façade (Fig. 67). Entouré de jardins magnifiques, l'édifice est, du reste, dans un site charmant, assez voisin de la capitale pour donner l'illusion qu'on s'y trouve en-

---

(1) Le Palais Royal de Queluz est situé à douze kilomètres de la capitale. Nous avons vu, au contraire, que le Palais des Necessidades, où résida jadis le Roi Don Fernando, se trouve à Lisbôa.

core; assez éloigné d'elle cependant, pour être isolé des bruits de la ville et de ses clameurs. Dans une des nombreuses dépendances du Palais, se détachent, alignés, en pompeuse file, les superbes carosses de gala de la Cour de Portugal. Il y a là une précieuse collection de grands chars de triomphe, tout dorés et ornés de majestueuses figures allégoriques; de chaises à porteurs; de voitures aux fines sculptures sur bois et aux délicates peintures, qui, depuis le xviie siècle jusqu'à nos jours, ont servi dans toutes les cérémonies des mariages royaux. On voit donc assez, maintenant, le multiple et très-divers intérêt que tient en réserve une excursion à Bélem.

Fig. 67. — Queluz. Façade du Palais Royal.

Une visite à Evora, dans l'Alem-Tejo, a aussi nos charme. Il est vrai : au sortir de la terre heureuse de l'Estrémadure, la région d' « outre-Tage » apparaît bien un peu triste. Le relief général en est faiblement accusé : il faut, pour rencontrer quelque cime un peu fière, aller jusque vers la frontière du nord-est et du sud; ailleurs, ce ne sont guère que de vastes landes de bruyères ou de genêts, roussies par le soleil, que d'immenses plaines bosselées et brouissailleuses. Mais, vers la baie de Setubal, commence à régner une certaine activité : là, se fait, sur assez grande échelle, l'exploitation des marais salants; la culture de l'oranger y occupe une foule de bras; et le commerce du muscat de Setubal, si justement renommé, apporte, avec la vie, un peu de richesse à cette province relativement disgraciée. La campagne au milieu de laquelle se trouve Evora, capitale de l'ancienne province, et, aujourd'hui chef-lieu d'un des dix-sept districts administratifs, forme même comme une oasis, autour d'une place forte : partout cultivée, elle surabonde de figuiers, d'oliviers, d'orangers ; et sa vue repose agréablement le regard, au sortir des forêts de cistes et des bois de genévriers, à la sombre verdure. Ce cadre toutefois ne saurait suffire à justifier les prétentions des habitants d'Evora à donner à leur ville le titre de « *deuxième* cité du Portugal » : ce nom revient en propre à Porto qui, placé dans un site autrement pittoresque, a aussi une tout autre notoriété. Par contre, ce dont Evora peut légitimement se réclamer, c'est de sa haute antiquité et de ses monuments. Le vieil aqueduc, construit par Sertorius, l'heureux lieutenant de Marius, et dont les arceaux sont encore utilisés aujourd'hui, prouve irrécusablement que les Romains avaient là une colonie prospère, un siècle avant l'ère chrétienne. Les ruines encore respectables du temple de Diane, aux portes de la ville, en témoignent aussi, à leur manière ; tout de même que celles des murailles et des deux châteaux-forts disent assez clairement le rôle qu'a joué Evora, au temps de la féodalité. Mais voici ce qui classe à part la noble cité, et ce qui lui donne un air de parenté étroite avec Alcobaça, Braga, Coimbra, et quelques autres villes du Portugal : c'est sa cathédrale gothique, avec l'enceinte guerrière de ses remparts. Construite, au sortir du VII$^e$ siècle, à une époque où les besoins de la défense et ceux de la conservation des territoires conquis sur les Arabes faisaient naître les premiers

FG. 68. — EVORA. Profil de l'église de Chamblas.

essais d'un art encore rude, elle a quelque chose de la physionomie de cet âge de fer. Le plan en fut conçu dans le style gothique ; mais on sent que les artistes qui l'exécutèrent avaient la main inhabile, et un peu lourde : l'ogive manque ici de légèreté et de grâce ; les ornements des encadrements des fenêtres, et des chapiteaux, accusent de l'inexpérience. En vain le marbre est-il précieux et la matière de premier choix : cela n'est pas fait de main d'ouvrier. Aussi, ce qui sauve le monument et ce qui lui assure une place à part, c'est, à défaut de l'œuvre elle-même, ce qu'il me sera permis d'appeler le « hors-d'œuvre », je veux dire, cette ceinture trapue et épaisse de murs crénelés qui l'enserre, et ce réseau de tours carrées et massives qui semblent posées là pour l'arc-bouter. Cette puissante carapace de défense donne à la cathédrale de Chamblas (FIG. 68), à Evora, un air accusé de forteresse : au premier aspect, on croit même être en présence, non d'une église, mais d'une citadelle. Et cela est assez typique, assez original, surtout en l'état actuel de conservation, pour piquer la curiosité de l'étranger, et l'attirer à Evora (1).

FIG. 69. — CINTRA. Château de la Pena.

A Cintra, à Bathala, et à Thomar, ce sont, au contraire, des préoccupations identiques à celles qui déjà l'ont conduit à Bélem, qui l'y amènent.

J'ai dit, plus haut, dans quelle position privilégiée se

---

(1) On visite encore, avec grand plaisir, à Evora, la jolie petite église « du paradis », pleine d'*azulejos* précieux.

trouve Cintra, au milieu de vallées ombreuses, aux mille jardins parfumés, et de roches basaltiques, aux cimes dentelées et altières. Ce coin fortuné de l'Estrémadure est peut-être la région la plus pittoresque du Portugal : c'en est, en tout cas, la plus attrayante ; elle peut avantageusement soutenir la comparaison avec les sites les plus vantés de la Suisse, du Tyrol, et de l'Illyrie ; et cela, joint à la douceur du climat, suffit à y expliquer la présence à peu près permanente d'une colonie d'étrangers. De ses riches carrières de marbre blanc a été tirée la matière première d'une foule de monuments nationaux. Mais, d'ailleurs, sur place même, voici des œuvres d'une grandiose et émouvante beauté. C'est, d'abord, sur la hauteur, tout en face de la gare, l'antique Château des Maures, « Castello de Mouros », avec sa longue enceinte de murs crénelés, ses forts, et, dégagée, au milieu de l'ensemble, la féodale résidance royale qui se détache pimpante des massifs voisins de verdure. Puis, sur le sommet de la montagne opposée, c'est, plus imposant et plus magnifique encore, dans sa structure plus serrée et plus fière, le château géant de la Pena (Fig. 69) : noblement campé sur les assises granitiques du rocher, il domine, superbe, tout le pays d'alentour, et paraît se rire des injures du temps comme des menaces des hommes. On ne saurait imaginer vraiment un plus hardi mélange, ni qui ressemblât davantage à une gageure : les voûtes y succèdent aux ponts-levis, les donjons aux chapelles, les tourelles aux cloîtres ; c'est un dédale de constructions tour à tour massives ou sveltes,

Fig. 70. — Cintra.
Entrée du Palais de Montserrate.

imposantes ou gracieuses, où le sculpteur et le décorateur ont donné la main à l'architecte. La porte principale du château, en particulier, est d'une beauté et d'une richesse extraordinaires : autour de l'ogive dessinée par une série de nervures en retrait, s'enlacent, ainsi qu'une délicate tapisserie, de délicieuses sculptures de fruits et de feuilles; au-dessus, se détache, en saillie, sur un balcon idéalement ajouré, un de ces coquets *miradores* si nombreux à Sevilla; et le tout s'encadre entre deux tourelles, d'aspect tout ensemble sévère et élégant. Ajoutez à cela, au bas de la montagne qui sert de base au château, un parc immense, où, baignés d'eaux limpides, croissent des arbres séculaires; où les haies sont dessinées par des hortensias; où les allées sont abritées, contre les ardeurs du soleil, par l'impénétrable ramure des bananiers et des myrtes : et il sera facile de comprendre que ce merveilleux château fortifié de la Pena, « Palacio *acastellado* », est peut-être la perle archéologique du Portugal. Plus loin, c'est le Palais de Montserrate (Fig. 70), où l'adjonction malheureuse d'une cheminée, qui pointe malencontreusement à l'avant du toit, n'a enlevé que très peu de chose au cachet d'aristocratique élégance de l'entrée principale....

Fig. 65. — Bathala. Vue du cloître.

L'œil plein encore de ces visions majestueuses, le touriste poursuit sa route et se dirige vers Bathala et Thomar, étapes rapides et intéressantes, tout indiquées d'ailleurs pour se rendre à Coimbra. Bathala n'a, sans doute, que son Eglise et son Couvent; mais cela suffit surabondamment à sa gloire, car cette Eglise est le plus beau monument de l'art gothique, en Portugal, et ce Couvent possède un cloître qui vient, pour la beauté, immédiatement après celui des Jeronymos, de Bélem, Le 15 août 1385, le roi João I<sup>er</sup>, l'illustre fondateur de la race d'Aviz, avait remporté, à Aljubarotta, sur les Castillans, une éclatante victoire. Pour immortaliser le souvenir de ce brillant fait d'armes, il se résolut à faire construire, à Bathala, au fond de la riante vallée voisine d'Aljubarotta, une cathédrale magnifique. L'habile architecte Alfonso Domingues en conçut probablement le plan : quoi qu'il en soit, trois ans plus tard, en 1388, on en posait solennellement la première pierre ; et toute une corporation de « compagnons », c'est-à-dire de sculpteurs, d'imagiers, de verriers, de maçons, se mettait activement à l'ouvrage.

Fig. 72. — Thomar.
Couvent du Christ : fenêtre de la Salle Capitulaire.

A cette date, l'art ogival avait atteint son apogée, et couvert de ses chefs-d'œuvre le sol de l'Europe : c'est donc à ce style que l'artiste chargé du travail donna la préférence. On vit alors s'élever peu-à-peu, à Bathala, les murs de la vaste cathédrale gothique dont la visite, aujourd'hui, commande l'admiration. La façade, d'une rare pureté de lignes et d'une grande harmonie, est décorée d'une foule de statues qui animent l'entrée du portail principal. Plus loin, la partie supérieure du portail latéral est un vrai bijou de fines sculptures. Par contre, l'intérieur du monument est d'une simplicité extrême. Mais, si l'on considère le gracieux profil des colonnes, et la délicatesse d'exécution des vitraux qui s'encadrent aux hautes fenêtres ogivales, on tombera d'accord que cette simplicité ne laisse pas pour autant d'être grandiose. Au surplus, il y a là, pour la mettre en un beau relief, une collection de tombeaux d'une magnificence toute royale. Il n'est pas jusqu'à la « capilla Imperfeita », entreprise, au xvi<sup>e</sup> siècle, dans le style *manuelino*, et malheureusement inachevée, qui n'ajoute au monument un cachet de splendeur. Mais, ce qui achève de le mettre hors de pair, c'est, comme à Bélem, l'inappréciable voisinage d'un Couvent, où la Salle du Chapitre et le vaste Cloître (Fig. 71) suffiraient, tout seuls, à défrayer la curiosité esthétique la plus affinée et la plus

Fig. 73. — Coimbra. Vue générale.

exigeante. Ne possédât-on en effet que les vitraux de cette Salle, où, de si expressive et si touchante manière, se trouve racontée la Passion du Sauveur, que c'en serait assez pour qu'on pût se faire une juste idée du degré de perfection auquel les anciens maîtres-verriers de Portugal avaient élevé leur art. Et, quant aux arcades du cloître, on ne saurait rien rêver de plus caressant pour l'œil, étant donné cet harmonieux fouillis de piliers, et d'arcs, qui se croisent au sommet, pour supporter les ouvertures ogivales, pendant que, dans les espaces vides, court une dentelle de pierre formée par mille ingénieux ornements à jour.

Mais, comme l'on va ici de merveille en merveille, il

faut bien, au risque de me répéter, que j'indique encore rapidement le « Couvent du Christ », à Thomar. J'ai signalé l'Eglise de Bathala, comme le type le plus achevé de l'art gothique, en Portugal. Le Couvent du Christ, au contraire, procède absolument du grand style « manuelino ». Or, on se souvient que ce style, a, dans un gothique enjolivé, incarné, en quelque sorte, une double impression : celle des expéditions maritimes, et celle de la vision des temples de l'Asie, familières l'une et l'autre aux hardis navigateurs du xv$^e$ et du xvi$^e$ siècles. En ce temps, où la préoccupation des explorations lointaines hantait tous les esprits, on trouvait, par exemple, tout naturel, après quelque heureux voyage aux Indes, de payer à Dieu son tribut de reconnaissance, en faisant construire, au retour, quelque chapelle, en forme de navire. Comment donc s'étonner, après cela, que, sous l'obsession de la la même pensée, les artistes de l'époque aient semé à profusion, dans l'architecture manuéline, sphères, ancres, amarres, cordages, et autres ornements nautiques ? Comment s'étonner surtout de rencontrer ces ornements multipliés à plaisir, au Couvent de Thomar, quand on sait que c'était alors le siège principal de l'Ordre du Christ ? Le style du Roi D. Manuel était ici deux fois indiqué : par la date de la construction, d'abord ; puis, par l'heureuse appropriation que l'architecte trouvait l'occasion d'en faire à ce cas particulier, puisque, ainsi, il réussissait à symboliser ostensiblement la mission d'explorations, spéciale aux Chevaliers du Christ. On en trouve en effet des preuves, à chaque pas, dans le Couvent. Mais, si l'on en veut une

Fig. 74. — Coimbra.
Porte de fer de l'Université.

tout-à-fait péremptoire, qu'on s'arrête, un instant, devant la façade du monastère ; ou plus simplement et plus explicitement encore, devant l'admirable fenêtre flamboyante de la Salle Capitulaire (Fig. 75), où se résume, en quelque sorte, tout l'enthousiasme patriotique d'un peuple : on sera forcé d'avouer, non pas seulement que la démonstration est sans réplique, mais aussi que les artistes de ce temps-là faisaient leurs démonstrations à coups de chefs-d'œuvre (1).

Fig. 75. — Coimbra. Tour de l'Université.

Arrivons à Coimbra, le célèbre centre Universitaire. Capitale de l'ancienne province de Basse Beira, et, aujourd'hui, chef-lieu d'un district, cette ville se trouve dans la zône montagneuse qui porte le massif le plus élevé du Portugal, la Serra d'Estrella. Assise, à l'ouest de ses cimes déchiquetées, que recouvre pendant quatre mois un blanc manteau de neige, elle domine le cours paisible du Mondego, la plus joyeuse et la plus populaire des rivières lusitaniennes, avec le Tage. Camoens, qui l'a poétiquement surnommée la « rivière des Muses », a chanté l'idéale pureté de ses ondes cristallines, lesquelles animent une foule de coquets paysages, tout autour de la ville lettrée et studieuse. Le voisinage du « mont de l'Etoile » n'a pas en effet, malgré l'altitude élevée du massif, une influence trop défavorable sur la température générale du pays : une fraîcheur humide est la seule résultante vraiment appréciable de l'action combinée du voisinage de la montagne et des vents qui soufflent de l'Atlantique ; et

---

(1) Il y a encore une « curiosité », à Thomar : c'est son Aqueduc monumental, construit au commencement du XVII$^e$ siècle, et qui n'a pas moins de six kilomètres de longueur. Dans l'exécution de ce gigantesque travail, les Portugais ont rivalisé de patience et d'habileté avec les Romains.

cette résultante a plutôt d'heureux effets, car elle suffit à préserver les campagnes de la sécheresse lamentable qui désole, en Espagne, un si grand nombre de régions. Etagée sur le penchant d'une colline, dont le vaste parallélogramme des bâtiments de l'Université occupe une partie du plateau supérieur, Coimbra a le plus riant aspect, quand, de la rive gauche du Mondego, l'on la contemple embrasée par les feux du soleil couchant (Fig. 74) : gracieuse et austère à la fois, elle a bien la physionomie gravement avenante qui convient à un centre de hautes et fortes études. Car, pour Coimbra; comme pour Upsala, en Suède ; comme pour nombre d'autres cités similaires, dont il serait facile de donner des exemples, en Allemagne, en Angleterre, et ailleurs, la ville, c'est proprement l'Université. Supprimez, par la pensée, l'*Alma Mater*; et l'agglomération totale est bientôt réduite à n'être plus que l'ombre d'elle-même. Pour s'en convaincre, il suffit de traverser Coimbra, Upsala, Oxford, Heidelberg, etc., au temps des vacances : si ce ne sont pas alors tout-à-fait des nécropoles, ce sont du moins des villes dont il est clair que l'âme est absente.

Fig. 76. — Coimbra.
Porte principale de la chapelle
de l'Université.

L'Université de Coimbra est fort ancienne. Fondée par un dévoué protecteur des Arts et des Lettres, le Roi Don Denis I$^{er}$, en 1308, elle obtint, par une bulle du Pape Grégoire XI, l'autorisation de conférer les insignes de tous les grades (oct. 1370). Sept ans plus tard, elle était transférée à Lisbôa, où elle fut maintenue, pendant un peu plus d'un siècle et demi. Mais, en 1537 (1), on la fixa de nouveau à Coimbra où, depuis, elle n'a pas eu à subir la vicissitude d'un autre déplacement.

Les bâtiments où elle est installée sont plus remarquables par la vaste étendue qu'ils occupent, que par leur magnificence. On s'aperçoit, dès qu'on y pénètre (2), par la « Porte de fer » (FIG. 74), qu'ils n'ont point été construits tout d'une pièce, ni sur un plan d'ensemble, d'une rigueur absolue : ce sont plutôt des édifices ingénieusement groupés, élevés dans la suite des siècles, selon les besoins et exigences du moment. Mais il faut reconnaître, du moins, que cette juxtaposition est éminemment pratique. Autour d'un spacieux préau intérieur, se trouvent en effet habilement réunis tous les services : Salles de cours, salles d'examens, bibliothèque, chapelle, observatoire, musée, etc., dominés, à l'angle, par la Tour, et sa grande horloge (FIG. 75). Là, les Facultés sont installées côte à côte : elles bénéficient d'avantages communs, sans risquer de rien perdre de leur indépendance respective ; tout est bien distribué, et aménagé. S'il fallait, cependant, accorder à quelques-uns de ces édifices partiels une mention particulièrement flatteuse, je signalerais, avec la Chapelle Universitaire, dont on admire la Porte principale (FIG. 76), le Musée, et la Bibliothèque. Le Musée de physique et

---

(1) Treize ans plus tard, en 1550, une seconde Université portugaise était fondée, à Evora, dans l'Alem-Tejo. Mais, outre que cette Université a été supprimée, il y a plus d'un siècle, lors de l'expulsion des Jésuites, elle n'a pas eu, à beaucoup près, le relief de celle de Coimbra, ni sa célébrité.

(2) Avant d'y entrer, on rencontre, à gauche, à l'arrière de l'Université (côté est). une petite terrasse rectangulaire, au milieu de laquelle s'élève une modeste colonne commémorative, en l'honneur de Camoens. Cette colonne supporte une couronne de laurier, en bronze, et repose sur un socle au bas duquel est un lion. Sur le fût se lisent ces mots :

A
LUIZ DE CAMOÈS
OS ESTUDANTES
DE
1879 A 1881

d'histoire naturelle (1) de Coimbra est d'une richesse extraordinaire ; il complète à merveille l'intelligente installation des laboratoires de chimie, où l'on trouve tous les instruments les plus nouveaux. Quant à la Bibliothèque, elle est vraiment superbe. A voir, dans ses trois salles consécutives, non-seulement le cadre de sculptures, de dorures et de peintures qui a été fait à son précieux Dépôt, mais encore l'élégance des meubles où sont disposés les ouvrages, et la facture délicate des tables de travail elles-mêmes, on sent que ce Dépôt a été confié à des bibliophiles de race, qui n'ont reculé devant aucun sacrifice pour le mettre en pleine valeur et en assurer la conservation : les sculptures dorées sur bois (XVIII$^e$ s.) sont admirables.

L'enseignement supérieur, à Coimbra, a subi, il y a un peu plus d'un siècle, après le départ des Jésuites qui s'y étaient cantonnés en maîtres, une transformation à peu près totale. Il est, aujourd'hui, en Portugal, ce qu'il était depuis longtemps, en Allemagne, et ce qu'il tend, de jour en jour, à devenir un peu plus en France, depuis 1875 : essentiellement *pratique*. Les cours « solennels » et les leçons, dites d' « apparat », ont diminué progressivement, pour faire place — une place prépondérante, sinon tout-à-fait exclusive — à des cours, en quelque sorte, « utilitaires », et à des leçons qui préparent immédiatement aux examens. C'est dire que les études purement spéculatives se trouvent à peu près bannies de l'Université de Coimbra. Par contre, le plus large et le plus généreux essor a été imprimé aux travaux pratiques en vue de l'obtention des grades. Ceux-ci sont conférés par cinq Facultés dis-

---

(1) Cette « branche » a, d'ailleurs, une magnifique annexe, à Coimbra, dans le *Jardin botanique*, qui se développe, au midi, à quelques centaines de mètres du Palais de l'Université, et qui sert de promenade publique, en même temps que de « musée *naturel* ». Les arbres précieux et les plantes rares y croissent en abondance, et y sont l'objet de soins assidus : aussi, est-ce l'un des plus beaux du monde. On y remarque notamment, à côté de serres « chaudes », pour les produits des régions tropicales, d'ingénieuses serres « froides », pour les plantes des pays septentrionaux.

tinctes: Théologie (1), Droit, Médecine, Mathématiques, Philosophie. Les trois premières correspondent assez exactement aux Facultés similaires de n'importe quelle autre Université ; la Faculté de Mathématiques ressemble, en partie, à nos Facultés des Sciences; quant à la Faculté de Philosophie, elle a, à Coimbra, une physionomie tout-à-fait à part. En Allemagne, en Belgique, etc., la Faculté de Philosophie remplit à peu près le rôle de nos Facultés des Lettres : ses attributions sont essentiellement *littéraires*. A Coimbra, elles sont, avant tout, *scientifiques;* et la Faculté de Philosophie pourrait y être plus exactement appelée : Faculté des Sciences *naturelles*. La part réservée à l'enseignement supérieur des Lettres est donc ici très minime, pour ne pas dire nulle ; c'est évidemment une lacune, et fort regrettable (2). Pour la combler, D. Pedro IV a fondé, en 1858, à Lisbôa, un « Curso superior de lettras », qui est comme la pierre d'attente de l'Université qu'on établira, un jour ou l'autre, par la force même des choses (3), dans la capitale du royaume.

Le Corps professoral, dirigé par un Recteur, se compose d'environ quatre-vingts membres, dont plusieurs se sont fait un nom distingué dans le monde savant. Ils sont répartis en deux classes : les « lentes », ou lecteurs, au nombre d'un peu plus de cinquante ; et les « substitutos »,

---

(1) Cette Faculté confère des grades *canoniques*, reconnus en Cour de Rome.

(2) Il n'en demeure pas moins vrai, malgré cette lacune, que l'Université de Coimbra est, aujourd'hui encore, un foyer fécond et un centre très-actif de hautes études ; elle n'a donc rien perdu de sa splendeur passée. Et c'est pourquoi l'on croit rêver quand, dans certains dictionnaires classiques fort répandus parmi la jeunesse des écoles françaises (Cf., par exemple, E. BLANC, *Dictionnaire alphabétique et analogique*), on lit des appréciations comme la suivante : « COIMBRE ; jadis célèbre Université ». Ce JADIS, qui est immense, prouve bien que l'on n'a jamais mis les pieds sur le sol Portugais.

(3) C'est ce qui est arrivé dernièrement, en Suède, où a été fondée l'Université de Stokholm, à côté des vieilles Universités d'Upsala et de Lund. Il y a, du reste, à Lisbôa, outre les Cours supérieurs de Lettres, une École de médecine de plein exercice. Elle ne peut pas cependant délivrer aux étudiants le diplôme de docteur : ce droit est réservé exclusivement à l'Université de Coimbra.

ou suppléants : les uns et les autres sont exclusivement de nationalité portugaise. Ils se distinguent, extérieurement, par la couleur de leur toque, ou bonnet doctoral, qui est blanc, pour la Théologie ; rouge, pour le Droit ; jaune, pour la Médecine ; bleu, pour les Mathématiques ; bleu et blanc, pour la Philosophie. Le port de la toge, et même du bonnet, est de rigueur pour les cours, les examens, et les cérémonies officielles. Les étudiants ont aussi un costume, mais qui n'est point le dernier mot de la grâce, et qui s'harmonise assez mal avec l'exubérance rieuse de leurs vingt ans. Il se compose d'un bonnet noir, et d'un uniforme de même couleur, dont voici le détail : culotte courte, soutanelle, et cape. Là-dedans, s'il faut parler net, ils ont, bon gré mal gré, un faux air de « croquemorts » ; ils semblent aller, non à des cours, mais à des funérailles. Presque tous, d'ailleurs, ils préfèrent marcher tête nue, plutôt que de s'affubler du disgracieux bonnet que l'usage leur a attribué. Leur nombre total varie, à Coimbra, entre neuf cents et mille : ils y passent cinq ans, car la durée réglementaire des cours est quinquennale.

Quand on a visité l'Université, on a vu ce qu'il y a de plus intéressant, à Coimbra. Prise en elle-même, abstraction faite de son site, de son incomparable Jardin, et de ses promenades aux bords du Mondego, la ville offre en effet assez peu d'agréments. Dans le bas, et au versant supérieur de la colline, c'est un labyrinthe de ruelles rocailleuses, qui s'enchevêtrent à plaisir : seule, au centre, la grande artère, appelée « Rua de Ferreira Borges », qui aboutit, au sommet de son plan incliné, au « Largo do Principe D. Carlos », supporte un peu l'examen. Mais, dans ce fouillis de maisons anciennes, dont presque toutes les façades sont décorées de curieuses armoiries, se cachent pourtant quelques perles : la vieille cathédrale en est une, comme aussi, toutes proportions gardées, le riche ostensoir de D. Jorge d'Almeida ; le porche, la chaire, et les tombeaux de D. Sancho et de D. Alfonso Henriques, à Santa-Cruz, au bas de la Rua Borges, en sont trois autres. Là-bas, enfin, au-delà du fleuve, sur la rive gauche du Mondego, le Couvent de Santa Clara, avec son précieux monument de la Reine Elisabeth, sa salle du Reliquaire, et ses immenses jardins, achève d'imprimer un dernier charme aux bons souvenirs qu'on emporte de la ville universitaire.

# CHAPITRE IV

### PORTO. — BRAGA.

'ASPECT du pays se modifie à mesure que, en remontant vers le nord, on s'éloigne de la région de la Beira pour entrer dans celle du Douro, et se rapprocher de Porto, sa capitale. Dans la vallée inférieure, le fleuve arrose l'une des zônes les plus fécondes, les plus riches, et les plus pittoresques, qui soient en Portugal. Le nom qui lui a été donné, au voisinage de la Serra de Maran, est d'ailleurs suffisamment caractéristique : c'est le *Pays du vin*, « Paiz do vinho! » Là, sur chaque rive, mais surtout aux coteaux de la rive droite, s'étagent, en un gigantesque amphithéâtre, les célèbres vignobles dont les délicieux produits, expédiés sous l'étiquette générique de « Porto », sont connus et appréciés, dans les deux hémisphères. Ces coteaux, tapissés de pampre, sont une joie pour les yeux. On ne se doute guère, à les admirer, la somme prodigieuse de travail et de patience qu'ont nécessitée ici la plantation et l'entretien de ces vignes luxuriantes. Les collines en effet ont une telle raideur, que chaque « ouvrée » représente une longue et laborieuse conquête sur le sol. Comme aux rives du lac de Genève, entre Ouchy et Montreux, il a fallu tailler ces coteaux en gradins, y multiplier à chaque pas les murs de soutènement, et entourer les ceps de soins minutieux,

pour en assurer la conservation et en faire prospérer la culture. Mais quelle fête, dans le pays, et quelles journées de franche liesse, pour toute cette population vinicole, quand septembre ramène, avec la clôture impatiemment attendue de l'année rustique, l'époque non moins ardemment désirée des vendanges ! Enfants, femmes, vieillards, s'empressent alors à l'envi de prêter le concours, les uns, de leurs rires et de leurs entraînantes chansons ; les autres, de leurs bras actifs et de leurs pieds agiles ; les autres enfin de leur expérience et de leurs conseils, à tous les robustes montagnards, qui, en bandes nombreuses, s'attèlent, pendant des semaines, sous un ciel clément, à ce dernier labeur. Puis, quand sont terminées les multiples opérations qui accompagnent la vendange, pressurage, cuvage, transbordement dans les tonneaux, soutirage, alcoolisation, et le reste, le beau fleuve est là, à la portée de la main, qui fournit aux heureux vignerons la voie à la fois la plus économique et la plus naturelle pour le transport des vins du pays, et leur expédition dans toutes les parties du monde. On voit donc, après cela, que la vallée du Douro a une physionomie bien à part, et que ce coin du royaume tranche assez bien, et assez agréablement, sur l'Alem-Tejo, par exemple, et sur les deux Beira.

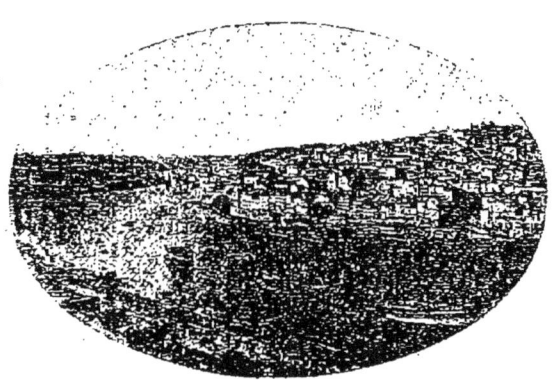

Fig. 77. — Porto. Vue de la ville, prise de la rive gauche du Douro.

Le panorama de Porto, à l'arrivée, par la ligne de Lisbôa, est d'une beauté saisissante : c'est, en son genre, quelque chose de presque unique, en Europe. A peine touche-t-on à la station de Villa-Nova da Gaya, située sur a rive gauche du Douro, que, soudain, apparaît, éblouissante de blancheur, la vision féérique de la ville (Fig. 77).

Accroché aux flancs de la colline voisine, Porto est là, qui sourit, fièrement assis aux bords du fleuve qu'il couvre de ses bateaux et de ses massifs voiliers. Il décrit, en suivant les ondulations du cours du Douro, une courbe gracieuse, pendant que, à travers l'espace, monte déjà, bien qu'assoupi, le murmure des bruits de la grande et active cité. Bientôt le train s'ébranle, pour franchir la dernière étape; il s'élance; il vole; et, comme une flèche, il s'engage sur le pont aérien qu'un ingénieur habile a jeté, il y a quelques années, d'une colline à l'autre, et qui, vu sa hardiesse, serait tout aussi bien placé aux Etats-Unis qu'en Portugal : on l'appelle (1), du nom si aimé et si populaire de l'auguste épouse du feu Roi D. Luiz I, le « Pont *Maria Pia* » (Fig. 78).

Porto n'est point, comme la Rome antique, bâti sur sept collines : il n'en compte que deux, la colline « da Sé », et la colline « da Victoria »; mais, d'un très grand développement, l'une et l'autre, et qui suffisent pour imprimer à sa configuration topographique un cachet très particulier. Tout y est, en effet, en montées et en descentes, tantôt raides et abruptes, tantôt plus faiblement inclinées, mais toujours sensibles au regard, comme elles le sont aux jarrets, sauf sur les plateaux supérieurs, et for-

Fig. 78. — Porto. Pont Maria Pia.
(Ligne de Lisbôa à Porto).

---

(1) L'arc du Pont Maria Pia est vraiment majestueux. Le tablier, que soutient la clef de cet arc, aboutit, sur la rive gauche, à la base de la « Serra de Pilar », et, sur la rive droite, à la montagne du « Seminario » : il a un peu plus de 350 mètres de longueur. Le travail total a coûté près d'un million et demi, et a été exécuté par la Maison Eiffel, dont le nom est désormais inséparable du souvenir de la fameuse Tour de l'Exposition universelle de Paris, en 1889.

mant, par leur succession, le plus pittoresque assemblage d'édifices, qui semblent enjamber les uns sur les autres. Ces édifices, d'ailleurs, ont en général grand air, et la première impression qu'on éprouve, en pénétrant dans Porto, c'est celle d'une riche et importante cité : c'est aussi l'impression que l'on en garde, après y avoir fait un séjour. La vaste Place D. Pedro IV (FIG. 79)

FIG. 79. — PORTO.
Place don Pedro IV.

en forme, à peu près, le cœur, et en est, en réalité, le centre vital. Au milieu, s'élève, en bronze, sur un haut piédestal orné de bas-reliefs de marbre, la statue équestre du Roi libérateur, par J. A. Santos, avec cette inscription, à l'avant du socle :

A<br>
D. PEDRO IV<br>
LA<br>
CIDADE DO PORTO<br>
1866

Le côté de la Place, à l'arrière de la statue, est dessiné par les grandes lignes du palais de l'Hôtel-de-Ville, « Ayuntamento », avec ces mots, au frontispice : DOMUS MUNICIPALIS . M DCCC XVII; les trois autres côtés, par de belles constructions, le long desquelles courent, parallèlement, des rangées d'arbres. Le pavage de la Place est fait d'incrustations de marbre blanc et noir, comme sur la Place du même nom, à Lisbôa, et produit, par le même relief des dessins, le même effet chatoyant et tout-à-fait original.

Au côté sud de la Place, lequel fait face à la statue et à

l'Hôtel-de-Ville, aboutissent, en s'y raccordant, deux des rues les plus animées, et, d'emblée, les plus curieuses, de Porto : la « Rua do S. Antonio », qui amène de la gare en ville ; et la « Rua dos Clerigos », qui conduit aux grands boulevards supérieurs de l'ouest. Sous des noms distincts, chacune de ces deux rues continue la voisine, à peu près dans le même axe (FIG. 80). Et ce

FIG. 80. — PORTO.
Ruas de « S. Antonio », et « dos Clerigos ».

n'est point un coup d'œil banal que celui qu'offrent ces deux artères, quand, de l'angle sud de la Place, on les considère, profilant, à droite et à gauche, leurs longues lignes grimpantes. La Rua dos Clerigos, dont le redressement est le plus accentué, est dominée, dans le haut, par l'église qui porte le même nom, bien qu'elle soit sous le vocable de l'Assomption, « da Assumpcão » : avec sa double rampe d'escaliers (1) et sa haute flèche, elle domine, imposante, tout le quartier. La rue correspondante, au contraire, « Rua do S. Antonio », s'épanouit, au sommet, et aboutit, à droite, à la petite Place « da Batalha », où se trouvent le palais des Postes et télégraphes, et, au centre, la statue, en bronze, de D. Pedro V, représenté debout, et sur le socle de laquelle se lit cette courte inscription :

A D. PEDRO V<br>
POR GRATIDAO<br>
OS ARTISTAS PORTUENSES<br>
EM<br>
1862

(1) Au-dessus de l'entrée du campanile, on lit, dans un cartouche SALUTATE MARIAM QUÆ MULTUM LABORAVIT IN NOBIS.

Le souvenir de Camoens, que nous avons trouvé si vivant, à Lisbôa et à Coimbra, est également conservé avec amour, à Porto, où le nom notamment du grand poète national a a été donné à l'une des rues de la ville haute.

De la Place D. Pedro IV, comme centre, partons pour rayonner un peu dans le voisinage, et faire plus ample connaissance avec l'intéressante cité. En nous dirigeant vers la partie méridionale de la ville, où coule le Douro, voici, d'abord, la rue des orfèvres, « Rua das flores », où les « fleurs » sont remplacées par le plus riche amoncellement de bijoux qui se puisse voir. Porto, qui fait un très-grand commerce d'orfèvrerie, s'est justement rendu célèbre, dans le monde, par ses travaux d'art, en ce genre, comme par ses vins généreux : ici, les vitrines regorgent d'objets brillants et précieux, dont l'exposition permanente est fort goûtée d'une nombreuse clientèle.

Fig. 80. — Porto.
Salle Mauresque de la Bourse

Au bas de la rue, à droite, se détachent, gravés sur le tympan d'une église, ces mots : MAGNA ERIT GLORIA DOMUS ISTIUS NOVISSIMAE PLUS QUAM PRIMAE, et le millésime MD CCL. Plus loin, à gauche, s'enlève, dégagée des habitations voisines, l'élégante construction de la Bourse (Fig. 81), l'un des plus somptueux édifices de Porto. L'œuvre d'ailleurs est moderne : l'architecte, Thomaz Soller, est, avec José Luiz Monteiro, l'auteur de la gare du Rocio, à Lisbôa, un des plus distingués artistes contemporains dont s'honore le Portugal : la Salle Mauresque, en particulier, est une merveille d'harmonie dans les proportions, et de bon goût. Au delà, l'on arrive bientôt au quai, où se développe, au bord du fleuve, la longue façade des bâtiments de la Douane.

Ce quai du Douro a un aspect plutôt populaire qu'aristocratique. La raison en est simple : c'est là que s'entasse, dans d'étroits réduits voûtés, l'humble et laborieuse population d'artisans, de bateliers, de pêcheurs, de manœuvriers, d'hommes de peine, etc., qui gagnent leur pain, aux travaux du port. Cela ressemble étonnamment, à maints égards, à ce qu'on voit, à Genova, en Italie, dans le voisinage de la rade : ce sont les mêmes habitations surbaissées, et c'est la même physionomie du milieu. En remontant le quai, l'espace d'une centaine de mètres, on atteint le pont, majestueux lui aussi, qui met, dans le bas, les deux rives en communication, et, par son tablier supérieur, Porto en rapport direct avec Villa-Nova da Gaya. C'est donc, ici, comme à Berne, un pont à double passage : mais, à Berne, le passage supérieur est réservé à la voie ferrée, tandis que, à Porto, tout est affecté au service public.

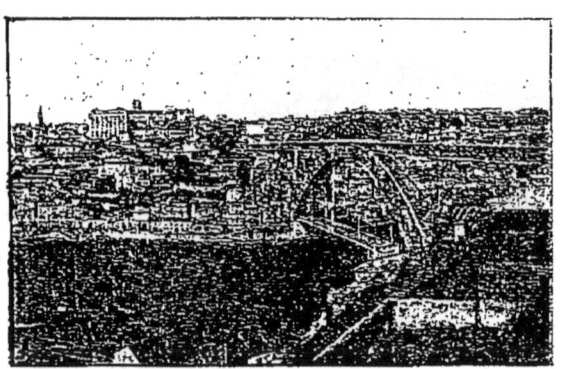

Fig. 82. — Porto. Pont D. Luiz I.

Le nom qu'on lui a donné, « Pont D. Luiz I » (Fig. 82), rappelle assez bien l'époque de sa construction : il fait, du reste, très bonne figure, à côté du beau Pont Maria Pia, jeté sur le fleuve, en amont ; c'est le Pont du Roi, après le Pont de la Reine. Par des rues droites comme des échelles, on arrive, ensuite, en quelques minutes, à l'esplanade sur laquelle aboutit le tablier supérieur du Pont Luiz : là, les préposés de la douane ajoutent, à leurs fonctions, le prélèvement d'un droit de péage (1), moyennant lequel on

---

(1) Quelques *reis*. L'unité monétaire, en Portugal, est le « réal », au pluriel « reis », qui vaut un peu plus d'un demi-centime francais. Cent reis correspondent donc à peu près, à 0.50 centimes ; cinquante reis, à 0.25 ; et, vingt-cinq reis, à deux sous et demi. La monnaie d'ar-

peut circuler librement de l'une à l'autre rive. Le passage est formé d'une large chaussée, pavée en bois, et encadrée de deux trottoirs, qui domine, d'une hauteur d'environ soixante mètres, le cours du fleuve : les voitures peuvent cependant « trotter ». De là, la vue est fort belle, tant sur le Douro que sur la ville, dont les vieux remparts, à demi ruinés, descendent, presque à pic, à l'entrée du pont, en se cramponnant aux rochers, jusque sur le quai.

Fig. 83. — Porto.
Façade de l'Hôpital S. Antonio.

Si, du pont D. Luiz, nous regagnons maintenant le centre de Porto, nous trouvons, presque immédiatement, la cathédrale, monument ancien, à qui ses deux énormes tours achèvent d'imprimer un caractère majestueux. La décoration intérieure correspond à la magnificence extérieure de l'édifice : outre le maître-autel et son retable, en argent massif, on admire, dans le trésor, un coffre précieux, le « Coffre de S. Pantaleão », qui donne une haute idée de la perfection à laquelle atteignit jadis l'orfévrerie nationale. Voici ensuite, à droite, en arrivant sur la place D. Pedro, une église dont la grande porte est tendue d'un

---

gent est assez rare, en Portugal ; ce qui y abonde, c'est la monnaie de *papier;* les billets de 25, 50, 100, 200, 500 reis, et au-dessus, sont d'un usage courant. Mais, au change, l'or et les billets français bénéficient d'une plus-value considérable. Deux cents reis correspondant à peu près à un franc, on devrait recevoir en effet normalement, du changeur, 20.000 reis pour 100 francs : on n'est donc pas désagréablement surpris quand on voit ce dernier aligner, sur la tablette de marbre, en échange d'un billet français ou de cinq louis d'or, une série de billets portugais de 1000 reis, qui varie, selon le *cours* du jour, entre 26 et 28, soit 6 ou 8 billets de plus qu'on ne s'y attendait.

drap noir. La population s'y engouffre, pressée, murmurante : telles, des abeilles à la ruche. « Quelque cérémonie de funérailles ! » pensai-je. Et, pour m'en assurer, respectueusement, je m'y glisse à mon tour. Quelle n'est pas ma surprise, en pénétrant dans un sanctuaire tapissé de draperies rouges, où, devant l'autel que domine le Saint Sacrement exposé et qui étincelle de mille feux, la

FIG. 84. — PORTO. Le Palais de cristal.

foule, tout-à-l'heure si bruyante, est maintenant agenouillée et recueillie, dans le silence de la prière ? C'est, en cette église, la fête de l'Adoration perpétuelle ; et toute la population pieuse de Porto y afflue. Et le spectacle qu'elle donne est d'une édification admirable (1). Au surplus, remarquez, non-seulement à la façade des églises, mais encore, dans les quartiers anciens et populaires de la la ville, à la façade des maisons, cette quantité de niches où s'incrustent, ici, une Madone ; là, une Pietà ; ailleurs, une statue de Saint ; voyez aussi, le soir, d'innombrables veilleuses brûler devant ces dévotes Images : et vous vous convaincrez encore davantage de la profondeur des sentiments religieux de cette chrétienne population.

(1) Je me plais à le redire, après en avoir fait la preuve, *de visu*, partout, en Portugal. — Les églises du pays n'ont, en général, ni chaises, ni banc : tout le monde s'y tient donc debout, ou à genoux, surtout à genoux. Et l'on n'y voit point, comme en France, les fidèles se précipiter vers la porte, à la messe, dès l'*Ite, missa est :* moins pressés que nous avec le bon Dieu, ils ont le tact d'attendre que le prêtre ait récité, au bas de l'autel, les dernières prières, auxquelles tout le monde répond, sans respect humain, à haute et intelligible voix. Tout ce qu'on peut regretter, dans les églises portugaises, c'est que la musique religieuse n'y soit pas à la hauteur des sentiments des catholiques : la musique d'orgue, en particulier, laisse bien à désirer, et semble appeler une sérieuse réforme. — Voir le N° 3 des *Pièces justificatives*.

La partie de la ville, qui se développe sur le plateau supérieur de ses deux collines, a un air très-moderne; c'est, en partie, le nouveau Porto, dominant l'ancien : rues droites et bien bâties, larges boulevards, jardins publics, rien n'y manque pour en rendre le séjour salubre et agréable. C'est dans cette zône, à l'ouest, que se trouve le grand « Hôpital (1) S. Antonio », à l'imposante façade (Fig. 83) ; et, plus loin, surplombant tout-à-fait le fleuve, le beau parc, au milieu duquel s'élève la gracieuse construction du Palais de cristal, « Palacio de crystal » (Fig. 84). Au-dessus du tympan de l'entrée centrale du Palais, ce simple mot : PROGREDIOR, suffit à en indiquer la destination précise (2). Et, en effet, c'est bien ici le temple du « Progrès ». On y a groupé, comme dans un pavillon d'Exposition, les plus rares échantillons de l'industrie portugaise; c'est, succédant à l' « Exposition nationale » de Porto, et la continuant, une sorte d'Exposition « permanente », où nombre de vitrines sont ponctuées d'étiquettes françaises : *Bazar de Paris*, *Au bon goût*, etc. (3). Quelque intérêt cependant qu'offre la visite des produits rassemblés au Palais de cristal, il est moindre que celui qu'on trouve à parcourir les allées ombreuses du parc (4), à voir son Jardin zoologique, et surtout à jouir de la beauté du site et de sa « vue » incomparable : comme pittoresque, c'est par excellence le coin privilégié de Porto.

Telle est, vue et étudiée sous ses principaux aspects, la *seconde* ville du Royaume.

(1) Comme Lisbôa, Porto est doté d'une Ecole de médecine. Mais, ici encore, les professeurs ne sont pas autorisés à donner le grade de docteur : la collation en est réservée à la seule Université de Coimbra.

(2) Au-dessous, se déroule, dominant la porte, ce gracieux « wellcome » : GAUDENTES SALUTAMUS HOSPITES NOSTROS.

(3) Notons, à ce propos, que nos *marques* françaises jouissent, en Portugal comme ailleurs, d'une faveur signalée. Pour n'en citer qu'un exemple, j'ai relevé, à Lisbôa et à Porto, sur plusieurs enseignes de magasins, cette indication instructive : *Fabrica de luvas* (gants), SYSTÈME JOUVIN.

(4) Au kiosque établi dans le parc, on fait aussi de la musique. Mais la musique militaire que j'y ai entendue n'avait pas, à beaucoup près, les qualités supérieures de la *Guarda Municipal* de Lisbôa (V. page 232).

Industrieuse et active, avec une pointe d'esprit d'indépendance, la population y est avenante, courtoise et distinguée : l'étranger reçoit partout le plus favorable accueil. Aussi, se promène-t-on, avec un singulier plaisir, dans ces rues, sur ces quais, à travers ces places, où l'on ne rencontre que des visages épanouis et bienveillants. A chaque pas, d'ailleurs, la curiosité s'éveille au contact des habitudes et des traditions locales. Entre ces maisons, aux façades recouvertes de faïences vernissées qui étincellent aux feux du soleil, ou qui miroitent à la clarté de la lune et à celle des reverbères ; au pied de ces balcons, magnifiquement dentelés, dans les grandes artères, ou modestement construits en bois, dans les quartiers pauvres, on s'attarde volontiers à voir défiler la population indigène et à saisir, au passage, quelques traits saillants

Fig. 85. — Braga. Le Bom Jésus.

de son caractère. On aime à voir, par exemple, combien les habitants de Porto inclinent à se réclamer de l' « antiquité » de leurs maisons de commerce ; les mots : *antiga casa*, *antigo estabelicimento*, sont prodigués à plaisir sur les enseignes, jusque sur celles des barbiers, dont une énorme paire de ciseaux, enseigne « parlante », indique le salon de coiffure. Ici, autour d'une fontaine d'eau potable, qui porte inscrits ces deux mots : *Agua bôa*, s'empressent, un tonnelet sur la tête et un petit enfant aux bras, les femmes du peuple ; là, en un carrefour des basses rues, au milieu de bancs où se sont empilés enfants et curieux, un charlatan, affublé d'un chapeau tricorne et d'un habit d'arlequin, débite, en assaisonnant sa marchandise de lazzi et de brocards, sa panacée et ses drogues ; plus loin, juché sur un voiturin minuscule, un gars alerte crie des eaux gazeuzes, *aguas ardentes*, et les distribue à la foule, pendant que, tout près d'eux, lent et solennel, marche le lourd attelage du paysan, dont les bœufs, aux cornes gigantesques, sont reliés par un joug monumental, sculpté, ajouré, et chamarré de peintures multicolores. Le Kaléidoscope de la rue, variant de quartier à quartier, ménage ainsi toutes sortes de surprises, et de trouvailles. J'oserai dire cependant qu'on abuse un peu, à Porto, de la libre mendicité : les estropiés de toute espèce y foisonnent. Leur détresse est assurément très digne de pitié ; et l'on se plaît volontiers à leur tendre la main. Mais, en rencontrer cependant, à chaque pas, finit par tourner à l'obsession ; et l'on se demande s'il n'y aurait pas un moyen quelconque de réunir ces malheureux dans quelque asile hospitalier, sans les laisser ainsi s'éparpiller à leur fantaisie dans toutes les rues de la ville.

Les excursions, autour de Porto, sont nombreuses et attrayantes. La plus à la mode est celle de *S. Joáo da Foz*, petit centre très recherché des amateurs de villégiature élégante et de distractions mondaines. La plus pittoresque est celle du château de *Freixo*, bijou architectural, placé dans un site dont la perspective sur le cours élargi du Douro est admirable. Mais la plus attachante, et, si je puis ainsi dire, la plus bienfaisante, par les souvenirs qu'on en rapporte, est celle de Braga.

Ce n'est point que Braga, en tant que ville, offre une ample matière à la curiosité. Les ruelles qui s'amorcent à sa longue artère centrale sont formées de maisons anciennes, qui témoignent surtout de l'antiquité du lieu. Les places sont vastes et assez belles, mais presque désertes. Seule, la cathédrale attire vraiment l'attention par l'originalité de style de ses sept chœurs, ses tombeaux de granit du comte D. Henri de Bourgogne et de son épouse, et, dans son trésor, les ravissantes chapes de soie et de velours que brodèrent jadis, avec des fils d'or, les femmes portugaises.

Mais voyez, là-bas, au delà de la ville, cet amoncellement d'édicules et de chapelles, dominés par un beau sanctuaire, qui s'étagent aux flancs d'une colline riante, et qui émergent d'un ample massif de verdure. C'est le pèlerinage du *Bom Jésus*, célèbre à cent lieues à la ronde, en Portugal, et où affluent sans cesse les pieux visiteurs. Il n'est guère qu'à cinq ou six kilomètres de Braga : si vous reculez devant la fatigue de l'étape, les voitures particulières abondent ; et, à défaut, un service de tramways est là pour vous l'éviter. Il est prudent, du reste, de ménager ses forces, si l'on veut faire, à pied, sans recourir à l'élévateur mécanique, l'ascension du sanctuaire (Fig. 85). Après avoir franchi le portique qui donne accès dans ce « jardin fermé », l'on monte alternativement, par un plan incliné et par de larges escaliers, les rampes, à chaque détour central desquelles se dresse une chapelle commémorative où l'on voit représentée, à l'aide de personnages de grandeur naturelle groupés en un cadre de peintures appropriées à chaque sujet, les scènes de la Passion du Sauveur. La série épuisée, on trouve une décoration nouvelle, formée de statues et de fontaines allégoriques. Puis, après avoir dépassé la statue géante du héros chrétien Longuinhos, on arrive à la « Cascade », dont le vaste bassin est dominé par l'image de Moïse frappant le rocher avec sa verge. Encore quelques pas, et l'on touche enfin au plateau supérieur où, entourée elle-même de statues et de pyramides, se dresse, à quatre cents mètres d'altitude, l'église proprement dite. C'est, avec tout ce que la piété a pu y mettre de splendeur, un vrai sanctuaire de pèlerinage. Au-dessus du maître-autel, un magnifique Calvaire en fait ressortir, à tous les yeux, la destination particulière, à savoir, la mise en relief et l'exaltation glorieuse des mystères douloureux du Rédempteur. Et, à l'arrière, la Chapelle du Christ prouve, par d'innombrables *ex-voto*, combien de grâces ont été accordées, en ce lieu béni, aux âmes affligées qui sont venues implorer avec confiance la compatissante miséricorde du « Bom Jésus ».

Ce pieux pèlerinage couronna la série de mes excursions

en Portugal. Bientôt je regagnai la frontière espagnole, d'où, par Salamanca et Burgos, je ne tardai point à remettre le pied sur la douce terre dé la Patrie ! Les semaines rapides que je venais de passer sur le sol hospitalier de l'antique Lusitanie avaient été remplies de visions charmantes : je n'aurais pu rêver un plus beau couronnement, ni plus agréable, à l'intéressant voyage d'exploration que j'avais d'abord fait dans l'Afrique française.

# PIÈCES JUSTIFICATIVES

### N° 1.

LE NAUFRAGE DE LA *VILLE DE ROME* (22 mars 1898).

*(Voir le texte de la page 9.)*

La *Ville de Rome* avait quitté le port de Marseille, le lundi, 21 mars 1898, à midi. Le paquebot, qui se rendait à Alger, servait de courrier rapide entre les deux villes : il jaugeait 1.870 tonneaux et avait des machines de 2.000 chevaux. Le mardi matin, vers deux heures, il vint s'encaisser entre les rochers du cap Negro, près de Mala, à un mille et demi de Port-Mahon. Deux versions circulèrent, tout d'abord, sur les causes du sinistre : d'après la première, la *Ville de Rome*, ayant rencontré l'épave d'un brick qui s'était récemment perdu dans les parages des Iles Baléares et ayant subi une déchirure, le commandant aurait volontairement mis le navire à la côte, pour sauver son monde ; d'après la seconde, l'échouement aurait été causé par le brouillard. Renseignements pris, voici exactement ce qui s'était passé. La mer, très calme d'abord, était devenue progressivement assez houleuse. Puis, la pluie avait commencé à tomber vers une heure du matin, et un épais rideau de brouillards avait masqué le feu du phare. Le paquebot, tout à coup, s'enfonça entre les roches qui se trouvent au nord de l'île Minorque ; et peu à peu, les cales se remplirent d'eau et la situation devint très dangereuse. Mais grâce, d'une part, au sang-froid du commandant et des matelots ; de l'autre, au dévouement et aux prompts secours des habitants de la côte éveillés par les signaux de détresse, les cent dix-sept passagers, dont trente femmes, et l'équipage purent être sauvés ; on eut aussi le temps de transporter, à la douane, les sacs de dépêches et les valises des passagers. Or, à peine le sauvetage avait-il été terminé que le paquebot, coupé en deux, ne laissa plus apercevoir que deux tronçons, l'avant et le gouvernail, eux-mêmes fort endommagés (1). La population mahonnaise fit aux naufragés l'accueil le plus sympathique, et leur offrit la plus cordiale hospitalité. Au surplus, voici les détails que donnait, le jour même, sur l'accident, un témoin oculaire :

« Nous étions partis de Marseille par un temps de brume. Nous avons rencontré au large un brouillard épais, qui empêchait de se reconnaître, à cinq pas, sur le pont. La mer était assez houleuse. Après le thé, je suis allé me coucher, comme tous les passagers. Je dormais profondément, lorsque je fus réveillé en sursaut par un choc sec. Des cris se firent entendre, au milieu d'un bruit effroyable ; et des commandements de « machine en arrière » partirent de la passerelle, tandis que les passagers criaient : « Nous coulons ! Nous abordons ! » Je me précipitai sur le pont, avec tous les passagers. Les matelots nous distribuaient des ceintures de sauvetage, cherchant à nous

---

(1) L'*Illustration* a donné, en première page, dans son numéro du 2 avril 1898, une curieuse photographie de l'épave de la *Ville de Rome*.

rassurer : le navire, étant bloqué, ne pouvait pas sombrer.

« Pendant ce temps, l'eau montait, et arrivait aux machines : la lumière s'éteignit. Une nuit profonde se fit alors sur le navire, augmentant l'anxiété, tandis que plusieurs passagers dormaient encore, ne se doutant pas du danger. Ils furent éveillés dans la nuit. Les femmes firent preuve de courage. Lorsqu'elles eurent connaissance du péril, pas un cri ne fut poussé. Tous, nous attendions le jour, pour voir la situation du navire. Vers cinq heures, un éclair me permit d'apercevoir la côte bordée de rochers à pic qu'il était impossible d'atteindre.

« Enfin nous aperçûmes une petite plage. Des embarcations aussitôt furent mises à la mer. Tous les passagers prirent place avec ordre. Les embarcations firent plusieurs fois le trajet ; mais il était impossible d'atteindre la côte rocailleuse. Hommes et femmes durent entrer dans l'eau jusqu'à la ceinture. Trois passagers partirent à la recherche de secours, à travers le brouillard et la pluie, ne sachant de quel côté se diriger.

« Après une heure et demie de marche, ils arrivèrent à Port-Mahon. Aussitôt, le consul de France et les autorités organisèrent les secours. Une foule de trois cents personnes, pour la plupart des matelots, vinrent sur le lieu de l'abordage. Les femmes et tous les passagers furent hissés sur les falaises, par les Mahonnais.

« Avant de quitter le bord, j'ai pu parler au capitaine. qui se trouvait sur la passerelle avec le lieutenant, au moment de l'abordage. Le capitaine était très ému. Il nous déclara qu'il ne comprenait pas comment le naufrage s'était produit.

« A Port-Mahon, où nous sommes arrivés complètement trempés, l'empressement de la population fut des plus sympathiques, et le major de la garnison réclama l'honneur de traiter personnellement tous les passagers militaires. Les hôteliers qui avaient logé des militaires reçurent l'ordre de ne pas recevoir d'argent.

« Nous avons pu, en attendant la *Ville d'Alger* annoncée, visiter Port-Mahon ; et, lorsque nous nous sommes rembarqués, les habitants nous ont accompagnés jusqu'à la côte, en criant : *Vive la France !* Tous les passagers étaient bien portants. »

La nouvelle du sinistre de la *Ville de Rome* causa, dans toute la France, une impression pénible, que l'annonce de l'heureux sauvetage des passagers et des matelots ne tarda pas à dissiper. Il n'en devait pas être de même, quatre mois plus tard, quand, le matin du 4 juillet 1898, à la hauteur de Sable-Island, le transatlantique la *Bourgogne*, allant de New-York au Havre, eut son avant défoncé, à la suite d'une collision avec le steamer *Cromatyshire*, et coula presque immédiatement, entraînant, dans l'abîme béant et horrible, près de six cents victimes...

---

N° 2.

LA VÉRITÉ SUR GIBRALTAR

(*Voir le texte de la page 218*).

Vers la fin de mai 1898, le premier lord de l'Amirauté anglaise, M. Goschen, et le lord civil du même département, M. Austen Chamberlain, fils du bouillant ministre des Colonies britanniques, firent, à Gibraltar, une visite qui causa, dans toute l'Europe, mais particulièrement en Espagne et en France, une vive émotion.

Le gouvernement de Madrid, supposant, sur les bruits d'une alliance offensive de l'Angleterre et des Etats-Unis, que la Grande-Bretagne pouvait, d'un jour à l'autre, menacer ses frontières, renforça la garnison d'Algeciras et y concentra aussitôt des bataillons, en face de la formidable forteresse anglaise.

En France, on crut que l'Angleterre avait envoyé, à Gibraltar, son premier lord, pour y arrêter *le plan* des travaux à entreprendre. Mais les informations de notre Gouvernement étaient seulement en retard de *trois ans* ! Lord Goschen accomplissait, tout bonnement, un voyage d'inspection. Les travaux menaçants d'armement, que nous nous figurions à l'état de plan, étaient tout simplement *terminés*, après avoir été commencés, en silence, depuis 1896.

Il y a trois ans, en effet, Gibraltar n'était, au point de vue militaire, qu'une forteresse d'un type suranné ; et, au point de vue naval, qu'un mouillage ouvert à toutes les attaques de l'ennemi, exposé à toutes les fureurs de l'Océan, sans bassin de radoub et sans outillage. Mais, en trois ans, les choses ont bien changé. La forteresse a été modernisée, par la création de nouveaux ouvrages et par la transformation des anciens. Quand les travaux ont été achevés, au printemps dernier, lord Wolseley, généralissime de l'armée anglaise, est allé les inspecter, comme l'a fait, depuis, lord Goschen, pour les travaux maritimes. Le mouillage a été complètement fermé, au moyen d'immenses jetées, derrière lesquelles une escadre sera désormais à l'abri de la tempête et des attaques des torpilleurs. On a construit des bassins capables de recevoir les plus grands navires de combat, et créé un outillage mécanique suffisant à tous les besoins d'une flotte. Enfin, la garnison a été presque doublée, et on a constitué une défense mobile permanente de torpilleurs et de destroyers.

Tel est, aujourd'hui, l'armement de la redoutable forteresse creusée dans le roc, qui, sans cesse, menace les communications, entre Toulon et nos ports militaires de l'Océan.

Et les Anglais s'étonnent que tous les peuples de l'Europe, plus ou moins, se défient d'eux et les traitent en ennemis !....

Il faudrait, au contraire, se montrer surpris — si, en fait de faiblesse européenne, quelque chose pouvait surprendre encore — que les puissances tolèrent, depuis un siècle, l'hégémonie britannique dans la Méditerranée, où elle n'a, en réalité, aucun rôle à jouer : car la fameuse route des Indes peut être un ingénieux prétexte ; ce ne sera jamais une justification suffisante de la politique qui, successivement, a conduit l'Angleterre à s'approprier Gibraltar, Malte, Chypre, et l'Egypte.

Mais voilà, on laisse faire ; et Dieu sait si l'Angleterre se gêne pour profiter des permissions que l'Europe, impuissante et veule, lui accorde !

Pour la France, cependant, le péril est considérable. Gibraltar, autrefois simple point de relâche, est devenu une base d'opérations offensives de premier ordre, qui menace à la fois Tanger, la côte marocaine, et tout le flanc gauche de l'Algérie.

Comment nous mettre en garde ? Comment parer le coup ?

Par l'exécution du plan stratégique de l'amiral Aube, c'est-à-dire, par l'aménagement du triangle que forment les trois positions de Rachgoun, Bizerte, et Porto-Vecchio.

Porto-Vecchio est le meilleur port de la Corse ; et cette île constitue le pivot de toutes les combinaisons offensives et défensives de nos forces navales, dans le bassin occidental de la Méditerranée.

Bizerte, associée à Porto-Vecchio, commande la double voie des canaux siliciens : c'est, de plus, une porte ouverte sur le bassin oriental. Mais, ne l'oublions pas : Bizerte perd la moitié de sa valeur, si Porto-Vecchio, qui lui fait face, n'est pas aménagé.

Rachgoun surveille Gibraltar, et Tanger, et tous les mouvements entre la Méditerranée et l'Atlantique. Rachgoun, où Bugeaud débarqua pour mener la campagne qui se termina par la bataille d'Isly, Rachgoun est encore le seul point de la côte d'Algérie, où l'on puisse établir un refuge abrité du canon du large.

De ces trois positions stratégiques, qui se complètent l'une par l'autre, et sans l'utilisation desquelles la défense de la Méditerranée devient pour nous impossible, une seule est en voie d'aménagement: Bizerte, devenue aujourd'hui la propriété d'une grande compagnie financière et industrielle.

Les plages de Porto-Vecchio et de Rachgoun sont désertes. La spéculation ne s'y est point encore portée, non plus que l'attention des successeurs de l'amiral Aube. On n'y trouverait ni un canon, ni un bateau, ni une jetée, ni un morceau de houille... Attend-on, pour s'en aviser, et prendre les mesures utiles, que « Messieurs les Anglais aient tiré les premiers » ?...

Pendant un mois, on a fait grand bruit autour de l'excursion de lord Goschen, et on n'a entendu, chez nous, que récriminations amères contre... les Anglais. Puis, las de protester, on a, naturellement, *passé à autre chose*; et l'*affaire* Gibraltar a été enterrée! Malheureusement, on a oublié que le bruit ne fait pas de bien, et que toutes ces récriminations, qui d'ailleurs se trompaient d'adresse, sont parfaitement stériles. Ce n'est pas du bruit, ce ne sont pas des récriminations, qu'il nous faut; mais, des ACTES. Après ce qui vient de se passer à Gibraltar, il n'est juste que temps de secouer notre torpeur!

---

## N° 3

### LES ARTS ET LA LITTÉRATURE, EN PORTUGAL AU XIX<sup>me</sup> SIÈCLE

(*Voir la note 1 de la page 272.*)

Je voudrais montrer ici rapidement quel a été l'essor imprimé, en Portugal, aux Beaux-Arts et aux Lettres, pendant le siècle qui va finir et faire, à l'aurore du 1<sup>er</sup> janvier 1901, place à un siècle nouveau, le XX<sup>me</sup>.

Trois éléments, ou trois facteurs, ont contribué à favoriser les progrès des Beaux-Arts, en Portugal: la race, fusionnée d'Aryens et de Sémites; l'impressionnante beauté des paysages; et, du moins pour la sculpture et l'architecture, la possession d'incomparables matériaux, susceptibles d'aider à la réalisation des chefs-d'œuvre. Ce qu'ont été l'architecture et la sculpture portugaises, et de quels monuments superbes elles ont doté le pays, j'ai eu déjà l'occasion de l'expliquer, avec quelques détails. Mais, il ne faut pas l'oublier, le brillant mouvement de renaissance, qui porte le nom du Roi D. Manuel, a eu son contre-coup dans toutes les branches de l'art et en a heureusement inspiré toutes les manifestations : l'orfèvrerie, la tapisserie, les vitraux, la peinture, en ont subi la bienfaisante influence. Si l'on trouve, dans les vieilles tapisseries portugaises, des « suites » où se déroulent, ainsi que sur une fresque, les exploits des hardis navigateurs ; si l'on rencontre, dans les trésors des églises, tant d'ornements, de vases sacrés et de pieux objets, qui imposent l'admiration ; s'il y a, aux ogives des cathédrales, un si grand nombre de merveilleuses verrières, c'est qu'une impulsion puissante et féconde fut donnée, au xvi$^e$ siècle, aux artistes, dans tous les genres. Or, bien qu'amoindrie, cette impulsion persiste encore; et, quand on visite, aujourd'hui, l' « Estrella », ou la gare du Rocio, à Lisbôa ; la Bourse, à Porto, etc., l'on n'a pas de peine à se convaincre que les Maîtres d'autrefois ont eu, dans les Giusti, les José Luiz Montero, les Thomaz Soller, etc., des disciples qui leur font honneur.

Dans la peinture, l'Ecole portugaise se rapproche, aux xv$^e$ et xvi$^e$ siècles, de l'Ecole flamande, et produit une foule d'artistes d'élite. Aux deux siècles suivants, elle en compte encore quelques-uns qui sont supérieurs, notamment Vieira Portuense et Domingos Sequeira. Mais au xix$^e$, elle semble se surpasser : peintres d'histoire, animaliers, paysagistes, portraitistes, aquarellistes, pastellistes, ressuscitent à l'envi les grandes traditions de l'Art national, et tiennent haut son drapeau. Aucun nom de peintre, non-seulement dans le royaume, mais dans toute la Péninsule, n'est entouré de plus de gloire, que celui de Columbano, ni plus justement. Grâce à eux tous, peintres, sculpteurs, architectes, de nombreuses pages sont venues enrichir, au xixe siècle, le livre d'or du Portugal.

En musique, l'histoire de l'Art portugais a le droit de se réclamer de quelques « illustrations » de premier ordre : c'est, par exemple, au xvie siècle, le grand et profond théoricien, Lusitano ; au xviie, l'insigne maître religieux Duarte Lobo, au style si brillant, à l'imagination si abondante, et le Roi Jean IV, qui, non content d'affranchir son peuple (1640), écrit des dissertations savantes sur la musique, et fonde la riche bibliothèque musicale que devait détruire, un siècle plus tard, un tremblement de terre (1755) ; au xviiie siècle enfin, Marco Antonio Simâo, surnommé « Portogallo », qui eut le tort de trop sacrifier au goût italien, mais qui est resté cependant le plus distingué compositeur dramatique de son temps. L'influence des traditions importées par l'Italie sévit, en Portugal, dans la première moitié du xixe siècle, et marque son empreinte sur les œuvres des artistes nationaux. Mais, depuis une quarantaine d'années, ceux-ci semblent s'en être affranchis de plus en plus, et avoir fait effort, tout ensemble, pour s'inspirer des leçons des Maîtres immortels, tels que S. Bach, Beethoven, Haydn, Mozart, et pour laisser plus libre carrière à leur tempérament personnel et à leur propre génie : Fancisco de Freitas Gazul, Miguel Angelo Pereira, Augusto Machado, Alfredo Keil, Frederico Guimarâes, Julio Neuparth, Leopoldo Miguez, Antonio Taborda, etc., sont aujourd'hui, autant d'étoiles, dont le rapprochement forme la plus brillante constellation. Il y a, au surplus, au Conservatoire de Lisbôa, fondé par Bontempo, un foyer de fortes études, qui entretient vivace, au cœur de la nation, la flamme de l'Art : grâce à cette grande Ecole, le goût reste pur de tout alliage, en même temps que la plus généreuse émulation attise, dans l'âme des jeunes, la noble ambition de se signaler à l'attention publique par d'illustres travaux.

Seule — autant du moins qu'il m'a été permis d'en juger — seule, la musique d'orgue n'a pas actuellement, en Portugal, tout le relief qu'elle pourrait avoir. Il est vrai : nous sommes si privilégiés, en France, sous ce rapport, avec les Widor, les Guilmant, les Gigoux, les Vierne, les Trillat, les Neuville, les Walter, etc., que, devenus difficiles, nous croyons avoir partout le droit de l'être ; ces organistes éminents nous ont quelque peu « gâtés ». Mais, sans demander, à tout artiste qui tient un orgue, d'en jouer, par exemple, avec la perfection de feu César Franck, ou de Saint-Saëns, on n'excède point, ce semble, en attendant de lui qu'il fasse du moins entendre, sur son instrument, de la vraie musique d'orgue, et que son style soit empreint de la gravité que réclame le saint lieu. Il n'y a rien en effet de moins grave, et, partant, de moins à sa place dans une église, qu'un jeu sautillant, léger, sans liaisons, et où presque tout se réduit à une succession de fioritures. Or, c'est ce jeu-là qui est, malheureusement trop souvent, à l'ordre du jour, en Portugal : c'est aussi, on le sait, celui de la plupart des organistes italiens. Est-ce à dire cependant qu'il faille condamner sans appel l'Ecole portugaise contemporaine, et désespérer de son avenir ? — Non pas, certes ; et pour deux raisons. La première, c'est qu'elle n'a qu'à regarder en arrière pour retrouver bien vite la bonne route, où elle doit de nouveau s'engager : Manuel-Rodrigue de Coelho, au xviie siècle ; Joachim de Sant'Anna, au xviiie ; Antonio de Figueiredo et l'abbé Justiniano, dans la première moitié du xixe ; et, actuellement même, le vicomte d'Oliveira Duarte, sont, pour ne citer que les plus illustres, des maîtres dont elle aura tout avantage à rechercher et à suivre les traces. Et, la seconde raison, c'est qu'il lui sera facile, si elle le veut, de mieux s'inspirer désormais des sages principes qui prévalent, aujourd'hui, aux Conservatoires de Paris et de Bruxelles, et en Allemagne, pour modifier sensiblement sa méthode, qui est défectueuse, et revenir ainsi aux saines et fortes traditions des anciens.

Dans les Lettres, le Portugal a brillé d'un éclat admirable, au xvie siècle : sans rappeler encore l'inoubliable souvenir de son immortel poète épique, Camoens, il a, dans tous les genres, à cette date, des œuvres de marque ; poètes, dramaturges, historiens, orateurs ont l'air de rivaliser avec les navigateurs, pour couvrir de gloire la Mère Patrie et rendre son nom célèbre dans l'univers : le xvie siècle est le grand siècle de la Littérature Portugaise ; c'est son âge d'or. Le xviie, au contraire et le xviiie sont des époques de stérilité relative et de regrettable décadence. Mais le xixe voit s'accomplir la Renaissance la plus heureuse. En dépit des maux inouïs et divers dont le Pays a eu à souffrir pendant les trente ou trente-cinq premières années du siècle, et malgré les influences voisines d'Allemagne et de France qui se sont reflétées dans nombre de ses productions littéraires, il a su faire preuve, non-seulement de talent et d'originalité, dans les Lettres, mais encore de fécondité et de richesse. On divise ordinairement l'histoire de la littérature Portugaise, au xixe siècle, en quatre périodes. A la première, c'est-à-dire, à la période *romantique* se rattache, avant tout, le nom célèbre d'un homme de génie, Almeida Garrett, qui chanta, en beaux vers, les traditions nationales, et fit revivre magnifiquement la légende chevaleresque des vieilles chroniques médiévales. Alexandre Herculano, qui fut son principal disciple, affirma à la fois, comme poète et comme romancier, son immense talent : malheureusement, ce talent, uniformément grandiose, n'exerça pas la même bienfaisante influence que l'œuvre sereine de Garrett. — La seconde période, ou période *ultra-romantique*, a produit aussi des hommes de valeur, Rebello da Silva, par exemple, Mendes Leal, Latino Coelho, Lopes de Mendonça, etc., qui, au théâtre, dans l'histoire, ou dans le roman, ont laissé des œuvres dignes de passer à la postérité : mais on peut, d'une manière générale, regretter, pour le fond, que ne s'étant point fait une conception assez exacte des choses du passé, ils aient quelquefois aidé à fausser le goût public ; et, pour la forme, qu'ils aient trop facilement donné un style ampoulé à l'expression des faits et des sentiments.

— La période *conimbrienne*, qui vient ensuite, voit paraître une pléiade de poètes, qui s'inspirent tout ensemble de Millevoye, de Lamartine, et des poésies ossianiques: João de Lemos, leur maître à tous, a des vers d'une harmonie berceuse, dont maintes pièces ont été et resteront populaires. — Il y a enfin la période *symboliste*, pendant laquelle on a fait effort pour revenir au lyrisme purement national et subjectivement spontané. João de Deus, mort en 1896, est, en l'espèce, le coryphée de la nouvelle école: pédagogue éducateur en même temps que grand lyrique, il a joui, vers la fin de sa carrière, d'une immense et légitime popularité. Parmi les illustrations encore vivantes, citons Anthero de Quental, Theophilo Braga, Gomes Leal, Antonio Feijo, Jaime de Seguier, etc., qui tiennent haut aujourd'hui le drapeau de la poésie. D'autre part, de grands prosateurs, les deux de Qeuiroz, par exemple, Fialho d'Almeida, Oliveira Martins, Eugenio de Castro etc., sont en train de prouver que la si douce et si poétique langue lusitanienne ne se prête pas moins heureusement à l'expression des pensées graves et des affaires sérieuses, qu'à l'analyse des plus délicats sentiments de l'âme et à leur interprétation. On voit donc peut-être combien puissant a été le réveil littéraire, en Portugal, au xix$^e$ siècle. Si j'ajoute qu'il y a, actuellement, toute une légion de jeunes gens qui travaillent à mettre leur talent et leurs forces vives au service de la Patrie, peut-être pourra-t-on assez raisonnablement espérer que le siècle qui va venir sera, pour le Pays, un nouveau xvi$^e$ siècle, un siècle d'incomparable gloire.

# TABLE DES ILLUSTRATIONS

|  |  | Pages. |
|---|---|---|
| Frontispice. — Composition de G. Girrane. | | |
| Fig. 1. — Carte de la Tunisie et de l'Algérie | | 7 |
| » 2. — Tunis. Le Canal de la Goulette, | | 13 |
| » 3. — » L'Avenue de France | | 15 |
| » 4. — » La Porte de France | | 17 |
| » 5. — » La Rue des Andalous | | 25 |
| » 6. — » La Place Bab-Souika | | 27 |
| » 7. — » Le Tombeau des Beys | | 29 |
| » 8. — Carthage. Panorama de Carthage | | 37 |
| » 9. — » Primatiale Saint-Cyprien et Saint-Louis. | | 43 |
| » 10. — » Echappée sur Tunis | | 49 |
| » 11. — » Ruines de l'aqueduc romain | | 59 |
| » 12. — Le Bardo. Salle du Palais | | 61 |
| » 13. — » Le Musée : salle des mosaïques | | 63 |
| » 14. — » Carte d'entrée au Musée (fac-simile) | | 65 |
| » 15. — Bone. Vue de la ville | | 75 |
| » 16. — Hippone. Basilique Saint-Augustin | | 113 |
| » 17. — Constantine. Panorama | | 119 |
| » 18. — Biskra. Campement d'Arabes | | 123 |
| » 19. — » Le marché | | 125 |
| » 20. — » Chameaux au repos | | 127 |
| » 21. — Alger. La haute Kasbah | | 135 |
| » 22. — » La ville, en 1830 | | 137 |
| » 23. — » La ville, en 1898 | | 139 |
| » 24. — » Les rampes du port | | 145 |
| » 25. — » Caserne d'artillerie | | 147 |
| » 26. — » Cireur ambulant | | 149 |
| » 27. — » Palais archiépiscopal | | 150 |
| » 28. — » Palais du Gouverneur | | 151 |
| » 29. — » Place du Gouvernement | | 153 |
| » 30. — » La rue Randon | | 155 |
| » 31. — » Dans la ville haute | | 156 |
| » 32. — » Marchand de couffes | | 161 |
| » 33. — » Basilique Notre-Dame d'Afrique | | 163 |
| » 34. — Village Kabyle | | 165 |
| » 35. — Blida. Marabout du Bois sacré | | 171 |

## TABLE DES ILLUSTRATIONS

Pages.

| | | | |
|---|---|---|---|
| Fig. 36. | — La Gouate. Vue générale......................... | 173 |
| » 37. | — » Cavaliers Spahis..................... | 175 |
| » 38. | — Mostaganem. Porte de Maskara...... ............... | 179 |
| » 39. | — » Maison du Caïd..................... | 179 |
| » 40. | — » Vue des environs..................... | 181 |
| » 41. | — Maskara. Porte Bab-Ali......................... | 183 |
| » 42. | — Oran. La ville basse, ou ville « espagnole »........ | 183 |
| » 43. | — » Port, et Sanctuaire Notre-Dame.............. | 185 |
| »44. | — » Cathédrale Saint-Louis..................... | 187 |
| » 45. | — » Cour de la Mosquée du Pacha....... ...... | 187 |
| » 46. | — » Boulevard Seguin ............ ......... | 189 |
| » 47. | — » Fantasia, au Village nègre............... ....... | 191 |
| » 48. | — Sidi-Bel-Abbès. Vue générale.................... | 191 |
| » 49. | — » La Mosquée................ | 193 |
| » 50. | — » L'Hôtel-de-ville................... | 195 |
| » 51. | — Tlemcen. La grande Mosquée Djama Kebir........ | 195 |
| » 52. | — » Minaret de Mansourah................... | 197 |
| » 53. | — Gibraltar. Physiomonie d'ensemble.............. | 215 |
| » 54. | — » Laissez-passer................... ..... | 216 |
| » 55. | — » Fête publique...................... | 217 |
| » 56. | — » Batteries anglaises................... | 219 |
| » 57. | — Lisbôa (Lisbonne). Station centrale du Rocio...... | 225 |
| » 58. | — » L'Avenida da Liberdade............. ........ | 227 |
| » 59. | — » Praça da Commercio................... .... | 229 |
| » 60. | — » Praça Don Pedro.... ................ | 230 |
| » 61. | - » Théâtre Dona Maria...................... | 231 |
| » 62. | — » Marché aux poissons. ... ............. ..... | 233 |
| » 63. | — » Monument de Camoens................... | 235 |
| » 64. | — » L'Eglise « da Estreila »........... ....... | 237 |
| » 65. | — Bélem. Basilique des Jeronymos.................. | 245 |
| » 66. | — » Cloître du Couvent des Jeronymos... ..... | 247 |
| » 67. | — Queluz. Façade du Palais Royal........... ....... | 248 |
| » 68. | — Evora. Profil de l'église de Chamblas.............. | 249 |
| » 69. | — Cintra. Château de la Pena...................... | 250 |
| » 70. | — » Entrée du Palais de Montserrate............ | 251 |
| » 71. | — Batalha. Vue du cloître........................... | 252 |
| » 72. | — Thomar. Couvent du Christ : fenêtre de la Salle Capitulaire....................... | 253 |
| » 73. | — Coimbra. Panorama de la ville................ .... | 254 |
| » 74. | — » Porte de fer de l'Université.............. | 255 |
| » 75. | — » Tour de l'Université.................... | 256 |
| » 76. | — » Porte de la chapelle de l'Université....... | 257 |
| » 77. | — Porto. Vue de la ville, prise de Villa-Nova da Gaya. | 264 |
| » 78. | — » Le pont Maria Pia........................ | 265 |
| » 79. | — » Praça D. Pedro IV........................ | 266 |
| » 80. | — » Ruas do S. Antonio, et dos Clerigos.. .... | 267 |
| » 81. | — » Salle mauresque de la Bourse...... ...... | 268 |
| » 82. | — » Pont D. Luiz I........................... | 269 |
| » 83. | — » L'Hôpital S. Antonio.... .................. | 270 |
| » 84. | — » Le Palais de cristal....... .............. | 271 |
| » 85. | Braga. Le pèlerinage du « Bom Jésus »..... | 273 |

# TABLE DES MATIÈRES

Pages.

Avant-Propos. .................................................... v

## PREMIÈRE PARTIE

### EN TUNISIE

Chapitre I. — *A bord de la « Ville de Rome ».* — Prophétie pessimiste d'un Marseillais. — Où soufflait, en réalité, le mistral. — Sur le steamer : la cabine N° 20 ; les passagers ; l'appareillage ; la table d'hôte ; la soirée. — La journée du lendemain : en vue de la Sardaigne ; mouettes, et voiliers. — La côte africaine, au lever du soleil : Bizerte ; le cap Farina ; la Goulette ; Carthage. — Le canal de la Goulette, et le quai de Tunis. — Les hamels, à l'assaut de la *Ville de Rome*. — La douane Tunisienne. — En omnibus, vers la capitale.......... 3

Chapitre II. — *Tunis : premières impressions.* — Par où Tunis ressemble à Sofia. — Comment Tunis rappelle encore Barcelone, et Nice. — Avenue de la Marine, et Avenue de France. — La « Porte de France », cœur de la capitale. — Le Palais de la Résidence. — La féerie hebdomadaire de la retraite aux flambeaux. — Exploration dans la ville moderne. — Un palais comme il en faudrait beaucoup en France : Postes et Télégraphes. — Un rail-way comme il n'en faudrait pas, en Tunisie : la C<sup>ie</sup> Rubattino. — La juxtaposition des races, et la persistance de l'esprit de nationalité. — A qui incombe le soin de maintenir l'harmonie, au pied de la Tour de Babel. — Difficulté de contenter tout le monde........................ 11

Chapitre III. — *Tunis : la ville arabe.* — Précautions à prendre pour ne pas s'égarer dans le labyrinthe. — L'étranger mis en coupe réglée. — Gare aux pisteurs ! — A travers les « Souks ». — Les corps de métiers. — La « Rue des Andalous ». — Les conteurs publics. — Un cortège qui n'est point banal — Exhibitions macabres des Aïssaouas. — Où l'on touche du doigt l'état d'abjection de la race musulmane. — Les mosquées tunisiennes, fermées aux roumis. — La Kasbah, transformée en caserne. — Le Palais du Bey : grandeur et décadence............................................................. 23

Chapitre IV. — *Carthage.* — Didon, et les origines de la Cité punique, dans Virgile. — Les rectifications de l'histoire. — Rome prend ombrage de la grandeur et des progrès croissants de son opulente voisine. — Une « Guerre de cent ans », deux siècles avant l'ère chrétienne. — Carthage réduite en province romaine (146). — Féroce acharnement du vainqueur à effacer d'abord jusqu'au souvenir du vaincu. — Puis, idées plus généreuses, et plus libéralement intelligentes, de C. Gracchus, sur Carthage ; plus tard, de J. César, et d'Auguste. — L'Eglise d'Afrique : ses gloires, et ses triomphes ; ses épreuves, à travers les siècles. — *Instauranda Carthago* jeté, au xixᵉ siècle, comme un défi chrétien, en réponse au *Delenda Carthago* du vieux Caton. — L'homme de la Providence : S. E. Monseigneur Lavigerie, le « grand » Cardinal. — L'Eglise Primatiale Saint Cyprien et Saint Louis. — S. G. Mgr Combes, Primat d'Afrique. — Le Reliquaire de Saint Louis. — La chapelle Saint Louis. — Le Grand Séminaire, le Scholasticat des Pères Blancs, et le Musée archéologique du R. P. Delattre. — Le Carmel de Carthage. — L'Institution Saint Louis...... 33

Chapitre V. — *Aux alentours de Tunis.* — Le Belvédère : passé, présent, et avenir. — L'aqueduc Romain. — Le Palais Beylical du Bardo. — Le Musée Alaoui, et son fondateur, M. de la Blanchère. — La salle des Mosaïques. — Une évocation de l'Alhambra. — Kassard-Essaïd, ou le « Palais du bonheur ». — Dernière visite aux Souks. — Psychologie locale. — La France, en Tunisie....................................................... 57

# DEUXIÈME PARTIE

## *DANS L'AFRIQUE FRANÇAISE*

Chapitre I. — *En route vers l'Algérie. Bône.* — Les moyens de locomotion. — A quoi peut être utilisé le temps du trajet. — Synthèse d'impressions tunisiennes. — Attitude à garder vis-à-vis des races. — La retraite de la Nouba. — Physionomie générale de Bône. — Le souvenir de Saint Augustin. — La vieille ville, et la ville neuve.. ............................. 72

CHAPITRE II. — *Hippone. Les étapes d'une touchante et admirable conversion.* — Les traces de la civilisation antique, à Hippone. — Tagaste, patrie de saint Augustin. — Patrice et Monique. — Etat d'âme d'un enfant prédestiné. — Augustin étudiant à Madaure ; puis, à Carthage. — Luttes, et défaites. — Les premières larmes de Monique. — Augustin passe au Manichéisme. — Départ pour Rome, d'où il gagne Milan. — Rencontre de S. Ambroise. — Arrivée de Monique, à Milan. — La conquête d'une âme. — Le livre sauveur. — Baptême et première communion d'Augustin. — Nostalgie de la terre natale. — Monique et Augustin en route pour Tagaste. — Terrassée, à Ostie, par la maladie, Monique s'y endort du sommeil des justes. — Le deuil d'une mère.................. 79

CHAPITRE III. — *Saint Augustin, Evêque d'Hippone.* — Une devise chrétienne. — Augustin et ses amis, dans la pieuse solitude de Tagaste. — Pendant un voyage à Hippone, le vieil évêque l'ordonne prêtre, et se l'adjoint bientôt comme coadjuteur. — Un grand ministère épiscopal. — S. Augustin apologiste. — Ses homélies sur les Evangiles. — La science du grand docteur d'Hippone. — Ce qu'il faut penser de la « science » de nos pseudo-docteurs contemporains. — Place prépondérante de S. Augustin dans l'épiscopat de l'Eglise d'Afrique. — Douleur de ses ouailles, à la nouvelle de sa fin prochaine. — Comment un Saint se prépare à mourir. — Triple translation de ses Reliques. — La Basilique d'Hippone. 103

CHAPITRE IV. — *Constantine. Philippeville. Biskra.* — Une ville dans un nid d'aigle. — Désastreuse expédition de 1836 contre CONSTANTINE. — La France prend, en 1837, une glorieuse revanche, avec le Duc de Nemours et le général Valée. — Aspect de la ville, aujourd'hui. — Les rampes, et le ravin. — Les mosaïques de la Cathédrale. — Ce qu'on regrette de ne pas trouver à Constantine. — Une coquette sous-préfecture : PHILIPPEVILLE. — L'entrée du désert : BISKRA. — La rue Berthe, le parc, et le Fort S. Germain. — Flânerie à travers le Marché. — Les types de la rue, et ceux des boutiques. — Kaléidoscope des échoppes. — Le dernier mot de la pauvreté. 119

CHAPITRE V. — *Avant et après la conquête : le vieil Alger.* — L'Algérie, sous la domination des Turcs. — Un repaire de brigands. — L'impunité dans le forfait. — L'Allemagne, l'Espagne, et l'Angleterre, à tour de rôle, repoussées avec perte. — Conséquences d'un coup d'éventail. — Le Dey Hussein et le Consul de France, en 1827. — Trois ans perdus en atermoiements. — L'expédition d'Alger est enfin décidée, et confiée au général de Bourmont (1830). — Etapes sanglantes et glorieuses : Staouéli, Fort-l'Empereur, Alger. — Capitulation du Dey Hussein. — Entrée triomphale des troupes françaises à Alger (6 juillet 1830). — L'Algérie, terre française............ 133

CHAPITRE VI. — *Alger moderne.* — Impression d'arrivée. — A travers les faubourgs. - La vision de la ville, le soir. — Le square de la République. — Le port. — La Rue Bab-Azoun. — Les commères de la Place de Chartres. — Un trio de monuments. — La Place du Gouvernement, et la Mosquée de la Pêcherie. — Le Jardin Marengo. — L'escalade de la Kasbah. — Physionomie des rues arabes. — Contrastes avec le quartier européen. — La Porte d'Isly, et l'Ecole supérieure des Sciences et des Lettres. — Une enceinte bastionnée en démolition. — Des citadelles inutiles. — Résultats du développement du commerce et de l'industrie, depuis la conquête. — Alger, délicieuse station hibernale.................................. 143

CHAPITRE VII. — *Excursions autour d'Alger.* — Le faubourg Saint-Eugène. — Le Petit-Séminaire Notre-Dame-Saint-Louis. — L'exécution de « la Marseillaise ». — La Basilique Notre-Dame d'Afrique. — Les origines du pèlerinage, dans la Vallée-des-Consuls. — Les premières inspiratrices de cette dévotion : Agarithe Berger, et Anna Cinquin. — Simple rapprochement avec Pauline Jaricot, fondatrice de l'Œuvre de la Propagation de la Foi. — Construction, et consécration de la Basilique : Mgr Pavy, et S. E. le cardinal Lavigerie. — Les glorieux souvenirs de Sidi-Ferruch. — La trappe de Staouéli. — Fort-National. — Echappée sur la Kabylie. — Aspect uniforme des villages Kabyles. — Une zône à surveiller..... 159

CHAPITRE VIII. — *Dans la province d'Alger : Blidah ; la Gouate.* — Topographie locale. — Le combat de Bou-Farik (1841); le sergent Blandan, et Jean de Breteuil. — Vers Blida-la-mandarine. — Des forêts d'orangers. — Le jardin des Oliviers. — Le tombeau de Sidi-Yacoub. — Les gorges de la Chiffa. — La vallée du Chélif. — Impressions diverses, à la Gouate. — Une ville qui dort. — Un cadre à souhait pour les Spahis. — La France, qui passe !............................................. 169

CHAPITRE IX. — *Oran, et l'Oranais.* — La bifurcation de Relizane. — La vallée des Jardins. — Les contrastes, à MOSTAGANEM. — Le tremblement de terre de l'an 265. — Un port projeté. — MASKARA, et le souvenir d'Abd-el-Kader. — Beauté du site. — Impression d'arrivée, à Oran. — Le « Grand » Hôtel de Paris. — La ville basse, ou ville « espagnole ». — L'Oued Rehhi transformé en boulevard. — Un jarret d'acier, s. v. p. — La Place d'armes. — Le Cercle des officiers. — La musique du 2$^{mo}$ Zouaves. — Le Boulevard Seguin. — Les « mains » décoratives du quartier juif. — Le Village « nègre ». — Le vrai nom qu'il faudrait lui donner. — Une fantasia. — La conquête définitive de SIDI-BEL-ABBÈS, en 1849. — Une oasis enchantée. — Un rapprochement entre Sidi-Bel-Abbès et Andrinople. — Une musique d'élite : l'Harmonie du 1$^{er}$ Régiment de la Légion étrangère. — Les Romains, à TLEMCEM. — La citadelle du Méchouar. — Arabes et Juifs. — Dans la ville européenne, au sortir des quartiers indigènes. — A la MANSOURAH. — Un nid d'indigènes au milieu des ruines. — D'Oran à Gibraltar................................................ 17

CHAPITRE X. — *Colonies, et Colonisation.* — Examen de conscience. — L'Algérie, asile des Européens. — Comment le juif Crémieux faisait des Français, en 1870-71. — Soixante mille juifs, sur quatre cent mille Européens. — Les rouages de la bureaucratie. — Quelques principes fondamentaux, en matière de colonisation. — On ne doit s'annexer de nouveaux territoires que pour les coloniser — On ne colonise pas, en faisant entrer de force les territoires nouveaux dans notre « machinisme » administratif. — Les Français sont susceptibles, autant que peuple du monde, d'avoir l' « esprit colonial ». — Il ne suffit pas de savoir « coloniser » : il faut, avant tout, savoir « conserver » une colonie, en étant toujours en mesure de la défendre. — On défend une colonie avec une flotte. — La France a-t-elle vraiment une flotte ? — Impression d'ensemble sur notre belle Colonie Algérienne.......... 199

# TROISIÈME PARTIE

## EN PORTUGAL

Pages.

Chapitre I. — *Vers la frontière Portugaise.* — Physionomie de Gibraltar. — Du bateau « Alger », au port, entre les « lightships ». — La police Anglaise. — Le ticket de « circulation ». — Main Street. — Dissemblances des races juxtaposées. — Le coup d'œil de la rue. — Gibraltar, les jours de fête. — Visite des galeries. — Les batteries anglaises. — Une ville imprenable. — Excursion à Algeciras. — Dignité déchue. — Un régiment qui défile. — Les douaniers d'Algeciras. — Un « massage » inconvenant. — Vers Sevilla, et la Sierpes. — Les derniers lampions de la « feria de S. Miguel ». — L'express de Badajoz. — A Elvas, frontière Portugaise........ 213

Chapitre II. — *Aux rives du Tage. Lisbôa.* — A travers l'Estrémadure. — Voies ferrées, et voie fluviale. — La « mer de paille ». — Contraste des deux rives du Tage. — Aspect pittoresque de la rive droite. — La montagne de Santarem. — La station centrale du Rocio, à Lisbôa. — Premières impressions, dans la capitale. — La ville basse, après le tremblement de terre de 1755. — La « Praça do Commercio ». — Aspect imposant des rues voisines. — La « Praça D. Pedro ». — Zone de la Cathédrale. — Le Marché aux poissons. — L'« Avenida da Liberdade ». — Un « bout » de Lisbôa. — Un jardin suspendu : le « Pasceio de S. Pedro d'Alcantara ». — Magnificence intérieure de l'église S. Roque. — Un quartier déshérité. — La « Place de Camoens » — Statue monumentale de l'auteur des « Lusiades ». — Regain d'illustration qu'ont fait rejaillir sur l'aède les mémorables Fêtes du quatrième Centenaire de Vasco de Gama. — Popularité inséparable des deux gloires nationales. — La part faite à la Religion dans les réjouissances publiques. — Les quais de marbre. — Physionomie de la race. — Les « Gallegos ». — Respect et dévouement des Portugais pour la royale Maison de Bragance. — Une Reine qui fait aimer la France, par-delà les Sierras......... 223

Chapitre III. — *Par monts et par vaux : Bélem ; Evora ; Cintra ; Batalha ; Thomar. Une ville universitaire : Coimbra.* — Comment on se rend à Bélem. — Collaboration du Roi D. Manuel et de l'architecte Garcia de Rezende, dans la construction de la blanche Tour de Bélem. — Rapprochement avec le « Steen », à Anvers. — Le style « Manuelino », et sa caractéristique. — L'église des Jeronymos : portail, et intérieur. — La collection des tombeaux et sarcophages du Portugal. — Le plus beau cloître du monde. — Le Palais Royal de Bélem. — Analogie avec le Palais de Queluz. — Les carrosses de gala. — La province d'Alem-Tejo (outre-Tage). — Aux alentours de la baie de Setubal. — Une église fortifiée, à Evora. — Un coin de l'Estrémadure : Cintra. — Le Château de La Pena. — L'entrée du Palais de Monserrate. — Le couvent de Bathala : église et cloître. — Le couvent du Christ, à Thomar. — Une fenêtre merveilleuse. — Aux bords du

Mondego, dans la Basse Beira. — Les petites villes Universitaires, au temps des vacances. — Antiquité vénérable de l'Université de Coimbra. — Le Palais de l'Université, et son annexe du Jardin botanique. — Transformation pratique de l'Enseignement supérieur. — Physionomie originale de la Faculté de Philosophie, à Coimbra. — Part restreinte faite aux Lettres.— Organisation du Corps enseignant. — Costumes des professeurs et des étudiants. — Les « curiosités » de la ville.............................................................. 243

Chapitre IV. — *Porto, Braga.* — Le Pays du vin. — La conquête ingénieuse des coteaux. — La fête des vendanges. — Première vision de Porto. — Le Pont Maria Pia. — Les deux collines de la ville. — La place D. Pedro IV. — Angle obtus formé par la soudure de deux rues. — L'église « dos Clerigos ». — La Rue des Orfèvres. — La salle Mauresque de la nouvelle Bourse. — La population du quai du Douro. — Un pont à double tablier. — Droit de péage. — Les anciens remparts. — Les tours de la cathédrale. — Une fête de l'Adoration perpétuelle. — Piété édifiante des habitants. — La musique d'orgue, dans les églises. — L'Hôpital S. Antonio. — L'École de Médecine. — Le Parc du Palais de cristal. — Une Exposition permanente. — Enseignes et « marques » françaises. — Ce qu'on va voir, à Braga. — Une ancienne petite ville. — Une cathédrale à sept chœurs. — La colline sainte. — Pèlerinage national du « Bom Jésus ». — Les chapelles commémoratives des souvenirs douloureux de la Passion. — Le sanctuaire. — Les ex-voto. — Dernières impressions....................... 263

## PIÈCES JUSTIFICATIVES

N° 1. — Echouage du Paquebot la « Ville de Rome », entre les rochers de Port Mahon (22 mars 1898.)................... 277
N° 2. — La vérité sur Gibraltar................................ 280
N° 3. — Les Arts et la Littérature, en Portugal, au xix° siècle. 283

## ERRATA

Page 68, ligne 7, supprimez un des deux peu.
» 84, » 27, au lieu de : *qu'ils s'était*, lire : *qu'il s'était*.
» 87, » 4, au lieu de : *dangereuse*, lire : *dangereux*.
» 92, » 36, au lieu de : eclairer, lire : éclairer.
» 108, note, lig. 4, au lieu de : ce *la*, lire : de *la*.
» 129, lig. 10, au lieu de : vêtements, lire : mouvements.
» 147, lig. 1, au lieu de : relentit, lire : ralentit.
» 190, lig. 9, au lieu de : *sepente*, lire : *serpente*.
» 203, lig. 9, au lieu de : *Francce*, lire : *France*.
» 216, lig. 14, au lieu de : *amuusant*, lire : *amusant*.
» 220, lig. 5, au lieu de : *essenssiellement*, lire : *essentiellement*.

LYON. — IMP. EMMANUEL VITTE, RUE DE LA QUARANTAINE, 18.

www.ingramcontent.com/pod-product-compliance
Lightning Source LLC
Chambersburg PA
CBHW071511160426
**43196CB00010B/1489**